Leonid Hrabovsky

Copyright 1996 Hippocrene Books

All Rights reserved.

For information, address:
HIPPOCRENE BOOKS, INC.
171 Madison Avenue
New York, NY 10016

ISBN 0-7818-0434-4

Printed in the United States of America.

HIPPOCRENE BOOKS
New York

Leonid Hrabovsky was born in Kiev, Ukraine. He is a composer, musical critic, translator and journalist. Many of his articles, interviews and reviews have been published in periodicals in the Soviet Union and Europe. Presently he is a Composer-in-Residence at the Ukrainian Academy in New York City.

Copyright© 1996 Hippocrene books.

All Rights reserved.

For information, address:
HIPPOCRENE BOOKS, INC.
171 Madison Avenue
New York, NY 10016

ISBN 0-7818-0498-1

Printed in the United States of America.

FOREWORD

This completely modern and up-to-date Ukrainian-English and English-Ukrainian Dictionary provides a quick reference to a needed word in Ukrainian and English. It is a useful tool for travelers, business people, and students. It has over 8.000 entries in both languages in a concise easy-to-use format. Every entry contains a pronunciation guide to vowels and consonants and a basic grammar characteristics.

Strict alphabetical order has been maintained throughout the dictionary. The main entries are printed in distinctive bold letters. Parts of speech (nouns, adjectives, verbs, etc.) are indicated by the abbreviations and printed in italics. Each translatable word is supplied with a transcription in the alphabet of the other language: the English words are spelled with Cyrillic letters and the Ukrainian words are spelled with Roman letters. Having in mind the difference between the Ukrainian and English phonetic systems (sounds) the compiler suggested his own system of transcription. Many Ukrainian words are given with two stresses since they have a variable stress.

In the Ukrainian section, the compiler gave preference to the literary norms of the contemporary Ukrainian language of the central region, since the scope of the dictionary does not permit to include the variety of regional dialects. In the compiling of the English section, the American pronunciation was given attention. The dictionary includes some new words of contemporary practical usage in both Ukrainian and English. The compiler transcribed the English unaccented sound [ə] with the Ukrainian vowels е and и which are very close to each other. The choice between these two vowels is determined by the influence of the nearest English accented vowel. The English long [i:] is transcribed as the Ukrainian і and the English short [i], as the Ukrainian и, which correlate quite closely to each other.

In compiling the dictionary the following publications were most helpful: the *Ukrainian-English and English-Ukrainian Dictionary* by W. Niniows'kyi (Edmonton, Alberta, 1985) and the *Oxford Students Dictionary of Current English* by A. S. Hornby (Moscow, USSR, 1987)

L.H.

GUIDE TO PRONUNCIATION

Ukrainian symbol	English equivalent
а	a in art
б	b in belt
в	v in very
г	gh in German Hamburg
ґ	g in get
д	d in day
е	e in end
є	ye or ie in yes
ж	zh in mesure
з	z in zoo
и	i in milk
і	i in steel
ї	yi in yippee
й	y in may
к	k in kind
л	l in tell
м	m in much
н	n in new
о	o in oil
п	p in pet
р	r in roof
с	s in sorry
т	t in tie
у	u in book
ф	f in far
х	kh in help
ц	ts in cats
ч	ch in child
ш	sh in shue
щ	shch in Irich chirch
ю	yu in unit
я	ya in young
ь	'

ABBREVIATIONS USED IN THIS DICTIONARY

adj	adjective
adv	adverb
coll	collective
conj	conjunction
f	feminine
interj	interjection
m	masculine
n	neuter (Ukrainian-English Section)
n	noun (English-Ukrainian Section)
num	numeral
part	particle
pl	plural
prep	preposition
pron	pronoun
v	verb

UKRAINIAN-ENGLISH
DICTIONARY

A

абза́ц [abzats] *m* paragraph, section
аби́ [abi] *conj* that, in order that, in order to, if only
абі́де [abide] *adv* wherever, no matter where
абі́коли [abikoli] *adv* some time or other, any time
абі́куди [abikudi] *adv* wherever, in any direction, at any place
абі́хто [abikhto] *pron* whoever, no matter who
абі́чий [abichiy] *pron* whose, whosoever
абі́що [abishcho] *pron* anything at all
абія́к [abiyak] *adv* somehow, no matter how
або́ [abo] *conj* or, else
авантýра [avantura] *f* adventure
авантýрник [avanturnik] *m* adventurer
авдито́рія [avditoriya] *f* auditorium, listeners
авдіє́нція [avdiyentsiya] *f* audience
авже́ [avzhe] *adv* indeed, certainly, of course
автóбус [avtobus] *m* bus, omnibus
автомобі́ль [avtomobill] *m* automobile, car
автонапува́лка [avtonapuvalka] *f* filling station
á́втор [avtor] *m* author
авторите́т [avtoritet] *m* authority

автошлях [avtoshl'akh] *m* road, highway
адреса [adresa] *f* address, direction
аж [azh] *conj* till, until, as much as, up to
азбука [azbuka] *f* alphabet
академічний [akademichniy] *adj* academical
акомпаньямент [akompanyament] *m* accompaniment
акт [akt] *m* deed, process
акр [akr] *m* acre, measure of land
актор [aktor] *m* actor, player
акцент [aktsent] *m* accent, accentuation, expression
але [ale] *conj* but, still, though, yet
ангел [anghell] *m* angel
ані [ani] *conj* not even, not so much as, neither, nor
апостроф [apostrof] *m* apostrophe
аптека [apteka] *f* pharmacy, drug store
арешт [areshtl] *m* jail, prison
аритметика [aritmetika] *f* arithmetic
армія [armiya] *f* army
артикул [artikul] *m* article, term, paragraph
артист [artist] *m* artist, actor, dancer, painter
атлет [atlet] *m* athlete
ато [ato] *conj* otherwise, else, or; *adv* certainly, quite so
ахати [akhati] *v* lament, sigh, moan
аякже [ayakzhe] *adv* of course, certainly, why not

Б

ба́ба [baba] *f* grandmother, old woman
ба́вити [baviti] *v* amuse, entertain
бага́тий [baghatiy] *adj* rich, wealthy
бага́то [baghato] *adv* much, many, richly
бага́тство [baghatstvo] *n* abundance, wealth
бажа́ти [bazhati] *v* desire, wish, yearn for
база́р [bazar] *m* bazaar, market place
байду́же [bayduzhe] *adv* indifferently, equal, same
байду́жний [bayduzhniy] *adj* indifferent, unconcerned
ба́йка [bayka] *f* tale, fable, trifle
баль [bal'] *m* ball, dance, banquet, feast
банду́ра [bandura] *f* bandura (an instrument)
банк [bank] *m* bank
ба́нька [ban'ka] *f* phial, ampulla, vial
барабо́ля [barabol'a] *f* potato
бара́н [baran] *m* ram
ба́рва [barva] *f* color, tint
бари́тися [baritis'a] *v* delay, prolong, procrastinate
бато́г [batigh] *m* whip, switch
батькі́вщи́на [bat'kivshchina] *f* fatherland, native country, inheritance
ба́тько [bat'ko] *m* father
ба́чити [bachiti] *v* see, view
бджола́ [bdzhola] *f* bee

безба́рвний [bezbarvniy] *adj* colorless, pale
безбо́жний [bezbozhniy] *adj* godless, irreligious
безглу́здий [bezghluzdiy] *adj* stupid, dull, absurd
безголо́в'я [bezgholovya] *n* anarchy, disorder, disaster
безгра́мотний [bezghramotniy] *adj* illiterate, unlearned
бездо́мний [bezdomniy] *adj* homeless
безжу́рний [bezzhurniy] *adj* carefree, cheerful, joyful
безконе́чний [bezkonechniy] *adj* endless, infinite
бе́злад [bezlad] *m* disorder, confusion, dissonance, anarchy
безпе́ка [bezpeka] *f* safety, security
безпе́чний [bezpechniy] *adj* certain, secure
безпоща́дний [bezposhchadniy] *adj* merciless
безра́дний [bezradniy] *adj* helpless
безробі́тний [bezrobitniy] *adj* unemployed, unoccupied, jobless
безси́лий [bezsiliy] *adj* powerless, weak, impotent
безсоро́мний [bezsoromniy] *adj* shameless, impudent, immodest
безсумні́вний [bezsumnivniy] *adj* doubtless, certain, reliable
безтала́нний [beztalanniy] *adj* unlucky, unfortunate

безу́мний [bezumniy] *adj* insane, mad, foolish

бензи́на [benzina] *f* benzene, gasoline

бе́рег [beregh] *m* shore, coast, bank

берегти́ [bereghti] *v* take care of, protect, guard; preserve

бере́за [bereza] *f* birch

бе́резень [berezen'] *m* March

бесі́да [besida] *f* language, conversation; discourse, talk

бесі́дник [besidnik] *m* speaker, orator

бик [bik] *m* bull, steer

би́стрий [bistriy] *adj* quick, rapid, swift; cunning

би́тва [bitva] *f* battle, fight, combat

би́ти [biti] *v* beat, hit, strike

би́тися [bitis'a] *v* fight, struggle, combat

бібліоте́ка [biblioteka] *f* library

Бі́блія [bibliya] *f* Bible, the scriptures

бі́гати [bighatil] *v* run

біда́ [bida] *f* misfortune, calamity, need, harm

бі́дний [bidniy] *adj* poor, miserable, needy, indigent

бій [biy] *m* fight, battle, contest

бік [bik] *m* side, flank, edge

білизна́ [bilizna] *f* wash, linen

бі́лка [bilka] *f* squirrel

бі́ля [bil'a] *prep* near, about, at, on; *adv* almost, somewhat

біль [bil'] *m* ache, pain
більйо́н [bilyon] *m* billion
більш [bil'sh] *adv* more, any longer, more greatly
бі́льший [bil'shiy] *adj* greater, taller, older, considerable
більш-ме́нш [bil'sh-mensh] *adv* more or less
біогра́фія [bioghrafiya] *f* biography
біоло́гія [bioloqhiya] *f* biology
біфсте́кс [bifsteks] *m* beefsteak
бічни́й [bichniy] *adj* side, lateral
блага́ння [blaghan'a] *n* supplication, prayer
благослове́ння [blaghosloven'a] *n* blessing, benediction
благослови́ти [blaghosloviti] *v* bless, praise, glorify
бли́жній [blizhniy] *m* neighbor, kin, fellow man
близ [bliz] *m* neighborhood, proximity
близьки́й [bliz'kiy] *adv* near, close, familiar, intimate
бли́зько [bliz'ko] *adv* approximately, closely
бли́мати [blimati] *v* glitter, sparkle, blink
блиск [blisk] *m* splendor, lucidity
блиска́ти [bliskati] *v* lighten, flash
блиску́чий [bliskuchiy] *adj* glimmering, brilliant, bright
бли́снути [blisnuti] *v* flash, burst out
блідий [blidiy] *adj* pale, wan

блуд [blud] *m* error, fault
блюза [bl'uza] *f* blouse, jacket
бо [bo] *conj* for, because
Бог [bogh] *m* God
боком [bokom] *adv* sideways, to the side
бокс [boks] *m* boxing, fist fight
боліти [boliti] *v* suffer pain, be ailing
болото [boloto] *n* swamp, mud, dirt
болючий [bol'uchiy] *adj* aching, sore, painful
болячка [bol'achka] *f* abcess, rankling wound
борг [borgh] *n* credit, trust
боргувати [borghuvati] *v* credit, sell (buy) on credit
борода [boroda] *f* beard, chin
боронити [boroniti] *v* defend, prohibit
боротися [borotis'a] *v* fight, wrestle
боротьба [borot'ba] *f* fight, combat, struggle
борщ [borshch] *m* borshch, beet soup
босий [bosiy] *adj* barefoot
боханець [bokhanets'] *m* loaf
боятися [boyatis'a] *v* fear, dread
брак [brak] *m* lack, want, absence, defect
бракувати [brakuvati] *v* lack, be absent, be wanting
брама [brama] *f* gate, portal
бранець [branets'] *m* captive, recruit
брат [brat] *m* brother
брати [brati] *v* take, receive, obtain
братися [bratis'a] *v* begin, undertake

бра́тній [bratniy] *adj* brotherly, friendly
бра́тство [bratstvo] *n* fraternity, comradeship
бреха́ти [brekhati] *v* lie, bark
брехня́ [brekhn'a] *f* lie, fiction
бридки́й [bridkiy] *adj* ugly, nasty
бриль [bril'] *m* hat
бри́тва [britva] *f* razor
брова́ [brova] *f* eyebrow
броди́ти [broditi] *v* wander, wade
брудни́ти [brudniti] *v* dirty, soil
бува́ти [buvati] *v* be, happen, exist
бу́вший [buvshiy] *adj* former, past
бу́день [buden'] *m* work day, ordinary day
буди́льник [budil'nik] *m* alarm clock
буди́нок [budinok] *m* building, structure
будо́ва [budova] *f* construction, building
будува́ти [buduvati] *v* build, fabricate
буду́чий [buduchiy] *adj* future, coming
бу́дьто [bud'to] *conj* as if, as though
будь-хто́ [bud'-khto] *pron* anyone, anybody
будь-чий [bud'-chiy] *pron* anybody's
будь-що́ [bud'-shcho] *pron* anything
будь-яки́й [bud'-yakiy] *pron* whoever, anyone
бу́йний [buyniy] *adj* violent, wild
бу́ква [bukva] *f* letter
буква́р [bukvar] *m* primer reader
бу́лка [bulka] *f* roll, bun
бу́льба [bul'ba] *f* potato, tuber
бунт [bunt] *m* riot, mutiny

бу́ря [bur'a] *f* storm, tempest
буря́к [bur'ak] *m* beet
бу́ти [buti] *v* be, exist, become
бюро́ [b'uro] *n* office, bureau
бюст [b'ust] *m* bust

В

в [v] *prep* in, at, to, on, upon, within
ва́га [vagha] *f* weight, load, scale
ва́жити [vazhiti] *v* weigh, measure, balance
важки́й [vazhkiy] *adj* heavy, disagreeable, hard
ва́жко [vazhko] *adv* heavily, ponderously
важли́вий [vazhliviy] *adj* significant, important, heavy
вака́ції [vakatsiyi] *n pl* vacation
вали́ти [valiti] *v* throw down, overturn, upset
валі́за [valiza] *f* suitcase, handbag
валю́та [val'uta] *f* value, stock, worth
ва́нна [vana] *f* bathtub
вантажи́ти [vantazhiti] *v* load, burden, ship
варе́ник [varenik] *m* boiled dough stuffed with either cheese, potato or fruit
ва́рення [varen'a] *n* cooking, food
варе́ння [varen'a] *n* jam, preserved fruit
вари́ти [variti] *v* boil, cook

ва́ртість [vartist'] *f* value, price, cost
вартува́ти [vartuvati] *v* keep watch, guard over, be worth, cost
варя́г [var'agh] *m* Varangian
вас [vas] *pron* you
вахля́р [vakhl'ar] *m* fan
вбира́ти [vbirati] *v* dress, put in order, decorate, absorb
вбира́тися [vbiratis'a] *n* dress oneself
вважа́ти [vvazhati] *v* mind, pay attention, consider, watch
вве́чері [vvecheri] *adv* in the evening
вво́дити [vvoditi] *v* lead in, introduce, lead into error
вво́зити [vvoziti] *v* import, bring in
вгада́ти [vghadati] *v* guess, conjecture
вгина́ти [vghinati] *v* bend inwards, push inside
вго́лос [vgholos] *adv* loudly
вго́ру [vghoru] *adv* uphill, upwards
вгоща́ти [vghoshchati] *v* entertain one's guest, feast
вдава́ти [vdavati] *v* imitate, copy, affect, pretend
вда́рити [vdariti] *v* strike, hit, beat
вдіве́ць, вдова́ [vdivets', vdova] *m, f* widower, widow
вдово́лений [vdovoleniy] *adj* satisfied, pleased, delighted

вдово́лення [vdovolen'a] *n* satisfaction, delight
вдо́ма [vdoma] *adv* home, at home
вдо́світа [vdosvita] *adv* at dawn, before sunrise
впру́ге [vdrughe] *adv* once more, again
вдя́чний [vd'achniy] *adj* grateful, thankful
вдя́чність [vd'achnist'] *f* thankfulness, gratitude
ведмі́дь [vedmid'] *m* bear
ве́жа [vezha] *f* tower
везти́ [veztil] *v* carry, transport
Вели́кдень [velikden'] *m* Easter
вели́кий [velikiy] *adj* large, important
ве́лич [velich] *f* greatness, sublimity, majesty
величина́ [velichina] *f* greatness, size, bulk
ве́льми [vel'mi] *adv* greatly, exceedingly, most
вельосипе́д [vel'osiped] *m* bicycle
ве́на [vena] *f* vein, artery
верблю́д [verbl'ud] *m* camel
ве́ресень [veresen'] *m* September
верну́ти [vernuti] *v* return, bring back, restore, turn
верта́ти [vertati] *v* return, restore
верх [verkh] *m* top, upper part, crest
весе́лий [veseliy] *adj* cheeful, joyous
весели́тися [veselitis'a] *v* cheer, rejoice, amuse oneself

весе́лість [veselist'] *f* gaiety, gladness, good humor
весе́лка [veselka] *f* rainbow
ве́село [veselo] *adv* merrily, cheerfully
весі́лля [vesil'a] *n* wedding, wedding feast
весна́ [vesna] *f* spring
вести́ [vesti] *v* lead, conduct, direct
весь [ves'] *pron* whole, total, complete
ве́чір [vechir] *m* evening, eve
вже [vzhe] *adv* already, ready
вжива́ти [vzhivati] *v* use, employ, enjoy
взагалі́ [vzaghali] *adv* altogether, above all, in general
взад [vzad] *adv* back, backwards
взір [vzir] *m* pattern, example, type
взуття́ [vzut'a] *n* footwear
взя́ти [vz'ati] *v* take, take away
ви [vi] *pron* you
вибача́ти [vibachati] *v* forgive, excuse
ви́бачення [vibachen'a] *n* forgiveness, apology
вибива́ти [vibivati] *v* beat, knock out
вибира́ти [vibirati] *v* select, take out, excavate
вибіга́ти [vibighati] *v* run out
ви́бір [vibir] *m* choice, selection
ви́бори [vibori] *noun pl* elections
ви́будувати [vibuduvati] *v* build up, erect, raise, rear
ви́вірка [vivirka] *f* squirrel

виво́дити [vivoditi] *v* lead, take out
виво́зити [vivoziti] *v* transport, clear away, remove
вивча́ти [vivchati] *v* learn, teach, instruct
виги́дний [vighidniy] *adj* convenient, favorable, easy
вигляда́ти [vighl'adati] *v* look
виго́да [vighoda] *f* convenience, accommodation, comfort
вигони́ти [vighoniti] *v* drive out, exile, turn out
виготовля́ти [vighotovl'ati] *v* prepare, make ready
вигріва́ти [vighrivati] *v* warm, make warm
видава́ти [vidavati] *v* give out, spend, issue
видаве́ць [vidavets'] *m* editor, publisher
вида́ння [vidan'a] *n* edition, giving a daughter in marriage
виде́льце [videl'tse] *n* fork
види́мий [vidimiy] *adj* evident, clear, visible
ви́діти [viditi] *v* see, view
ви́дний [vidniy] *adj* clear, visible, evident
виду́жати [viduzhati] *v* recover health, grow better
ви́зволення [vizvolen'a] *n* release, deliverance, liberation
ви́зволити [vizvoliti] *v* free, set at liberty, release
ви́здоровити [vizdoroviti] *v* make well, cure
визича́ти [vizichati] *v* lend, loan

визнача́ти [viznachati] *v* set, settle, designate
ви́значний [viznachniy] *adj* distinguished, excellent
виїжджа́ти [viyizhdzhati] *v* set out, depart
ви́їзд [viyizd] *m* departure
ви́імок [viyimok] *m* exception
ви́йняти [viyn'ati] *v* take out, extract
ви́йняток [viyn'atok] *m* exception
ви́йти [viyti] *v* go out
викида́ти [vikidati] *v* eject, bring up, avoid, reproach
вкі́нчувати [vikinchuvati] *v* finish, close, accomplish
ви́кликати [viklikati] *v* call out
ви́копати [vikopati] *v* dig out
викре́слювати [vikresl'uvati] *v* cancel, sketch, draw
ви́крутка [vikrutka] *f* screwdriver
викру́чувати [vikruchuvati] *v* turn up, screw up
ви́купатися [vikupatisya] *v* bathe, wash
викупля́ти [vikupl'ati] *v* buy, ransom
вилива́ти [vilivati] *v* overflow, spill
вимага́ти [vimaghati] *v* require, demand, claim
вимі́на [vimina] *f* barter, exchange, interchange
ви́міняти [vimin'ati] *v* barter, exchange
вимі́рювати [vimir'uvati] *v* measure, survey

вимо́ва [vimova] *f* pronunciation, excuse, reproach

вимовля́ти [vimovl'ati] *v* pronounce, utter

вимо́га [vimogha] *f* requirement, necessity

вина́ [vina] *f* guilt, offense, fault

ви́нагоро́да [vinaghoroda] *f* reward, gratuity

винагоро́джувати [vinaghorodzhuvati] *v* reward, recompense

ви́нахід [vinakhid] *m* invention, discovery

ви́нен [vinen] *adj* guilty, owing

ви́нести [vinesti] *v* carry out, remove, elevate, praise

вино́ [vino] *n* wine, spade (of cards)

виногра́д [vinoghrad] *m* grapes, grape vine

вино́сити [vinositi] *v* wear out, take or carry away

випада́ти [vipadati] *v* fall out

ви́падок [vipadok] *n* accident, case, chance

випива́ти [vipivati] *v* drink out, empty

випи́тувати [vipituvati] *v* inquire, investigate

випомина́ти [vipominati] *v* reproach, warn

ви́правдати [vipravdati] *v* justify, apologize, discharge

виправля́ти [vipravl'ati] *v* dress, send, equip, correct

ви́працювати [viprats'uvati] *v* work out, elaborate

випуска́ти [vipuskati] *v* let out, set free, drop

ви́раз [viraz] *m* utterance, term, expression

вирахо́вувати [virakhovuvati] *v* calculate, count
ви́різати [virizati] *v* cut out, carve, slaughter
ви́робити [virobiti] *v* work out, produce
виростати [virostati] *v* grow up
ви́рубати [virubati] *v* cut out, kill off
висипа́ти [visipati] *v* pour out, scatter
висиха́ти [visikhati] *v* dry up, waste, wither
ви́слати [vislati] *v* send, dispatch, deport
ви́слухати [vislukhati] *v* hear, lend an ear
висо́кий [visokiy] *adj* high, tall, superior
висота́ [visota] *f* altitude, height
ви́ти [viti] *v* weave, twist
витира́ти [vitirati] *v* wipe out, efface
ви́тримати [vitrimati] *v* resist, endure
витяга́ти [vit'aghati] *v* extract, stretch out, exact, obtain
ви́хід [vikhid] *m* exit, way out
вихо́вати [vikhovati] *v* bring up, breed, educate
вихо́джувати [vikhodzhuvati] *v* look, face, front
вихо́дити [vikhoditi] *v* come out, issue, appear
ви́чекати [vichekati] *v* wait with patience
вичи́слювати [vichisl'uvati] *v* count out, calculate
ви́шня [vishn'a] *f* cherry tree
ви́ще [vishche] *adv* higher

ви́яснення [viyasnen'a] *n* explanation, clarification
вия́снювати [viyasn'uvati] *v* explain, clarify, clear up
вівто́рок [vivtorok] *m* Tuesday
вівця́ [vivts'a] *f* sheep, ewe
від [vid] *prep* from, since
відбува́ти [vidbuvati] *v* complete, perform
відва́га [vidvagha] *f* courage, spirit
відва́жний [vidvazhniy] *adj* courageous, brave, resolute
відві́дати [vidvidati] *v* visit, call on
відв'яза́ти [vidv'azati] *v* unbind, loosen
відго́мін [vidghomin] *m* echo, reaction, reception
ві́дгук [vidghuk] *m* echo, response, report, noise, intelligence
ві́ддаль [vidal'] *f* distance, remoteness
ві́ддих [vidikh] *m* distance, remoteness
відди́хати [vidikhati] *v* breathe, respire, rest
відді́лювати [vidil'uvati] *v* part, divide, separate
ві́део [video] *n* videotape recorder
віджива́ти [vidzhivati] *v* revive, come back to life
відійти́ [vidiyti] *v* go away, leave, digress, die
відки́ [vidki] *adv* from where, whence
відкида́ти [vidkidati] *v* throw back, abandon, reject

відкладáти [vidkladati] *v* lay aside, save
відкóли [vidkoli] *adv* since, how long since?
відкривáти [vidkrivati] *v* uncover, expose, detect
відкрýчувати [vidkruchuvati] *v* untwist, screw off
відмикáти [vidmikati] *v* open, unlock
відмíна [vidmina] *f* alteration, variation, conjugation
відмовляти [vidmovl'ati] *v* deny, repeat, charm, answer
відморóжувати [vidmorozhuvati] *v* freeze, suffer frost bite
відóмий [vidomiy] *adj* known, famous
відóмість [vidomist'] *f* information, intelligence
відповідáти [vidpovidati] *v* answer, correspond with, warrant
відповíдний [vidpovidniy] *adj* conforming, suitable
відпочивáти [vidpochivati] *v* rest, refresh oneself
відпочúнок [vidpochinok] *m* rest, respite
відрáзу [vidrazu] *adv* at once, suddenly
відрó [vidro] *n* bucket, pail
відсилáти [vidsilati] *v* send back, dismiss, return
відспíвувати [vidspivuvati] *v* sing a song, answer by singing
відтáк [vidtak] *adv* then, afterwards

відта́м [vidtam] *adv* from there, thence
відтоді́ [vidtodi] *adv* from then
відхі́д [vidkhid] *m* departure, parting
відхо́дити [vidkhoditi] *v* move away, go off, stand back
відчиня́ти [vidchin'atі] *v* open, disclose
відчува́ти [vidchuvati] *v* feel, experience, sympathize
відчуття́ [vidchutya] *n* feeling, sensitivity, sympathy
війна́ [viyna] *f* war
ві́йсько [viys'ko] *n* soldiers, army
вік [vik] *m* age, century
вікно́ [vikno] *n* window
ві́льний [vil'niy] *adj* free, unmarried, spare, loose
ві́льно [vil'no] *adv* freely, easily
він, вона́, воно́, вони́ [vin, vona, vono, voni] *pron* he, she, it, they
вінча́ти [vinchatі] *v* unite in marriage, crown
ві́ра [vira] *f* belief, trust
ві́рити [viritі] *v* believe, keep faith
ві́рний [virniy] *adj* loyal, faithful, true, just, right
ві́рно [virno] *adv* faithful, correctly
вірш [virsh] *m* verse
ві́сім [visim] *num* eight
вісімдеся́т [visimdes'at] *num* eighty
вісімна́дцять [visimnadts'at'] *num* eighteen

вісник [visnik] *m* messenger, announcer
вістка [vistka] *f* news, rumor
вітати [vitati] *v* welcome, invite
вітер [viter] *m* wind, breeze
вітка [vitka] *f* twig, branch
вітчизна [vitchizna] *f* fatherland
вічний [vichniy] *adj* eternal, immortal
вішати [vishati] *v* hang up, suspend
в'їзд [vyizd] *m* entry, arrival
вколо [vkolo] *adv* around, about
владика [vladika] *m* lord, sovereign
власне [vlasne] *adv* just, really, exactly
власний [vlasniy] *adj* own, proper
вниз [vniz] *adv* down, downward
вносити [vnositi] *v* bring in
вночі [vnochi] *adv* at night
вовк [vovk] *m* wolf
вовна [vovna] *f* wool
вогонь [voghon'] *m* fire, discharge
вода [voda] *f* water
водограй [vodoghray] *m* fountain, waterspout
водойма [vodoyma] *f* reservoir
водяний [vod·aniy] *adj* aquatic, watery
возити [voziti] *v* carry, transport
воліти [voliti] *v* prefer, like better
волосся [volos·a] *n* hair
воля [vol·a] *f* freedom, will
вона [vona] *pron* she
вони [voni] *pron* they
воно [vono] *pron* it

во́рог [vorogh] *m* enemy, adversary
воро́же [vorozhe] *adv* with hostility
воро́жий [vorozhiy] *adj* hostile
во́рон [voron] *m* raven
воро́на [vorona] *f* crow
воро́та [vorota] *noun pl* gates, entrance, entryway
воскреса́ти [voskresati] *v* resurrect, revive
воскресі́ння [voskresin'a] *n* resurrection
воюва́ти [voyuvati] *v* war, wage war
воя́к [voyak] *m* soldier, warrior
вперед [vpered] *adv* before, first, forward!
вписа́тися [vpisatis'a] *v* register
впра́ва [vprava] *f* exercise, practice
впра́вний [vpravniy] *adj* trained, capable, used to
впра́во [vpravo] *adv* to the right
вра́ження [vrazhen'a] *n* impression, sensation
вранці́ [vrantsi] *adv* in the morning
вре́шті [vreshti] *adv* at last, at length, finally
вро́да [vroda] *f* beauty, grace
врожа́й [vrozhay] *m* harvest, crop
врожа́йність [vrozhaynist'] *f* fertility
вро́зріз [vrozriz] *adv* contrary
вро́зсип [vrozsip] *adv* dispersedly
вроста́ти [vrostati] *v* grow in
вру́чення [vruchen'a] *n* handling
все [vse] *pron* everything, though
Всеви́шній [vsevishniy] *m* Almighty

вселе́нна [vselena] *f* universe, world
вселя́ти [vsel'ati] *v* install, quarter
вселя́тися [vsel'atis'a] *v* settle, abide
всемогу́тність [vsemoghutnist'] *f* omnipotence, almightiness
всенаро́дній [vsenarodniy] *adj* nationwide
всере́дині [vseredini] *pron* inside, in the middle
все́світ [vsesvit] *n* universe, cosmos
всеси́льний [vsesilniy] *adj* omnipotent
все́-таки [vse-taki] *adv* though, for all that, nevertheless
всиле́ння [vsilen'a] *n* suggestion, hint, prompting, threading a needle
всиля́ти [vsil'ati] *v* suggest, hint, prompt, thread a needle
в си́лу [v silu] *adv* hardly
вслід [vslid] *adv* after, following
всміха́тися [vsmikhatis'a] *v* smile
встава́ти [vstavati] *v* stand up, get up, rise
встид [vstid] *m* shame, bashfulness
вставля́ти [vstavl'ati] *v* insert, put in
вступа́ти [vstupati] *v* enter, step in
всю́ди [vs'udi] *adv* everywhere, anywhere
вся́кий [vs'akiy] *pron* every kind of
вте́ча [vtecha] *f* flight, escape, retreat
втира́ти [vtirati] *v* rub in, wipe
втіка́ч [vtikach] *m* refugee
вто́млений [vtomleniy] *adj* fatigued, languid
втра́та [vtrata] *f* loss, damage

втрачáти [vtrachati] v lose, forfeit, waste, give up
вýголь [vugol'] n coal, pit
вудúти [vuditi] v to fish
вуж [vuzh] m grass snake, serpent
вýзький [vuz'kiy] adj narrow, straightened, restricted
вýлиця [vulits'a] f street
вýличка [vulichka] f lane, alley
вус [vus] m mustache
вустá [vusta] noun pl lips
вýхо [vukho] n ear
вхід [vkhid] m entrance, entry
входúти [vkhoditi] v enter, go into details
в'язáти [vyazati] v tie, unite, connect
в'язень [vyazen'] m prisoner, inmate
в'язнúця [vyaznits'a] f prison

Г

гáдка [ghadka] f thought, intention
гаївка [ghayivka] f Easter spring song
гай [ghay] m grove, wood
гáлас [ghalas] m noise, fuss, cry
гáлка [ghalka] m crow, pebble
галýзка [ghaluzka] f small branch
гáлузь [ghaluz'] f branch, twig
гáльма [ghal'ma] f brakes, obstacle

га́ньба́ [ghan'ba] *f* shame, disgrace, reproach
ганьби́ти [ghan'biti] *v* blame, censure
гаптува́ти [ghaptuvati] *v* embroider
гара́зд [gharazd] *adv* very, exceedingly
гарбу́з [gharbuz] *m* pumpkin
га́рний [gharniy] *adj* beautiful, fine
га́рно [gharno] *adv* well, fine, admirably
гаря́че [ghar'ache] *adv* hotly, eagerly, passionately
гаря́чий [ghar'achiy] *adj* hot, burning, strong, recent
гаря́чка [ghar'achka] *f* fever
гас [ghas] *m* gasoline, petrol
гаси́ти [ghasiti] *v* extinguish
герб [gherb] *m* coat of arms, crest
герої́чний [gheroyichniy] *adj* heroic
геро́й [gheroy] *m* hero
ги́нути [ghinuti] *v* die, be lost
гілля́ [ghil'a] *f* branch, twig
гірки́й [ghirkiy] *adj* bitter, sad, caustic
гі́рко [ghirko] *adv* bitterly, sadly
гірськи́й [ghirs'kiy] *adj* mountain, mountainous
гість [ghist'] *m* guest, caller
гла́дити [ghladiti] *v* smooth, iron, caress
гладі́нь [ghladin'] *f* smoothness
гладки́й [ghladkiy] *adj* smooth, flat, slippery, fat, polite
глиби́нь [ghlibin'] *f* depth, abyss
глибо́кий [ghlibokiy] *adj* profound, deep

глибоко [ghliboko] *adv* deeply
глухий [ghlukhiy] *adj* deaf, dull, dark
глушити [ghlushiti] *v* deafen, stun, stunt
глядач [ghl'adach] *m* observer, searcher, spectator
глядіти [ghl'aditi] *v* look at, view, supervise
гнати [ghnati] *v* drive away, pursue, run swiftly
гнилий [ghniliy] *adj* rotten, corrupt, lazy
гнити [ghniti] *v* rot, decay
гнів [ghniv] *m* anger, indignation
гніватися [ghnivatis'a] *v* be angry, fume
гніздо [ghnizdo] *n* nest, comfortable home
гнути [ghnuti] *v* curve, bow
говорити [ghovoriti] *v* speak, converse
година [ghodina] *f* hour, time
годинник [ghodinik] *m* watch, clock
годити [ghoditi] *v* please, satisfy
годитися [ghoditis'a] *v* fit, suit, agree, bargain
годувати [ghoduvati] *v* feed, fatten
голий [gholiy] *adj* naked, uncovered
голити [gholiti] *v* shave
голитися [gholitis'a] *v* shave oneself, be shaved
голка [gholka] *f* needle
голова [gholova] *f* head, comprehension, leader
голод [gholod] *m* famine, scarcity
голодний [gholodniy] *adj* hungry, famished

голодувáти [gholoduvatil] *v* hunger, starve
гóлос [gholos] *m* voice, sound
голосúти [gholositi] *v* speak loudly, sob, wail, proclaim
голоснúй [gholosniy] *adj* loud, noisy, famous, renowned
гóлосно [gholosno] *adv* loudly, noisily
голосувáння [gholosuvan'a] *n* act of voting
голосувáти [gholosuvati] *v* vote, ballot
гóлуб [gholub] *m* pigeon
голубúй [gholubiy] *adj* azure, columbine
голубúти [gholubiti] *v* to pet, caress, fondle
голýбка [gholubka] *f* dove; dear, darling
голубцí [gholubtsi] *coll* cabbage rolls
голя́р [ghol'ar] *m* barber
голя́рня [ghol'arn'a] *f* barber shop
гóмін [ghomin] *m* noise, echo, resonance
гомонíти [ghomoniti] *v* sound, murmur, spread gossip
гонúти [ghoniti] *v* drive, pursue
гопáк [ghopak] *m* hopak (Ukrainian dance)
горá [ghora] *f* mountain, height, eminence
гóрдий [ghordiy] *adj* proud, majestic
гóрдість [ghordist'] *f* pride
горíти [ghoriti] *v* burn, flame
гóрло [ghorlo] *n* throat
гóрод [ghorod] *m* city, town
горнúло [ghornilo] *n* fireplace, hearth, melting-pot

горну́ти [ghornuti] *v* gather together, embrace

горну́тися [ghornutis'a] *v* press closely together, embrace one another, to apply oneself to, to be eager about

горобе́ць [ghorobets'] *m* sparrow

горо́д [ghorod] *m* kitchen garden

горо́дина [ghorodina] *f* vegetables

городи́ти [ghoroditi] *v* fence, enclose

горщо́к [ghorshchok] *m* pot, flower pot

госпо́дар [ghospodar] *m* master of the house, host

господарюва́ти [ghospodar'uvati] *v* to keep the house, manage or administer an estate

господи́ня [ghospodin'a] *f* housekeeper, mistress of the houshold, landlady, hostess, wife, housewife

гости́на [ghostina] *f* visit, entertainment, hospitality

гости́нний [ghostiniy] *adj* hospitable, friendly

гости́нність [ghostinist'] *f* hospitality

гости́ти [ghostiti] *v* entertain, be a host, be a guest

го́стрий [ghostriy] *adj* sharp, smart, subtle, severe, biting

гостри́ти [ghostriti] *f* to sharpen, grind

го́стро [ghostro] *adv* sharply, strictly, attentively, abruptly

гото́вий [ghotoviy] *adj* ready, apt

готóвити [ghotoviti] *v* prepare, arrange, cook
гра [ghra] *f* game, play, sport
граб [ghrab] *m* elm-tree, hornbeam
грáбáр [ghrabar] *m* digger, grave-digger, undertaker
град [ghrad] *m* hail, volley
грамáтика [ghramatika] *f* grammar
грáмота [ghramota] *f* reading and writing, document, decree, edict, diploma, scroll
грáмотний [ghramotniy] *adj* literate
границя [ghranits'a] *f* boundary, confines
грáти [ghrati] *v* play
грач [ghrach] *m* gambler, player, musician
грéбінь [ghrebin'] *m* comb, crest, ridge
грéчка [ghrechka] *f* buckwheat
гриб [ghrib] *m* mushroom
гри́ва [ghriva] *f* mane, long thick heir
гри́зти [ghrizti] *v* to gnaw, nibble, bite, to crack nuts
гримі́ти [ghrimiti] *v* thunder, roar
грі́зний [ghrizniy] *adj* threatening, severe
грім [ghrim] *m* thunder
грі́ти [ghriti] *v* warm, heat
гріх [ghrikh] *m* sin, transgression
гріш [ghrish] *m* money, small coin
гріши́ти [ghrishiti] *v* sin, trespass
громáда [ghromada] *f* crowd, assembly
громáдити [ghromaditi] *v* gather, mass, collect
грóші [ghroshi] *noun pl* money, coins

грýбий [ghrubiy] *adj* stout, big, obese, thick
грýдень [ghruden'] *m* December
грýди [ghrudi] *f* bust, breast
грýша [ghrusha] *f* pear, pear tree
губá [ghuba] *f* lip, mouth
губи́ти [ghubiti] *v* lose, destroy
гýбка [ghubka] *f* sponge
гук [ghuk] *m* noise, roar
гуля́ти [ghul'ati] *v* lead a merry life, promenade
гýмор [ghumor] *m* humor, mood, disposition
густи́й [ghustiy] *adj* thick, dense, deep
гýсто [ghusto] *adv* thickly, frequently, abundantly

Ґ

ґáнок [ganok] *m* balcony, porch
ґарáж [garazh] *m* garage, car shed
ґýдзик [gudzik] *m* button
ґýля [gul'a] *f* lump, boil, tumor
ґýма [guma] *f* gum, rubber

Д

давáти [davati] *v* give, grant, allow
дáвній [davniy] *adj* former, old, remote
далéкий [dalekiy] *adj* far, remote
дармá [darma] *adv* in vain, for nothing
дарувáти [daruvati] *v* donate, bestow upon

дару́нок [darunok] *m* gift, donation
да́та [data] *f* date, datum
дба́ти [dbati] *v* care, mind
два [dva] *num* two
два́дцять [dvadts'at'] *num* twenty
двана́дцять [dvanadts'at'] *num* twelve
две́рі [dveri] *noun pl* doors, exit
двійня́та [dviyn'atal] *noun pl* twins
двір [dvir] *m* court, yard
дві́сті [dvisti] *num* two hundred
де [de] *adv* where
дев'ятна́дцять [dev'atnadts'at'] *num* nineteen
де́в'ять [dev'at'] *num* nine
деі́нде [deynde] *adv* elsewhere
деклямація [dekl'amatsiya] *f* recitation, declamation
де́коли [dekoli] *adv* sometimes, now and then
де́нний [deniy] *adj* daily, diurnal
день [den'] *m* day, daytime
де́рево [derevo] *n* tree, wood
дерев'я́ний [derevyaniy] *adj* wooden, heartless
держа́ва [derzhava] *f* state, country, kingdom
держа́ти [derzhati] *v* hold, support, suffer
де́рти [derti] *v* tear, skin, strip
десь [des'] *adv* somewhere, probably
де́хто [dekhto] *pron* someone, somebody
де́що [deshcho] *pron* some, any, rather, a little

джерело [dzherelo] *n* source, cause, origin
джинси [dzhinsi] *noun pl* jeans
дзвін [dzvin] *m* bell
дзвонити [dzvoniti] *v* ring, sound
дзеркало [dzerkalo] *n* mirror, speculum
дивитися [divitis'a] *v* look at, view
дивний [divniy] *adj* marvellous, odd
диво [divo] *n* marvel, miracle, prodigy
дивуватися [divuvatis'a] *v* wonder, marvel, be surprised
диктатор [diktator] *m* dictator
дим [dim] *m* smoke
димити [dimiti] *v* smoke
диня [din'a] *f* melon
диригент [dirighent] *m* conductor
дискусія [diskusiya] *f* discussion
дискутувати [diskutuvati] *v* discuss, dispute
дитина [ditina] *f* child, infant
дитя [dit'a] *n* child, infant
дихати [dikhati] *v* breathe, gasp
діброва [dibrova] *f* grove of leafy trees
дівчина [divchina] *f* maiden, servant girl
дід [did] *m* grandfather, old man
дієвідміна [diyevidmina] *f* conjugation
дійсний [diysniy] *adj* real, true
дійсно [diysno] *adv* indeed, really, in fact
ділити [diliti] *v* part, distribute
діло [dilo] *n* deed, thing, affair
дім [dim] *m* house, building, family
діра [dira] *f* hole, gap

діставáти [distavati] *v* get, reach for
для [dl'a] *prep* for, to, in order
дно [dno] *n* bottom, ground
до [do] *prep* to, at, as far as, till
добá [doba] *f* day and night, time, season
дóбре [dobre] *adv* well, fine
добривéчір [dobrivechir] *greet* good evening
добридéнь [dobriden'] *greet* good day
дóбрий [dobriy] *adj* kind, charitable, honest
добрó [dobro] *n* property, well-being
добрóбут [dobrobut] *m* welfare, prosperity, comfort
добувáти [dobuvati] *v* obtain, procure
дóвгий [dovghiy] *adj* lengthy, lasting
дóвго [dovgho] *adv* long, lengthily, tediously
довíдатися [dovidatis'a] *v* inquire, pay visit
довíр'я [doviry'a] *n* trust, credit
довкóла [dovkola] *adv* around
доганя́ти [doghan'ati] *v* overtake, reach, gain
дóгляд [doghl'ad] *m* supervision, attendance, care
договíр [doghovir] *m* agreement, treaty
догори́ [doghori] *adv* up, upwards
додавáти [dodavati] *v* add, augment, increase
додóлу [dodolu] *adv* downward, to earth, away!
додóму [dodomu] *adv* home, homewards
дóзвіл [dozvil] *m* permission, consent, license
дозвíлля [dozvil'a] *n* leisure, liberty

дозволя́ти [dozvol'ati] *v* permit, suffer
дозріва́ти [dozrivati] *v* ripen, mature, contemplate
доїжджа́ти [doyizhdzhati] *v* ride up, reach
до́каз [dokaz] *m* proof, argument, evidence
докі́нчувати [dokinchuvati] *v* end, terminate, close
доли́на [dolina] *f* valley
до́ля [dol'a] *f* luck, destiny
домага́тися [domaghatis'a] *v* demand, claim
домовля́тися [domovl'atis'a] *v* ask, agree
доно́сити [donositi] *v* carry to, reach, inform, denounce
до́нька [don'ka] *f* daughter
допі́зна [dopizna] *adv* till late
доповіда́ч [dopovidach] *m* narrator, speaker, informer
до́повідь [dopovid'] *f* report, information
доро́га [dorogha] *f* road, trip
дороги́й [doroghiy] *adj* dear, precious
доро́слий [dorosliy] *adj* full-grown, adult
доруча́ти [doruchati] *v* hand over, deliver, charge, entrust
до́свід [dosvid] *m* experience, practice, test
до́сить [dosit'] *adv* enough, sufficiently
до́сі [dosi] *adv* till now, as yet
до́слід [doslid] *m* investigation, experiment
достига́ти [dostighati] *v* mature, reach
досто́йний [dostoyniy] *adj* worthy, honorable, deserving

доступ [dostup] *m* access, approach
досягати [dos'aghati] *v* reach, procure
дотепер [doteper] *adv* till now, hitherto
дотепний [dotepniy] *adj* witty, ingenious
дотик [dotik] *m* touch, contact
дошка [doshka] *f* board, plank
дощ [doshch] *m* rain
драбина [drabina] *f* ladder
дрижати [drizhati] *v* tremble, shudder
дрібний [dribniy] *adj* slightly, a little bit
дрімати [drimati] *v* slumber, doze
дрочити [drochiti] *v* tease, provoke, excite
друг [drugh] *m* friend, companion
дружина [druzhina] *f* wife, company, team
друк [druk] *m* print, type
друкар [drukar] *m* printer, typographer
друкувати [drukuvati] *v* print, publish
дуб [dub] *m* oak tree
дужий [duzhiy] *adj* powerful, healthy
дума [duma] *f* thought, ballad
думати [dumati] *v* think, believe
думка [dumka] *f* thought, opinion, suggestion, mind
дурень [duren'] *m* fool
дурити [duriti] *v* deceive, make a fool of
дурний [durniy] *adj* stupid, crazy, dull
дути [duti] *v* blow, pout
дух [dukh] *m* spirit, air, warmth, breath, smell, courage
душа [dusha] *f* soul, heart, conscience

дядька [d'ad'ka] *m* uncle
дякувати [d'akuvati] *v* thank

Е

еге [eghe] *adv* yes, indeed, certainly
егоїзм [eghoyizm] *m* egoism
егоїст [eghoyist] *m* egoist
екзамен [ekzamen] *m* examination
екзарх [ekzarkh] *m* exarch, bishop
економіст [ekonomist] *m* economist
економія [ekonomiya] *f* economics, thrift
екран [ekran] *m* screen
електрика [elektrika] *f* electricity
елементарний [elementarniy] *adj* elementary, rudimentary
емігрант [emigrant] *m* emigrant
енергійний [energhiyniy] *adj* energetic
енергія [energhiya] *f* energy
енциклопедія [entsiklopediya] *f* encyclopedia
епізод [epizod] *m* episode
епітет [epitet] *m* epithet
епоха [epokha] *f* epoch, era
ера [era] *f* era
ескімос [eskimos] *m* Eskimo
еспанець [espanets'] *m* Spaniard
естет [estet] *m* aesthete
естрада [estrada] *f* platform, estrade
етика [etika] *f* ethics

Є

Євангелія [yevangheliya] *f* gospel
єднати [yednati] *v* unite, gain
єдність [yednist'] *f* concord, solidarity
єпископ [yepiskop] *m* bishop

Ж

жаба [zhaba] *f* frog, paddock
жага [zhagha] *f* thirst, longing, eagerness
жадати [zhadati] *v* demand, desire, require
жадібний [zhadibniy] *adj* greedy, tempting, enticing
жадний [zhadniy] *adj* greedy, anxious
жадоба [zhadoba] *f* thirst, lust
жаліти [zhaliti] *v* pity
жалоба [zhaloba] *f* complaint, charge
жалоба [zhaloba] *f* mourning, mourning dress
жаль [zhal'] *m* sorrow, regret, compassion
жар [zhar] *m* heat, ardor, flame
жарт [zhart] *m* joke, fun
жартівливий [zhartivliviy] *adj* joking, funny, playful
жартувати [zhartuvati] *v* jest, sport, play
жах [zhakh] *m* terror, anguish

ждáти [zhdati] *v* wait, expect
женúх [zhenikh] *m* lover, bridegroom
жéртва [zhertva] *f* sacrifice, victim
жéртвувати [zhertvuvati] *v* offer, sacrifice, donate
живúй [zhiviy] *adj* living, brisk, eager, vivid
живíт [zhivit] *m* abdomen, stomach
жúти [zhiti] *v* live, reside
жúто [zhito] *m* rye
життéпис [zhit'epis] *m* biography
життя́ [zhit'a] *n* existence, lifetime, vivacity
жíнка [zhinka] *f* woman, spouse
жнúво [zhnivo] *n* crop, harvest
жовнíр [zhovnir] *m* soldier
жóвтень [zhovten'] *m* October
жóвтий [zhovtiy] *adj* yellow
жóдний [zhodniy] *adj* not any, none
жонáтий [zhonatiy] *adj* married
жорстóкий [zhorstokiy] *adj* brutal, inhuman, savage
журбá [zhurba] *f* grief, concern
журúтися [zhuritis'a] *v* be afflicted, take care of

З

з [z] *prep* of, from, for, by, with, through

за [za] *prep* during, in the time of, for, at, beyond, behind, out of, abroad, after, by on, upon

забава [zabava] *f* entertainment, game

забавлятися [zabavl'atis'a] *v* divert, amuse oneself

забирати [zabirati] *v* take along, take away

забороняти [zaboron'ati] *v* forbid

забування [zabuvan'a] *n* forgetting, oblivion

забувати [zabuvati] *v* forget, neglect

завдання [zavdan'a] *n* lesson, task

завжди [zavzhdi] *adv* always, ever

завідувати [zaviduvati] *v* direct, manage

завозити [zavoziti] *v* convey, fill, cover with

завойовувати [zavoyovuvati] *v* conquer, master

завсіди [zavsidi] *adv* always, ever

завтра [zavtra] *adv* tomorrow

завчасу [zavchasu] *adv* early, betimes

зав'язувати [zavyazuvati] *v* tie, bind, knit

загадка [zaghadka] *f* puzzle

заглядати [zaghl'adati] *v* look into, peep in

задача [zadacha] *f* exercise, lesson, problem

задній [zadniy] *adj* posterior, rear

задоволений [zadovoleniy] *adj* satisfied, delighted with

задоволення [zadovolen'a] *n* satisfaction, pleasure, delight

задум [zadum] *m* project, purpose

заєць [zayets'] *m* rabbit, hare

заждати [zazhdati] *v* await, expect
зажурений [zazhureniy] *adj* worried, sorrowful
зажуритися [zazhuritis'a] *v* grieve, worry
зазначити [zaznachiti] *v* mark, note, indicate
заїжджати [zayizhdzhati] *v* arrive at, call on the way
займати [zaymati] *v* stir, occupy, touch
зайняття [zayn'at'a] *n* occupation, capture
закаблук [zakabluk] *m* heel
закид [zakid] *m* reproach, objection
заклик [zaklik] *m* appeal, invocation
закликати [zaklikati] *v* call in, invite, exclaim
законний [zakoniy] *adj* legal, rightful
закопати [zakopati] *v* bury in the ground, plant
закривати [zakrivati] *v* cover, conceal
закупка [zakupka] *f* goods purchased
закуток [zakutok] *m* corner, a place apart
заливати [zalivati] *v* overflow, spill on
залишати [zalishati] *v* leave behind
залізо [zalizo] *n* iron
залюбки [zal'ubki] *adv* with pleasure, eagerly
заля [zal'a] *f* hall, auditorium
замало [zamalo] *adv* too little
замерзати [zamerzati] *v* freeze, freeze over
замикати [zamikati] *v* shut, lock
заміжній [zamizhniy] *adj* married

замість [zamist'] *prep* instead
замовляти [zamovl'ati] *v* hire, order a dinner, suit, reserve a place
заможний [zamozhniy] *adj* well-to-do, opulent
замок [zamok] *m* castle, stronghold
замок [zamok] *m* lock
замочувати [zamochuvati] *v* wet, soak
запал [zapal] *m* enthusiasm, heat, fire
запалювати [zapal'uvati] *v* light, set on fire
запам'ятовувати [zapamyatovuvati] *v* remember, recollect
запах [zapakh] *m* smell, fragrance
запевняти [zapevn'ati] *v* assure, persuade
заперечувати [zaperechuvati] *v* deny, contradict
запирати [zapirati] *v* shut, fasten, confine
запис [zapis] *m* registration, bequest
записувати [zapisuvati] *v* write, inscribe, register
запит [zapit] *m* question, demand
запитувати [zapituvati] *v* ask
запізно [zapizno] *adv* too late
запізнюватися [zapizn'uvatis'a] *v* be late, delay
заплакати [zaplakati] *v* burst out weeping
заплата [zaplata] *f* payment, salary, reward
заплатити [zaplatiti] *v* pay off, recompense
заповідати [zapovidati] *v* declare, bequeath, order

запрова́джувати [zaprovadzhuvati] v lead, conduct, introduce, establish
запро́шення [zaproshen'a] n invitation
за́раз [zaraz] adv immediately, suddenly
за́рис [zaris] m sketch, outline
заробі́ток [zarobitok] m gain, profit, wages
заробля́ти [zarobl'ati] v earn, merit
зару́чений [zarucheniy] adj engaged
зару́чини [zaruchini] noun pl engagement
засві́чувати [zasvichuvati] v light, kindle
засво́єний [zasvoyeniy] adj appropriated, assimilated
засво́ювати [zasvoyuvati] v adopt, master, understand, acquire
засила́ти [zasilati] v send to a distant place
засина́ти [zasinati] v fall asleep
засипа́ти [zasipati] v cover, fill, bury
засі́б [zasib] m means, remedy, supply
засіда́ти [zasidati] v sit down
застеля́ти [zastel'ati] v cover, spread
засту́джуватися [zastudzhuvatis'a] v catch cold
засту́пник [zastupnik] m substitute, protector, defender
зате́ [zate] adv instead, moreover
заті́сувати [zatisuvati] v sharpen, bevel
затри́мати [zatrimati] v stop, arrest, withhold
затяга́ти [zat'aghati] v drag to a place
затя́млювати [zat'aml'uvati] v remember, recall

затьмі́ння [zat'min'a] *n* eclipse, process of obscuring

за́хід [zakhid] *n* west, occident

захма́рений [zakhmareniy] *adj* clouded, gloomy

захо́вувати [zakhovuvati] *v* keep, preserve

заходи́ти [zakhoditi] *v* begin walking, stretch clothing by wearing

зацвіта́ти [zatsvitati] *v* begin blossoming, become moldy

зацікавлюватися [zatsikavl'uvatis'a] *v* become interested

зача́ти [zachati] *v* begin, set out

зачека́ти [zachekati] *v* wait, stay

зачепи́ти [zachepiti] *v* hook, provoke, touch in passing

за́чин [zachin] *m* beginning, origin

зачина́ти [zachinati] *v* begin

зачиня́ти [zachin'ati] *v* close, shut

за́що? [zashcho] *adv* why? wherefore?

зая́ва [zayava] *f* declaration, demand

заявля́ти [zayavl'ati] *v* state, manifest

зберіга́ти [zberighati] *v* preserve, put away

збира́ти [zbirati] *v* gather, clear away, summon

збира́тися [zbiratis'a] *v* be gathered, meet, prepare, be about, intend

зби́тки [zbitki] *noun pl* tricks, follies

збір [zbir] *m* gathering, meeting, harvest, convention

збоку [zboku] *adv* on one side, sideways
збрехати [zbrekhati] *v* tell a lie
збуджувати [zbudzhuvati] *v* awake, excite
збудований [zbudovaniy] *adj* built, constructed
збудувати [zbuduvati] *v* build, fabricate, found
звати [zvati] *v* call, name
зватися [zvatis'a] *v* be called
звертатися [zvertatis'a] *v* turn, apply to, lean
звести [zvesti] *v* lead, deceive, bring together
звечора [zvechora] *adv* in the evening
звикати [zvikati] *v* accustom oneself
звичай [zvichai] *m* custom, practice, mode
звичайний [zvichayniy] *adj* common, ordinary, usual
звичайно [zvichayno] *adv* usually, habitually
звичка [zvichka] *f* habit, use
звідки [zvidki] *adv* from where?
звідомлення [zvidomlen'a] *n* information, account
звідси [zvidsi] *adv* from here, hence
звільна [zvil'na] *adv* slowly, little by little
звір [zvir] *m* wild beast, brute, cruel person
звіт [zvit] *n* report, account
звітування [zvituvan'a] *n* reporting
звітувати [zvituvati] *v* make a report

зворушений [zvorusheniy] *adj* moved, excited
зворушення [zvorushen'a] *n* excitement, emotion
зворушувати [zvorushuvati] *v* excite, shake
звук [zvuk] *m* resonance, sound
звучати [zvuchati] *v* sound
звучний [zvuchniy] *adj* tuneful, sonorous
звучність [zvuchnist'] *f* resonance
зв'язувати [zvyazuvati] *v* bind, join
згадка [zghadka] *f* mention, recollection
згадувати [zghaduvati] *v* mention, think of
зганяти [zghan'ati] *v* gather together, drive away
згинути [zghinuti] *v* perish, be lost
згода [zghoda] *f* agreement, harmony
згоджуватися [zghodzhuvatis'a] *v* agree, accept
згорда [zghorda] *adv* proudly, arrogantly
згуба [zghuba] *f* loss, disaster
згубити [zghubiti] *v* lose, ruin
здавати [zdavati] *v* surrender, yield
здавна [zdavna] *adv* long ago, formerly
здалека [zdaleka] *adv* from afar, at a distance
здібний [zdibniy] *adj* capable, qualified, useful
здібність [zdibnist'] *f* ability, talent
здобувати [zdobuvati] *v* conquer, acquire, afford

здовж [zdovzh] *adv* lengthwise, in length
здоровий [zdoroviy] *adj* healthy, strong
зелений [zeleniy] *adj* green, verdant
зелень [zelen'] *f* herbage, green plant, green color
земля [zeml'a] *f* earth, ground, territory
земляк [zeml'ak] *m* countryman
зерно [zerno] *n* seed, corn
з'єднувати [zyednuvati] *v* unite, join
зима [zima] *f* winter
зів'ялий [zivyaliy] *adj* faded, withered
зів'янути [zivyanuti] *v* fade away, wither
зійти [ziyti] *v* descend, rise, spring
зір [zir] *m* sight, glance
зірвати [zirvati] *v* pluck, tear
з'їзд [zyizd] *m* convention, meeting
злазити [zlaziti] *v* crawl, descend, get loose
зламувати [zlamuvati] *v* break, violate
злий [zliy] *adj* bad, ill, irritated
зліва [zliva] *adv* on the left, from the left side
злісний [zlisniy] *adj* ill-natured, spiteful
злість [zlist'] *f* anger, malice
зло [zlo] *n* evil, mischief
злоба [zloba] *f* spite, evil
злодій [zlodiy] *m* thief
злочин [zlochin] *m* crime, misdeed, wickedness
злука [zluka] *f* union, tie
злякати [zl'akati] *v* frighten, scare

змага́ння [zmaghan'a] *n* competition, aspiration
змага́тися [zmaghatis'a] *v* complete, exert oneself
змерза́ти [zmerzati] *v* be cold, feel frozen
змива́ти [zmivati] *v* wash off
змі́на [zmina] *f* change, alteration, turn
зміни́ти [zminiti] *v* change, barter
змі́ряти [zmir'ati] *v* finish measuring
зміст [zmist] *m* contents, index
змісти́ти [zmistiti] *v* contain, place
змісти́тися [zmistitis'a] *v* find room enough
змісто́вний [zmistovniy] *adj* concise, substantial
змі́шувати [zmishuvati] *v* mix, confuse, put out of order
змока́ти [zmokati] *v* get wet
зму́чуватися [zmuchuvatis'a] *v* grow tired, suffer through life
зму́шувати [zmushuvati] *v* force, constrain
знаве́ць [znavets'] *m* expert
знайо́мий [znayomiy] *adj* known, familiar
знайо́мити [znayomiti] *v* make known, present
знайо́мство [znayomstvo] *n* acquaintance
знайти́ [znayti] *v* find, meet, discover
знак [znak] *m* mark, signal
знаме́но [znameno] *n* sign, standard, flag
зна́ний [znaniy] *adj* known, famous
зна́ння [znan'a] *n* knowledge, skill

знати [znati] v know, be acquainted with
значення [znachen'a] n meaning, importance
значити [znachiti] v mean, signify
значити [znachiti] v mark, brand
зневага [znevagha] f insult, indignity, scorn
зневажати [znevazhati] v insult, abuse, disgrace
зневіра [znevira] f despair, hopelessness, skepticism
зневірюватися [znevir'uvatis'a] v be disillusioned, be in despair
знемагати [znemaghati] v become weak, fall ill
знемога [znemogha] f exhaustion, enfeeblement
знеохочений [zneokhocheniy] adj discouraged, indifferent
знеохочуватися [zneokhochuvatis'a] v be discouraged, be apathetic
знижати [znizhati] v lower, reduce
знизу [znizu] adv below, from below
знищувати [znishchuvati] v destroy, waste
знімок [znimok] m photo, snapshot
знов [znov] adv again, anew
зносити [znositi] v bring down, abolish, take a fancy
зносити [znositi] v wear, use up
зовсім [zovsim] adv completely, quite
зодягати [zod'aghati] v dress, clothe
зойк [zoyk] m scream, lamentation

зокре́ма [zokrema] *adv* apart, particularly
золоти́й [zolotiy] *adj* gold, golden
зо́лото [zoloto] *n* gold
зоря́ [zor'a] *f* star
зо́шит [zoshit] *m* scribbler, notebook
з-пе́ред [z-pered] *prep* from before, from in front of
з-під [z-pid] *prep* from beneath
з-помі́ж [z-pomizh] *prep* from among
з-по́над [z-ponad] *prep* from above
з-посере́д [z-posered] *prep* from the midst of
зра́да [zrada] *f* treason, treachery
зра́джувати [zradzhuvati] *v* betray
зразо́к [zrazok] *m* pattern, type
зрив [zriv] *m* explosion, impetus
зрі́дка [zridka] *adv* rarely, scarcely
зрі́лий [zriliy] *adj* ripe, mature
зріст [zrist] *m* growth, increase, advancement
зроби́ти [zrobiti] *v* make ready, fulfill
зрозумі́лий [zrozumiliy] *adj* intelligible, clear, comprehensive
зроста́ти [zrostati] *v* be brought up, grow
зруб [zrub] *m* cutting down, framework
зуб [zub] *m* tooth
зуми́сне [zumisne] *adv* intentionally, on purpose
зупини́ти [zupiniti] *v* stop, stunt
зу́пинка [zupinka] *f* short stop, retention

57

зу́стріч [zustrich] *f* meeting, facing
зустріча́ти [zustrichati] *v* meet, receive
зустрі́чний [zustrichniy] *adj* he who meets, he who is met
зшива́ти [zshivati] *v* sew up
зять [z'at'] *m* son-in-law

І

ігра́ [ighra] *f* game, play, sport
ідеа́л [ideal] *m* ideal
із [iz] *prep* (usually between two consonants or after a consonant or before a word beginning with a consonant) see з
і́з-за [iz-za] *prep* from behind, without, beyond
іко́на [ikona] *f* icon, image (of a saint)
ілю́зія [il'uziya] *f* illusion, self-delusion
ілюстра́тор [il'ustrator] *m* illustrator
іміґра́нт [imigrant] *m* immigrant
імпре́за [impreza] *f* undertaking, arrangement, management
іна́кше [inakshe] *adv* differently, otherwise, else
інститу́т [institut] *m* institute
інструме́нт [instrument] *m* instrument
інтеліґе́нт [inteligent] *m* intellectual, member of the intelligentsia

інший [inshiy] *adj* other, another
іржа́ [irzha] *f* rust
і́скра [iskra] *f* spark, sparkle, flash
існува́ння [isnuvan'a] *n* existence
існува́ти [isnuvatil] *v* exist, be, live
і́спит [ispit] *m* examination, test
іспиту́вати [ispituvati] *v* examine, test
істо́рія [istoriya] *f* history, narrative
іти́ [iti] *v* go, walk

Ї

Їда́ [yida] *f* food, fare, meal, eating, eatables, victuals
Їда́льня [yidal'n'a] *f* dining room, refectory
Їдь [yid'] *f* corrosive quality, poison, venom, formic acid
Їжа [yizha] *f* food, nourishment
Їзда́ [yizda] *f* drive, driving, ride, riding
Їздити [yizditi] *v* drive, ride, go, come in a vehicle, travel, journey, voyage
Їсти [yisti] *v* eat, sup, have a meal

Й

й [y] *conj* and, also, even

К

кабі́на [kabina] *f* cabin
кабіне́т [kabinet] *m* office, study
ка́ва [kava] *f* coffee
кава́лок [kavalok] *m* piece, part, bit, fragment
каве́рна [kaverna] *f* cave, cavern
каву́н [kavun] *m* watermelon
ка́дка [kadka] *f* vat, tub
кади́ти [kaditi] *v* incense, flatter
каза́н [kazan] *m* kettle, boiler, pot
каза́ння [kazan'a] *n* sermon, preaching
каза́ти [kazati] *v* say, speak, tell, talk, order, command, bid, cause
ка́зка [kazka] *f* tale, fable, fib, story
кайда́ни [kaydani] *pl* chains, fetters, shackles
календа́р [kalendar] *m* calendar
кали́на [kalina] *f* cranberry tree, cranberry
калі́ка [kalika] *f* cripple
калі́чити [kalichiti] *v* mutilate, cripple, hurt
калю́жа [kal'uzha] *f* mire, puddle, slough
камени́стий [kamenistiy] *adj* stony, rocky
камізе́лька [kamizel'ka] *f* vest, waistcoat
камі́н [kamin] *m* fireplace, fireside
ка́мінь [kamin'] *m* stone, rock
кана́л [kanal] *m* channel, duct, strait
кана́па [kanapa] *f* sofa, divan

кандида́т [kandidat] *m* candidate, aspirant
канцеля́рія [kántsel'ariya] *f* bureau, office
ка́пати [kapati] *v* drop, drip
капелю́х [kapel'ukh] *m* hat
ка́пля [kapl'a] *f* drop
капу́ста [kapusta] *f* cabbage
ка́ра [kara] *f* punishment, penalty
кара́ти [karati] *v* punish, chastise
кар'є́ра [karyera] *f* career
ка́рий [kariy] *adj* hazel, brown
ка́рта [karta] *f* map, card
карти́на [kartina] *f* picture, painting, illustration
карто́пля [kartopl'a] *f* potato
кастру́ля [kastrul'a] *f* saucepan, stewpot
катастро́фа [katastrofa] *f* catastrophe, disaster
като́лик [katolik] *m* Catholic
кача́ти [kachati] *v* roll, spread by rolling
ка́чка [kachka] *f* duck
ка́ша [kasha] *f* gruel, groats, cereal food
ка́шель [kashel'] *m* cough
ка́шляти [kashl'ati] *vt* cough
кашта́н [kashtan] *m* chestnut
ка́ятися [kayatis'a] *v* repent, regret, rue, confess
кая́ття [kayat'a] *n* repentance, moral amendment
квадра́т [kvadrat] *m* square, quadrate
квадра́товий [kvadratoviy] *adj* square

квáпитися [kvapitis'a] *v* be in a hurry, be eager, aspire to
квас [kvas] *m* sourness, leaven, ferment
квасóля [kvasol'a] *f* bean
квитóк [kvitok] *m* receipt, ticket
квíтень [kviten'] *m* April
квíтка [kvitka] *f* flower
квітчáти [kvitchati] *v* adorn, embellish
квóчка [kvochka] *f* hen, layer
кéльнер [kel'ner] *m* waiter, valet
кидáти [kidati] *v* cast, launch
килим [kilim] *m* rug, carpet
кип'ятóк [kipyatok] *m* boiling water
кит [kit] *m* whale
кишéня [kishen'a] *f* pocket
кіл [kil] *m* stake, pale
кíлька [kil'ka] *f* some, a few
кíлькість [kil'kist'] *f* quantity
кімнáта [kimnata] *f* room, chamber
кінéць [kinets'] *m* end, limit, extremity
кінó [kino] *n* cinema, movies
кіноапарáт [kinoaparat] *m* movie camera
кінцéвий [kintseviy] *adj* final, last, ultimate
кінчáти [kinchati] *v* finish, work out, pass over
кінь [kin'] *m* horse
кість [kist'] *f* bone, die
кіт [kit] *m* cat
кладóвище [kladovishche] *n* burial ground

кла́нятися [klan'atis'a] *v* bow, adore, cringe, greet
кла́сти [klasti] *v* put, set, place
кле́їти [kleyiti] *v* glue, paste
клей [kley] *m* glue, size
клен [klen] *m* maple
кли́кати [klikati] *v* call, exclaim, invite
клі́мат [klimat] *m* climate
клі́тка [klitka] *f* cage, framework of a building
кло́піт [klopit] *m* trouble, disquiet
клюб [kl'ub] *m* club
ключ [kl'uch] *m* clue
кля́са [kl'asa] *f* class
клясти́ [kl'asti] *v* curse, swear
кни́га [knigha] *f* book, volume
книга́р [knighar] *m* bookseller
книга́рня [knigharn'a] *f* bookstore
кобза́р [kobzar] *m* kobzar, kobzar player and singer
кове́рт [kovert] *m* envelope, case
ковза́н [kovzan] *m* skate
ко́взатися [kovzatis'a] *v* skate, glide, slide
ковзьки́й [kovz'kiy] *adj* slippery
ко́гут [koghut] *m* cock, rooster
ко́жний [kozhniy] *pron* each, every
кожу́х [kozhukh] *m* pelt, fur coat
коза́к [kozak] *m* Ukrainian warrior, Cossack
ко́лесо [koleso] *n* circle, ring, bicycle, wheel

коли [koli] *adv, conj* when, ever, when suddenly

колинебудь [kolinebud'] *adv* at any time, ever

колись [kolis'] *adv* formely, some day or other

коліно [kolino] *n* knee

колір [kolir] *m* color

колія [koliya] *f* railway, wheel-track

коло [kolo] *n* circle, wheel

коло [kolo] *prep* near, about

колоти [kolotil] *v* sting, prick

колядка [kol'adka] *f* Christmas carol

колядувати [kol'aduvati] *v* carol

кольоровий [kol'oroviy] *adj* colorful, variegated

комар [komar] *m* mosquito

комітет [komitet] *m* committee

комора [komora] *f* storehouse, pantry

компактдиск [kompaktdisk] *m* compact disc

конгрес [kongres] *m* congress

конто [konto] *n* account

концерт [kontsert] *m* concert

копати [kopati] *v* dig, excavate

корисно [korisno] *adv* usefully, effectively

користь [korist'] *f* profit, advantage

корінь [korin'] *m* root

корова [korova] *f* cow

король [korol'] *m* king

короткий [korotkiy] *adj* short, brief

котрий [kotriy] *pron* who, what, any
кохання [kokhan'a] *n* love, affection
кохати [kokhati] *v* love, have a passion for
коштувати [koshtuvati] *v* cost, be worth
кравець [kravets'] *m* tailor
крадіж [kradizh] *m* theft, stolen goods
краєвид [krayevid] *m* landscape, scene
країна [krayina] *f* land, region, country
край [kray] *m* country, side, end, edge
край [kray] *prep* near, beside, by
крайній [krayniy] *adj* last, ultimate
крамар [kramar] *m* shopkeeper, dealer
крамниця [kramnits'a] *f* shop, store
крапля [krapl'a] *f* drop
красний [krasniy] *adj* beautiful, nice
красномовець [krasnomovets'] *m* eloquent speaker
краще [krashche] *adv* better
краяти [krayati] *v* cut, carve
кредиткарта [kreditkarta] *f* credit card
кремезний [kremezniy] *adj* strong, lusty
кривда [krivda] *f* grievance, harm
кривдити [krivditi] *v* harm, injure
кривий [kriviy] *adj* crooked, oblique
криво [krivo] *adv* obliquely, awry
крик [krik] *m* noise, cry, clamor
крило [krilo] *n* wing
критик [kritik] *m* critic
критика [kritika] *f* criticism, censure

критикувати [kritikuvati] *v* censure, find fault with, carp
кричати [krichati] *v* cry, clamor
крішка [krishka] *f* small bit, crumb
крізь [kriz'] *prep* through, by
кріпак [kripak] *m* serf
кріпити [kripiti] *v* strengthen, refresh
крісло [krislo] *n* chair
кров [krov] *f* blood
кросовки [krosovki] *noun pl* sneakers
круглий [krughliy] *adj* round, circled
кряж [kr'azh] *m* mountain crest, dorsal spine
куди [kudi] *adv* where, which way
кудибудь [kudibud'] *adv* anywhere
кузен, кузина [kuzen, kuzina] *m, f* cousin
кулемет [kulemet] *m* machine gun
куля [kul'a] *f* ball, sphere, bullet
культура [kul'tura] *f* culture, cultivation
культурний [kul'turniy] *adj* cultured
кум, кума [kum, kuma] *m, f* godfather, godmother
купатися [kupatis'a] *v* bathe oneself
купець [kupets'] *m* merchant, customer
купівля [kupivl'a] *f* purchase, bargain
купіль [kupil'] *m* bath, bathing
купувати [kupuvati] *v* buy, purchase
курити [kuriti] *v* smoke
курка [kurka] *f* hen, chicken
курорт [kurort] *m* health resort
курс [kurs] *m* course

кýсень [kusen'] *m* large piece
кусóк [kusok] *m* piece
кут [kut] *m* angle, corner
кýхар [kukhar] *m* cook
кýхня [kukhn'a] *f* kitchen, kitchen stove
кучерявий [kucher'aviy] *adj* curly, bushy
куштувáти [kushtuvati] *v* taste, try for flavor

Л

лáва [lava] *f* bench
лáвра [lavra] *f* monastery, abbacy
лагíдний [laghidniy] *adj* mild, delicate, smooth
лагíднiсть [laghidnist'] *f* mildness, gentleness, kindness
лад [lad] *m* order, harmony
лáдан [ladan] *m* incense, frankincense
ладнáти [ladnati] *v* fit, settle matters, agree
лáзерний диск [lazerniy disk] *m* laser disc
лáзити [lazitil] *v* creep, crouch, walk with difficulty
лáйка [layka] *f* rebuke, cursing, quarrel
лакóмий [lakomiy] *adj* greedy, tempting
ламáти [lamati] *v* break, refract, infringe
лáнка [lanka] *f* link of a chain, necklace, hook

ланцюг [lants'ugh] *m* chain
лапа [lapa] *f* paw, large hand
ласка [laska] *f* grace, kindness, affection
ласкавий [laskaviy] *adj* favorable, gracious
лебідь [lebid'] *m* swan
лев [lev] *m* lion
левада [levada] *f* meadow
легеня [leghen'a] *f* lung
легкий [leghkiy] *adj* light, easy
легко [leghko] *adv* lightly, easily
легковажний [leghkovazhniy] *adj* frivolous, inconsiderate
ледве [ledve] *adv* hardly, scarcely, no sooner
лежати [lezhati] *v* lie, repose, be situated
лектор [lektor] *m* lecturer
лектура [lektura] *f* reading
лекція [lektsiya] *f* lesson, lecture
летіти [letiti] *v* fly, run, fall
лижва [lizhva] *f* ski
лизати [lizati] *v* lick
линва [linva] *f* rope, cable
липень [lipen'] *m* July
лискучий [liskuchiy] *adj* shining, brilliant
лист [list] *m* letter, leaf, sheet
листівка [listivka] *f* postcard
листовно [listovno] *adv* in writing, by means of a letter
листок [listok] *m* leaf, note, leaflet
листоноша [listonosha] *m* postman, lettercarrier

листопа́д [listopad] *m* November
листува́тися [listuvatis'a] *v* correspond by letter
ли́ти [litit] *v* pour, shed, cast
лихи́й [likhiy] *adj* bad, ill, irritated
ли́хо [likho] *n* misfortune, harm, distress
ли́цар [litsar] *m* knight, warrior, hero
лице́ [litse] *n* face, cheek
лиша́ти [lishati] *v* leave, desert, give up
лиша́тися [lishatis'a] *v* remain, stay
лі́вий [liviy] *adj* left, radical
ліво́руч [livoruch] *adv* on the left
лід [lid] *m* ice
лі́зти [lizti] *v* crawl, creep, intrude
лік [lik] *m* remedy, medicine
лі́кар [likar] *m* doctor, physician
лі́коть [likot'] *m* elbow
лікува́ння [likuvan'a] *n* treatment, medication
лікува́ти [likuvati] *v* cure, treat
ліле́я [lileya] *f* lily
ліні́йка [liniyka] *f* line, ruler
лінію́вати [liniyuvati] *v* draw lines
лі́нія [liniya] *f* line
ліпи́ти [lipiti] *v* glue, stick together
ліс [lis] *m* woods, forest land
літ [lit] *m* flight, flying
літа́ [lita] *noun pl* age, years
літа́к [litak] *m* aeroplane, aircraft
літа́ти [litati] *v* fly, run rapidly

лі́тера [litera] *f* letter of the alphabet, character, type
літера́т [literat] *m* literary man, writer
літерату́ра [literatura] *f* literature
лі́тній [litniy] *adj* summery, of summer
лі́то [lito] *n* summer, year
літу́н [litun] *m* aviator, flier
ліфт [lift] *m* elevator
ліхта́р [likhtar] *m* lamp, lantern, tail light
лі́чба [lichba] *f* count, calculation
лічи́ти [lichiti] *v* count, number
лоб [lob] *m* forehead
ловець [lovets'] *m* hunter
ло́ви [lovi] *noun pl* hunting, chase
лови́ти [loviti] *v* catch, take, apprehend
ло́гіка [logika] *f* logic
ло́же [lozhe] *n* bed, couch, stock of a gun
ло́жечка [lozhechka] *f* teaspoon
ло́жка [lozhka] *f* spoon
локши́на [lokshina] *f* noodles, vermicelli
ломи́ти [lomiti] *v* break, fracture
лоскота́ти [loskotati] *v* tickle
луг [lugh] *m* plain overgrown with bushes
лузга́ [luzgha] *f* scale (of fish)
лука́ [luka] *f* meadow
луна́ [luna] *f* echo, resonance
луна́ти [lunati] *v* resound, spread
лупи́ти [lupiti] *v* skin, peel
лу́скіт [luskit] *m* crash, clatter, burst
лу́снути [lusnuti] *v* burst, split

любити [l'ubiti] *v* be fond of, love, care for
любка [l'ubka] *f* beloved, sweetheart
любов [l'ubov] *f* love, affection
любчик [l'ubchik] *m* lover, favorite
люд [l'ud] *m* people, race, humanity
люди [l'udi] *noun pl* men, people, mankind
людський [luds'kiy] *adj* human, compassionate
люлька [l'ul'ka] *f* smoking pipe
лютий [l'utiy] *m* February
лютий [l'utiy] *adj* fierce, severe, violent
лягати [l'aghati] *v* lie down
лямпа [l'ampa] *f* lamp
лячно [l'achno] *adv* fearful, awful
льох [l'okh] *m* cavern, cellar

М

мабуть [mabut'] *adv* perhaps, likely, apparently
мавпа [mavpa] *f* monkey
магнітофон [maghnitofon] *m* tape recorder
магазин [magazin] *m* warehouse, storehouse
магістрат [magistrat] *m* municipal hall
маєток [mayetok] *m* wealth, estate, fortune
мазати [mazati] *v* grease, obliterate, dirty
мазь [maz'] *f* ointment, grease
майбутній [maybutniy] *adj* future

майбу́тність [maybutnist'] *f* future
ма́йже [mayzhe] *adv* almost, nearly
ма́йка [mayka] *f* T-shirt
майструва́ти [maystruvati] *v* do in a masterful manner, build, fabricate
мали́й [maliy] *adj* little, petty, low
мали́на [malina] *f* raspberry
малиння́к [malin'ak] *m* raspberry juice
ма́ло [malo] *adv* little, small
малюва́ти [mal'uvati] *v* paint, depict, describe
малю́нок [mal'unok] *m* painting, illustration
маля́р [mal'ar] *m* painter, artist
ма́ма [mama] *f* mother
манасти́р [manastir] *m* monastery, cloister
ма́ндри [mandri] *noun pl* travelling, pilgrimage
мандрі́вка [mandrivka] *f* wandering, travel
мандрува́ти [mandruvati] *v* wander, travel
ма́па [mapa] *f* map, chart
мара́ [mara] *f* phantom, spirit, ghost
ма́рити [mariti] *v* dream, be delirious
марке́тінг [marketing] *m* marketing
мармеля́да [marmel'ada] *f* marmalade
марні́ти [marniti] *v* grow lean, dwindle, fade away
ма́рно [marno] *adv* to no purpose, in vain
ма́сло [maslo] *n* butter
масля́нка [masl'anka] *f* buttermilk
масни́й [masniy] *adj* fat, greasy

мастити [mastiti] v grease, soil, butter
математика [matematika] f mathematics
матерія [materiya] f material, substance, matter
мати [mati] v have, own
мати [mati] f mother
махати [makhati] v wave, swing
мачати [machati] v dip, soak, wet
мачуха [machukha] f stepmother
маяти [mayati] v flutter, wave, appear and disappear at rapid intervals
меблі [mebli] *noun pl* furniture
мед [med] m honey
медівник [medivnik] m honey cake
межа [mezha] f boundary, landmark
межувати [mezhuvati] v border, be contiguous, survey
менше [menshe] adv less
менший [menshiy] adj smaller, lesser
меню [men'u] n menu
мерехтіти [merekhtiti] v glimmer, sparkle
меркнути [merknuti] v grow dim, vanish
мертвець [mertvets'] m dead body, corpse
мертвий [mertviy] adj dead, deceased
мерти [merti] v die, expire
Месія [mesiya] m Messiah
месник [mesnik] m avenger, revenger
мести [mesti] v sweep
мета [meta] f goal, objective
метелик [metelik] m butterfly

метіль [metil'] *f* snowstorm
меткий [metkiy] *adj* quick, alert, clever, alive
метода [metoda] *f* method, manner
метр [metr] *m* meter
метрика [metrika] *f* metrics (of verse), church registry
мешканець [meshkanets'] *m* inhabitant, townsman
мешкати [meshkati] *v* live, reside, inhabit
милий [miliy] *adj* dear, pleasant, delightful
милий [miliy] *m* sweetheart, darling
милити [militi] *v* soap, lather
мимо [mimo] *prep* past, beside
минати [minati] *v* pass over, omit
минулий [minuliy] *adj* past, bygone
мир [mir] *m* peace, tranquility
миритися [miritis'a] *v* be reconciled
миска [miska] *f* bowl, soup plate
мислення [mislenya] *n* thinking, mentality
мислити [misliti] *v* think, consider, dream of
мисль [misl'] *f* thought, intention
мистецтво [mistetstvo] *n* art, artistic finish
мистець [mistets'] *m* artist, master of art
мистецький [mistets'kiy] *adj* skilful, clever
мити [miti] *v* wash, lave
миша [misha] *f* mouse
між [mizh] *prep* between, amid

міжнаро́дний [mizhnarodniy] *adj* international

мій, моя́, моє́ [miy, moya, moye] *pron* my, mine

мілки́й [milkiy] *adj* shallow

міль [mil'] *f* moth, mite

мільйо́н [mil'yon] *m* million

мільйоне́р [mil'yoner] *m* millionaire

мілья́рд [mil'yard] *m* milliard

мільярде́р [mil'yarder] *m* multimillionaire

міні́стер [minister] *m* minister

мі́нус [minus] *m* minus sign

міня́ти [min'ati] *v* change, exchange

мі́ра [mira] *f* measure, scale, criterion

міркува́ти [mirkuvati] *v* think, imagine, consider

мі́ряти [mir'ati] *v* measure, aim

міст [mist] *m* bridge

місти́ти [mistitit] *v* place, put, lodge

мі́сто [misto] *n* town, place

мі́сце [mistse] *n* place, situation, position, employment

місце́вий [mistseviy] *adj* local, native

місце́вість [mistsevist'] *f* locality, site

мі́сяць [mis'ats'] *m* moon, month

мі́сячно [mis'achno] *adv* monthly, with moonlight

міськи́й [mis'kiy] *adj* urban, municipal

міх [mikh] *m* sack, bag

міцни́й [mitsniy] *adj* strong, stout, solid

міцніти [mitsniti] *v* harden, become tough
міць [mits'] *f* might, power, authority
мішанина [mishanina] *f* mixture, complication, confusion
мішати [mishati] *v* mix, mingle
мішок [mishok] *m* sack, bag
міщанин, міщанка [mishchanin, mishchanka] *m, f* townsman, townswoman
млинець [mlinets'] *m* pancake
мліти [mliti] *v* faint, languish
млоїти [mloyiti] *v* feel sick
млявий [ml'aviy] *adj* feeble, faint, lazy
множення [mnozhen'a] *n* multiplication
множина [mnozhina] *f* plural
множити [mnozhiti] *v* multiply, increase
мов [mov] *adv* as, as if, it appears that
мова [mova] *f* language, speech
мовити [moviti] *v* speak, say
мовний [movniy] *adj* verbose, linguistic
мовознавець [movoznavets'] *m* linguist
мовчанка [movchanka] *f* silence
мовчати [movchati] *v* be silent
могила [moghila] *f* grave, mound
могти [moghti] *v* be able, be possible
можна [mozhna] *adv* it is possible
мозок [mozok] *m* brain, cerebellum
мокнути [moknuti] *v* become wet, be drenched
мокрий [mokriy] *adj* wet, damp
молитва [molitva] *f* prayer, entreaty

молитися [molitis'a] *v* pray
молитовник [molitovnik] *m* prayerbook
молодий [molodiy] *adj* young
молодик [molodik] *m* young single man
молодиця [molodits'a] *f* young married woman
молодь [molod'] *noun pl* youth, young people
молоко [moloko] *n* milk
молочар [molochar] *m* milkman
молочарня [molocharn'a] *f* dairy
монета [moneta] *f* coin, money
моргати [morghati] *v* wink, blink, twinkle
море [more] *n* sea
мореля [morel'a] *f* apricot
моріг [morigh] *m* grass, lawn
морква [morkva] *f* carrot
мороз [moroz] *m* frost, cold
морозиво [morozivo] *n* ice cream
морозний [morozniy] *adj* chilly, frosty
морський [mors'kiy] *adj* naval, marine
морщитися [morshchitis'a] *v* crease, wrinkle
моряк [mor'ak] *m* seaman, sailor
москаль [moskal'] *m* Muscovite, Russian
московський [moskovs'kiy] *adj* of a Muscovite
мотуз [motuz] *m* rope, line
мотузок [motuzok] *m* string, cord
мочити [mochiti] *v* wet, dip
мрець [mrets'] *m* dead body, corpse

мрі́ти [mriti] *v* appear, be delirious
мрі́я [mriya] *f* dream, vision
мрі́яти [mriyatil] *v* dream, imagine
мря́ка [mr'aka] *f* fog, heavy mist with drizzle
мрячи́ти [mr'achiti] *v* drizzle
мсти́ти [mstiti] *v* take revenge
мудре́ць [mudrets'] *m* wise man, philosopher
му́дрий [mudriy] *adj* wise, prudent, clever
му́дрість [mudrist'] *f* wisdom, prudence
муж [muzh] *m* husband, man
музе́й [muzey] *m* museum
му́зика [muzika] *f* music
музи́ка [muzika] *m* musician, lover of music
му́ка [muka] *f* torment, pangs
мука́ [muka] *f* meal, flour
муля́р [mul'ar] *m* bricklayer
мур [mur] *m* stone wall
му́рин [murin] *m* negro
мурува́ти [muruvati] *v* build with stones, lay bricks
му́сіти [musiti] *v* be forced, have to, must
му́скул [muskul] *m* muscle
му́ха [mukha] *f* fly
му́читися [muchitis'a] *v* be tormented, suffer
м'яз [myaz] *m* muscle
м'яки́й [myakiy] *adj* soft, tender
м'я́ко [myako] *adv* softly, tenderly
м'я́со [myaso] *n* meat, flesh
м'я́та [myata] *f* mint

м'яч [myach] *m* ball

Н

на [na] *prep* against, at, by, for, with
набирáти [nabirati] *v* gather together, compose, grow big
набíк [nabik] *adv* aside, out of the way
нáбіл [nabil] *m* dairy products
набувáти [nabuvati] *v* acquire, attain
навéрх [naverkh] *adv* above, at the top of
нáвіть [navit'] *adv* even, not so
навíщо [navishcho] *adv* why? for what purpose?
навкóло [navkolo] *adv* round, all around
навмисне [navmisne] *adv* intentionally, on purpose
навóдити [navoditi] *v* lead upon, direct
навпаки́ [navpaki] *adv* on the contrary
навря́д [navr'ad] *adv* hardly
навчáння [navchan'a] *n* teaching, instruction
навчáти [navchati] *v* teach, inform
нáгло [naghlo] *adv* suddenly, precipitously
нáгляд [naghl'ad] *m* supervision, watch
наглядáти [naghl'adati] *v* look after, oversee
наглядáч [naghl'adach] *m* overseer, supervisor

нагодувати [naghoduvati] *v* feed or nourish adequately
наголос [nagholos] *m* accent, emphasis
нагорода [naghoroda] *f* reward, gratuity
нагороджений [naghorodzheniy] *adj* rewarded, decorated
нагороджувати [naghorodzhuvati] *v* reward, compensate
нагору [naghoru] *adv* up, upward
над [nad] *prep* above, beyond, on
надвір [nadvir] *adv* outside
надвір'я [nadvirya] *n* outdoor, yard-side
надвоє [nadvoye] *adv* in two
надворі [nadvori] *adv* outside, outdoors
надійний [nadiyniy] *adj* hopeful, certain, faithful
надія [nadiya] *f* hope
надіятися [nadiyatis'a] *v* hope, expect
надмір [nadmir] *m* excess, superfluity
надобраніч [nadobranich] *adv* goodnight
напис [nadpis] *m* inscription
надписувати [nadpisuvati] *v* inscribe
надро [nadro] *n* bosom, womb
надрукований [nadrukovaniy] *adj* printed, published
надрукувати [nadrukuvati] *v* print, publish
надточувати [nadtochuvati] *v* lengthen, add
надувати [naduvati] *v* blow, inflate
надхнення [nadkhnen'a] *n* inspiration
надходити [nadkhoditi] *v* come, arrive

назавжди [nazavzhdi] *adv* for ever
назад [nazad] *adv* back, behind
назбирати [nazbirati] *v* gather, collect
назва [nazva] *f* name, title
назвище [nazvishche] *n* surname, family name
називати [nazivati] *v* call, name
називатися [nazivatis'a] *v* be named
назустріч [nazustrich] *adv* towards
наївний [nayivniy] *adj* naive, silly
наїдатися [nayidatis'a] *v* eat one's fill
найбільше [naybil'she] *adv* most, above all
найбільший [naybil'shiy] *adj* greatest, largest
найближче [nayblizhche] *adv* closely
найближчий [nayblizhchiy] *adj* nearest
найвищий [nayvishchiy] *adj* highest
найглибший [nayghlibshiy] *adj* deepest
найдорожчий [naydorozhchiy] *adj* most expensive, the dearest
найкращий [naykrashchiy] *adj* best
найлегший [nayleghshiy] *adj* easiest
найманець [naymanets'] *m* mercenary
наймати [naymati] *v* hire, rent
найменший [naymenshiy] *adj* the least, the smallest
найми [naymi] *noun pl* hire, rent
наймит [naymit] *m* manservant
наймичка [naymichka] *f* woman servant, maid

наймолодший [naymolodshiy] *adj* the youngest
найнижчий [naynizhchiy] *adj* the lowest, the shortest
найраніше [nayranishe] *adv* at the very earliest
найтонший [naytonshiy] *adj* the thinnest
наказ [nakaz] *m* order, command
наказувати [nakazuvati] *v* order, admonish, talk a great deal
накладати [nakladati] *v* put on, impose
наклеп [naklep] *m* false accusation
наклеювати [nakleyuvati] *v* paste on
накривати [nakrivati] *v* cover, spread over
накриття [nakrit'a] *n* shelter, covering
належати [nalezhati] *v* belong, pertain
наливати [nalivati] *v* pour in, fill up
налисник [nalisnik] *m* pancake spread with cheese or jam and rolled
намалювати [namal'uvati] *v* paint, depict
намет [namet] *m* tent
намисник [namisnik] *m* cupboard
намисто [namisto] *n* necklace
намова [namova] *f* persuasion, incitement
намовляти [namovl'ati] *v* persuade, say evil of
наниз [naniz] *adv* down, below
наносити [nanositi] *v* heap up, accumulate
напад [napad] *m* attack, assault
нападати [napadati] *v* assault, strike upon

напам'ять [napamyat'] *adv* by heart
напасник [napasnik] *m* aggressor, insulter
напасть [napast'] *f* provocation, violence, misfortune
напевно [napevno] *adv* surely, indeed
наперед [napered] *adv* firstly, in advance, forward
наперéді [naperedi] *adv* in front, before
напис [napis] *m* inscription
написати [napisati] *v* write, compose
напитися [napitis'a] *v* drink, drink to satisfaction
напій [napiy] *m* drink, beverage
напочатку [napochatku] *adv* at first, in the beginning
напоювати [napoyuvati] *v* give enough to drink, water
направду [napravdu] *adv* really, truly
наприклад [napriklad] *adv* for example
напроти [naproti] *adv* opposite, across
напрочуд [naprochud] *adv* wonderfully
напружений [napruzheniy] *adj* strained, tight
напрямок [napr'amok] *m* direction, tendency
нарада [narada] *f* consultation, conference
нараз [naraz] *adv* suddenly, all at once
наріжний [narizhniy] *adj* at a corner
нарізувати [narizuvati] *v* cut, make an incision
нарік [narik] *adv* next year
нарікання [narikan'a] *n* complaint, reproach

нарікати [narikati] v complain, blame
наркотик [narkotik] m drug
народ [narod] m people, nation
народжений [narodzheniy] adj born
народжуватися [narodzhuvatis'a] v be born, issue, rise
народній [narodniy] adj national, popular
народність [narodnist'] f nationality
наруга [narugha] f mockery, derision
насампере́д [nasampered] adv first of all, at first
населений [naseleniy] adj populated, inhabited
населення [naselen'a] n population
насилля [nasil'a] n violence
насип [nasip] m embankment, fill, earth
насипати [nasipati] v pour in, fill with
насіння [nasin'a] n seed
наслідок [naslidok] m consequence, effect
наслідувати [nasliduvati] v imitate, emulate
настрій [nastriy] m disposition, feeling, mood
наступний [nastupniy] adj following, next
натирати [natirati] v rub, rasp, polish
натовп [natovp] m crowd, multitude
натомість [natomist'] adv instead of, moreover, however
натрапляти [natrapl'ati] v find by chance, fall in with
наука [nauka] f study, science

науко́вий [naukoviy] *adj* scientific
на́фта [nafta] *f* petroleum
находи́ти [nakhoditi] *v* find, strike upon
націоналі́зм [natsionalizm] *m* nationalism
націоналісти́чний [natsionalistichniy] *adj* nationalistic
націона́льний [natsional'niy] *adj* national
на́ція [natsiya] *f* nation
на́черк [nacherk] *m* sketch, outline
начи́ння [nachin'a] *n* utensils, dishes
наща́док [nashchadok] *m* descendant
на́що? [nashcho] *adv* why? wherefore?
не [ne] *adv* no, none
неаби́як [neabiyak] *adv* quite, not bad at all
неаби́який [neabiyakiy] *adj* unusual, above the average
небага́то [nebaghato] *adv* not much, a little bit
небезпе́ка [nebezpeka] *f* danger, hazard
небезпе́чний [nebezpechniy] *adj* dangerous, hazardous
небі́ж [nebizh] *m* nephew
не́бо [nebo] *n* heaven, sky
небо́га [nebogha] *f* niece
небосхи́л [neboskhil] *m* horizon
невві́чливий [nevichliviy] *adj* impolite
невда́ча [navdacha] *f* failure
невдя́чний [nevd'achniy] *adj* ungrateful
невигі́дний [nevighidniy] *adj* inconvenient, inadequate

невинний [neviniy] *adj* innocent
невинність [nevinist'] *f* innocence, virginity
невідмінний [nevidminiy] *adj* irrevocable
невідомий [nevidomiy] *adj* unknown
невільник [nevil'nik] *m* slave, captive
невільно [nevil'no] *adv* it is forbidden
невістка [nevistka] *f* daughter-in-law
неволя [nevol'a] *f* slavery, bondage
невтомний [nevtomniy] *adj* unweary, tireless
невтомність [nevtomnist'] *f* indefatigability
негайно [neghayno] *adv* at once, forthwith
негаразд [negharazd] *adv* not well, improperly
негарний [negharniy] *adj* ugly, improper
негативний [negativniy] *adj* negative
недавно [nedavno] *adv* recently, lately
недалеко [nedaleko] *adv* close to, at hand
недбалий [nedbaliy] *adj* negligent, idle
недбалість [nedbalist'] *f* negligence, carelessness
неділя [nedil'a] *f* Sunday
недільний [nedil'niy] *adj* of Sunday
недобре [nedobre] *adv* not well, evil
недобрий [nedobriy] *adj* bad, malicious
недоля [nedol'a] *f* misfortune, distress
недосвідчений [nedosvidcheniy] *adj* inexperienced, unskilled
недостаток [nedostatok] *m* need, want, scarcity
недочувати [nedochuvati] *v* not to hear well

недуга [nedugha] *f* illness, infirmity
недужий [neduzhiy] *adj* sick, unwell
нежить [nezhit'] *m* cold in the head
незабутній [nezabutniy] *adj* unforgettable
незаконний [nezakoniy] *adj* illegal, unlawful
незаможний [nezamozhniy] *adj* poor, indigent
незгода [nezghoda] *f* discord, variance
нездібний [nezdibniy] *adj* incapable, unfit
нездужати [nezduzhati] *v* feel weak, be indisposed
незнайома, незнайомий [neznayoma, neznayomiy] *f, m* stranger
незнайомий [neznayomiy] *adj* strange, unfamiliar
незнаний [neznaniy] *adj* unknown
незрозумілий [nezrozumiliy] *adj* incomprehensible, unintelligible
неймовірний [neymovirniy] *adj* incredible, improbable
неймовірно [neymovirno] *adv* improbably, sceptically
нелад [nelad] *m* disorder, confusion
нелегко [neleghko] *adv* heavy, difficult
нелюб [nel'ub] *m* unloved man
нелюдяний [nel'ud'aniy] *adj* unsociable, inhuman
нема [nema] *adv* there is nobody
неміч [nemich] *f* weakness, impotence

немо́в [nemov] *adv* as, like
немовля́ [nemovl'a] *n* infant
неможли́вий [nemozhliviy] *adj* impossible
нена́видіти [nenaviditi] *v* hate, detest
нена́висть [nenavist'] *f* hatred
ненаголо́шений [nenagholosheniy] *adj* unstressed
ненадо́вго [nenadovgho] *adv* not for long
нена́че [nenache] *adv* as if
необере́жний [neoberezhniy] *adj* careless, unwary
необере́жність [neoberezhnist'] *f* carelessness, imprudence
необов'язко́вий [neobovyazkoviy] *adj* optional, inconsiderate
необхі́дний [neobkhidniy] *adj* indispensable, urgent
неодру́жений [neodruzheniy] *adj* unmarried
неозна́чений [neoznacheniy] *adj* indefinite, infinite
неосві́тлений [neosvitleniy] *adj* dark, obscure
неосві́чений [neosvicheniy] *adj* illiterate, uneducated
неосві́ченість [neosvichenist'] *f* illiteracy, ignorance
неосво́єний [neosvoyeniy] *adj* untamed, unfamiliar
неособо́вий [neosoboviy] *adj* impersonal
неохо́та [neokhota] *f* reluctance, repugnance

непе́вний [nepevniy] *adj* uncertain, suspicious
непи́сьме́нний [nepis'meniy] *adj* illiterate
непова́га [nepovagha] *f* disrespect
неподво́єний [nepodvoyeniy] *adj* single
непокі́рний [nepokirniy] *adj* disobedient
непоко́ра [nepokora] *f* disobedience
непоми́льний [nepomil'niy] *adj* infallible
непорозумі́ння [neporozumin'a] *n* misunderstanding
непо́слух [neposlukh] *m* disobedience
непотрі́бний [nepotribniy] *adj* useless, needless
непотрі́бно [nepotribno] *adv* not necessary
неприє́мний [nepriyemniy] *adj* unpleasant, unacceptable
неприє́мність [nepriyemnist'] *f* unpleasantness, annoyance
неприє́мно [nepriyemno] *adv* unpleasantly
непрису́тній [neprisutniy] *adj* absent
непрису́тність [neprisutnist'] *f* absence
неприхи́льний [neprikhil'niy] *adj* hostile, unfavorable
неприхи́льність [neprikhil'nist'] *f* disaffection, ill-will
нерв [nerv] *m* nerve
нерво́вий [nervoviy] *adj* nervous
нервува́ти [nervuvati] *v* agitate, make nervous
нері́вно [nerivno] *adv* unequally, unevenly

нерозсу́дний [nerozsudniy] *adj* thoughtless, unwise

нерухо́мий [nerukhomiy] *adj* motionless, fixed

нерухо́мість [nerukhomist'] *f* immobility, fixedness

несвідо́мий [nesvidomiy] *adj* unconscious, ignorant, uncertain

несвідо́мість [nesvidomist'] *f* ignorance, unconsciousness

несла́ва [neslava] *f* disgrace, shame

неслухня́ний [neslukhn'aniy] *adj* disobedient, undutiful

не́смак [nesmak] *m* disgust, displeasure

несмачни́й [nesmachniy] *adj* tasteless, unpalatable

несмі́ливий [nesmiliviy] *adj* shy, timid

несподі́ваний [nespodivaniy] *adj* unexpected, casual

несподі́ванка [nespodivanka] *f* surprise, suddenness

несподі́вано [nespodivano] *adv* suddenly, unexpectedly

неспо́кій [nespokiy] *m* anxiety, trouble, perturbation

неспокі́йний [nespokiyniy] *adj* restless, uneasy

нести́ [nesti] *v* carry, bring

неува́га [neuvagha] *f* inattention, oversight

неуважний [neuvazhniy] *adj* inattentive, heedless

неук [neuk] *m* ignorant person

нехай [nekhay] *part* let, may, be it

нехтувати [nekhtuvati] *v* neglect, make slight of

нечемний [nechemniy] *adj* impolite, ill-mannered

нечистий [nechistiy] *adj* dirty, impure

нечиткий [nechitkiy] *adj* unreadable

нечіткий [nechitkiy] *adj* vague, indistinct

нешкідливий [neshkidliviy] *adj* harmless

нещасний [neshchasniy] *adj* unhappy, hopeless

нещастя [neshchast'a] *n* misfortune, unhappiness, disaster

нещирий [neshchiriy] *adj* insincere, hypocritical, double-tongued

нижче [nizhche] *adv* low, below, under

нижчий [nizhchiy] *adj* lower

низка [nizka] *f* series, string

низько [niz'ko] *adv* low, lowly

нині [nini] *adv* today, this day

нинішній [ninishniy] *adj* of this date, today's

нирка [nirka] *f* kidney

нитка [nitka] *f* thread, clue, string

нишком [nishkom] *adv* in a whisper, softly

нищити [nishchiti] *v* destroy, lay waste, spoil

ні [ni] *adv* no, not
ніготь [nighot'] *m* fingernail, toenail
ніде [nide] *adv* nowhere
ніж [nizh] *m* knife
ніж [nizh] *conj* than
ніздря [nizdr'a] *f* nostril
ніколи [nikoli] *adv* never
нікчемний [nikchemniy] *adj* mean, good-for-nothing
німий [nimiy] *adj* mute, dumb, speechless
нім [nim] *conj* before, till
ніс [nis] *m* nose
ніхто [nikhto] *pron* nobody
ніч [nich] *f* night, night time
нічий [nichiy] *pron* nobody's
нічліг [nichligh] *m* night lodging
нічний [nichniy] *adj* nightly, nocturnal
ніщо [nishcho] *pron* nothing, anything
ніякий [niyakiy] *pron* none, neither
новий [noviy] *adj* new, recent
новина [novina] *f* news, tidings
новообраний [novoobraniy] *adj* newly elected
нога [nogha] *f* foot, leg
ножиці [nozhitsi] *noun pl* scissors
носити [nositi] *v* carry, bear, wear
носовий [nosoviy] *adj* nasal, of the nose
нота [nota] *f* note, memorandum
нотувати [notuvati] *v* note, write down
ночви [nochvi] *noun pl* wash-tub

ночувáти [nochuvati] *v* stay overnight, pass the night
нýдитися [nuditis'a] *v* be weary, pine away
нуднúй [nudniy] *adj* boring, dull
нудьгá [nud'gha] *f* boredom, weariness
нуль [nul'] *m* zero, null
нуртувáти [nurtuvati] *v* dive into, penetrate, wash away
нутрó [nutro] *n* inside, viscera
нюх [n'ukh] *m* smell, scent
нянька [n'an'ka] *f* nursemaid

О

о [o] *prep* at
об [ob] *prep* concerning, about, on, at, during
обá [oba] *pron m* both, one and the other
обáбіч [obabich] *adv* on both sides
оббирáти [obbirati] *v* peel
оббігáти [obbighati] *v* visit all, be everywhere
оббігáти [obbighati] *v* run around, ramble
óбвідка [obvidka] *f* border, trimming, edge
обвóдити [obvoditi] *v* lead around, enclose, surround
обговóрювати [obghovor'uvati] *v* speak about, discuss
обдýмати [obdumati] *v* consider, weigh, devise

обере́жний [oberezhniy] *adj* cautious, prudent

обере́жність [oberezhnist'] *f* caution, prudence

оберта́ти [obertati] *v* turn around, convert

об'є́днання [obyednan'a] *n* unification, federation

об'є́днуватися [obyednuvatis'a] *v* become united

обира́ти [obirati] *v* choose, elect

о́бі [obi] *pron f* both, one and the other

о́біг [obigh] *m* circulation, revolution

обі́д [obid] *m* dinner, dinner time

обі́дати [obidati] *v* dine

обі́дній [obidniy] *adj* of dinner

обі́жник [obizhniy] *m* circular, memorandum

обійма́ти [obiymati] *v* embrace, seize, include

обі́йми [obiymi] *noun pl* hug, embrace

обійти́ [obiyti] *v* go around, concern

обійти́ся [obiytis'a] *v* dispense with, do without

обірва́ти [obirvati] *v* pluck off, tear off

обіцюва́ти [obits'uvati] *v* promise

обіця́нка [obits'anka] *f* promise

обкла́динка [obkladinka] *f* cover, wrapper

обли́ччя [oblich'a] *n* face, countenance

о́блік [oblik] *m* calculation, survey, registration

обло́га [oblogha] *f* siege

облу́да [obluda] *f* illusion, hypocrisy
обмі́н [obmin] *m* exchange, barter
обмі́нювати [obmin'uvati] *v* exchange, alter
обмі́рювати [obmir'uvati] *v* measure round
обов'язко́вий [obovyazkoviy] *adj* compulsory, engaging
обов'язо́к [obovyazok] *m* duty, responsibility
обо́є [oboye] *pron n* both
оборо́на [oborona] *f* defence, plea
обража́ти [obrazhati] *v* offend, hurt, wound
обра́жений [obrazheniy] *adj* insulted
о́браз [obraz] *m* painting, icon
о́браз [obraz] *m* visage, living image
обра́за [obraza] *f* insult, injury
о́брис [obris] *m* outline, contour
о́брій [obriy] *m* horizon, skyline
обря́д [obr'ad] *m* denomination, ritual
обхі́д [obkhid] *m* turn, procession around a church
обчи́слення [obchislen'a] *n* counting, estimating
обчи́слювати [obchisl'uvati] *v* calculate, figure out
ове́с [oves] *m* oats
о́воч [ovoch] *m* fruit
огіро́к [oghirok] *m* cucumber
о́гляд [oghl'ad] *m* review, examination
огляда́ти [oghl'adati] *v* view, look over
оголо́шення [ogholoshen'a] *n* announcement, notice, manifest

оголо́шувати [ogholoshuvati] v proclaim, advertise
ого́нь [oghon'] m fire
огоро́жа [oghorozha] f enclosure, fence
оде́жа [odezha] f clothes, wardrobe
оди́н [odin] num one adj single, alone
одина́дцять [odinadts'at'] num eleven
одина́к [odinak] m an only son
одини́ця [odinits'a] f unit, individual
одномо́вний [odnomovniy] adj of the same language, unilingual
одроби́на [odrobina] f small bit, crumb
одру́жений [odruzheniy] adj married
одру́ження [odruzhen'a] n marriage
одру́жуватися [odruzhuvatis'a] v get married
одяга́тися [od'aghatis'a] v dress oneself
озбро́єння [ozbroyen'a] n equipment, armament
о́зеро [ozero] n lake
ози́мий [ozimiy] adj of winter
озна́ка [oznaka] f mark, character, peculiarity
океа́н [okean] m ocean
о́клик [oklik] m call, exclamation
о́ко [oko] n eye
око́лиця [okolits'a] f region, environs
окре́мий [okremiy] adj separate
окре́мішність [okremishnist'] f individuality, privacy
окре́мо [okremo] adv separately, apart

окру́га [okrugha] *f* district, region
оксами́т [oksamit] *m* velvet
окуля́ри [okul'ari] *noun pl* eyeglasses
окупо́ваний [okupovaniy] *adj* occupied, invaded, seized
окупува́ти [okupuvati] *v* occupy, seize
олі́вець [olivets'] *m* pencil
олі́я [oliya] *f* oil
он [on] *interj* so! here!
онта́м [ontam] *adv* there
он як! [on yak] *interj* so that's it!
опада́ти [opadati] *v* fall off, decrease
о́пади [opadi] *noun pl* atmospheric precipitations
о́пал [opal] *m* fuel, heat
опа́лений [opaleniy] *adj* burnt all around, heated
опанува́ти [opanovuvati] *v* master, seize upon
опанча́ [opancha] *f* woolen overcoat
опи́саний [opisaniy] *adj* described, specified
опи́сувати [opisuvati] *v* describe
опі́вдні [opivdni] *adv* at noon
опі́вніч [opivnich] *f* midnight
опі́вночі [opivnochi] *adv* at midnight
опі́ка [opika] *f* care, protection
опіку́н [opikun] *m* guardian, protector
опіку́нка [opikunka] *f* patroness, protectress
о́пір [opir] *m* resistance, opposition
опісля́ [opisl'a] *adv* afterwards, then

óплески [opleski] *noun pl* applause
оповідáння [opovidan'a] *n* narrative, story
оповідáти [opovidati] *v* narrate
óповідь [opovid'] *f* notification, announcement
опрацьóвувати [oprats'ovuvati] *v* work out, finish
організáція [orghanizatsiya] *f* organization
організувáти [orghanizuvati] *v* organize
орýжжя [oryzh'a] *n* armament
освíта [osvita] *f* education, refinement
освíчений [osvicheniy] *adj* educated, well-informed
освячувати [osv'achuvati] *v* sanctify
осéл [osel] *m* donkey
осéля [osel'a] *f* settlement, summer camp
óсінь [osin'] *f* autumn
основá [osnova] *f* basis, foundation, principles
основнúй [osnovniy] *adj* fundamental, basic
осóба [osoba] *f* person, individual
особúстий [osobistiy] *adj* personal, private
оставáти [ostavati] *v* remain, stay
остáнній [ostaniy] *adj* last, ultimate, final, late
остáнок [ostanok] *m* remainder, rest
остерігáти [osterighati] *v* warn, caution
осторóга [ostorogha] *f* warning, caution
óстрів [ostriv] *m* isle, island

осу́джувати [osudzhuvati] *v* condemn, blame, criticize
осяга́ти [os'aghati] *v* attain, achieve, arrive at
ось [os'] *adv* here, there
от [ot] *part* here, behold, look
оте́ць [otets'] *m* father, priest
о́тже [otzhe] *conj* therefore, then
отри́мувати [otrimuvati] *v* receive, acquire
охоло́джувати [okholodzhuvati] *v* cool, refresh, refrigerate
охоро́на [okhorona] *f* protection, defence
охороня́ти [okhoron'ati] *v* protect, take good care of
охри́щувати [okhrishchuvati] *v* baptize, christen
о́цет [otset] *m* vinegar
оці́нювати [otsin'uvati] *v* evaluate, appraise
очища́ти [ochishchati] *v* clean, purify
очі́кувати [ochikuvati] *v* await, expect, hope for
оща́дний [oshchadniy] *adj* saving, economical

П

па́вза [pavza] *f* pause, intermission
паву́к [pavuk] *m* spider
па́дати [padati] *v* fall, tumble
пакува́ти [pakuvati] *v* pack up

паку́нок [pakunok] *m* package, luggage
пала́та [palata] *f* large apartment, chamber
па́лець [palets'] *m* finger
пали́ти [paliti] *v* burn, heat
палки́й [palkiy] *adj* hot, eager, passionate
па́лко [palko] *adv* passionately, eagerly
пальто́ [pal'to] *n* overcoat
пам'ята́ти [pamyatati] *v* remember, think of
пам'я́тка [pamyatka] *f* remembrance, souvenir
пам'я́тник [pamyatnik] *m* monument, memorial
па́м'ять [pamyat'] *f* memory, recollection
пан, па́ні [pan, pani] *m, f* Mr., sir; Mrs., lady
панчо́ха [panchokha] *f* stocking
папі́р [papir] *m* paper
па́ра [para] *f* steam, fume
па́ра [para] *f* pair, couple
парасо́ль [parasol'] *m* umbrella
пари́стий [paristiy] *adj* well-coupled, even, matched
па́рость [parost'] *f* sprout, young shoot
парте́р [parter] *m* main floor
па́ртія [partiya] *f* party
па́рубок [parubok] *m* unmarried single man, lad
па́серб, па́сербиця [paserb, paserbits'a] *m, f* stepson, stepdaughter
пасте́ля [pastel'a] *f* crayon, pastel painting

патик [patik] *m* stick
пахощі [pakhoshchi] *noun pl* perfume, fragrance
пахучий [pakhuchiy] *adj* fragrant
паща [pashcha] *f* mouth
певний [pevniy] *adj* certain, secure, true
певність [pevnist'] *f* certainty, security
певно [pevno] *adv* surely, certainly, probably
педагог [pedagog] *m* pedagogue
пейзаж [peyzazh] *m* landscape
пекар [pekar] *m* baker
пекти [pekti] *v* bake, burn
первісний [pervisniy] *adj* original, primary
перебирати [perebirati] *v* pick, choose
перебиратися [perebiratis'a] *v* change residence, cross over
перебіг [perebigh] *m* course, race, development
перебір [perebir] *m* excess, careful selection
перебувати [perebuvati] *v* stay, remain
перебудова [perebudova] *f* reconstruction
перевага [perevagha] *f* superiority, overweight
переважно [perevazhno] *adv* especially, particularly
перевертати [perevertati] *v* overthrow, upset
перевивати [perevivati] *v* wrap up
перевіз [pereviz] *m* transport, ferry

перевірка [perevirka] *f* examination, revision
перевіряти [perevir'ati] *v* examine, revise, control
переводити [perevoditi] *v* transfer, switch
перевозити [perevoziti] *v* transport, convey
переворот [perevorot] *m* overthrow, coup
перевтома [perevtoma] *f* overwork, fatigue
перевтомлений [perevtomleniy] *adj* fatigued
перегляд [pereghl'ad] *m* review, inspection
переглядати [pereghl'adati] *v* review, reconsider
перегони [pereghoni] *noun pl* race
перед [pered] *prep* before, from
перед [pered] *m* front, forepart
передавати [peredavati] *v* deliver, communicate, pass over
переділ [peredil] *m* parting
переділяти [peredil'ati] *v* divide, separate
передмістя [peredmist'a] *n* suburbs, environs
передмова [peredmova] *f* preface
передній [peredniy] *adj* front, first
передовий [peredoviy] *adj* first, leading, foremost
передовсім [peredovsim] *adv* first of all, above all
передплата [peredplata] *f* subscription
передплачувати [peredplachuvati] *v* subscribe

передрук [peredruk] *m* reprint, second edition

переживати [perezhivati] *v* live through, survive, suffer

переїзд [pereyizd] *m* crossing, passing through

перейти [pereyti] *v* pass, cross

переказ [perekaz] *m* tradition, narration, paraphrase, money order

переказувати [perekazuvati] *v* retell, paraphrase

переклад [pereklad] *m* translation, interpretation

перекладати [perekladati] *v* replace, overlay, translate

перекладач [perekladach] *m* translator

перекрій [perekriy] *m* cross-section, profile

перекроювати [perekroyuvati] *v* cut out again, divide by cutting

перекуска [perekuska] *f* snack, refreshment

перекушувати [perekushuvati] *v* bite through, have a snack

переламаний [perelamaniy] *adj* broken in two parts

переламувати [perelamuvati] *v* break in two

переливати [perelivati] *v* pour from one vessel into another, pour too much

перелізати [perelizati] *v* creep through, climb over

переляк [perel'ak] *m* terror, fear

переля́каний [perel'akaniy] *adj* scared, terrified

переляка́ти [perel'akati] *v* frighten, terrify

перемага́ти [peremaghati] *v* overcome, conquer

перемо́га [peremogha] *f* victory, triumph, conquest

перемо́жений [peremozheniy] *adj* defeated, conquered

перемо́жець [peremozhets'] *m* victor, conqueror

перемо́жний [peremozhniy] *adj* victorious

перено́сити [perenositi] *v* carry over, transfer

переписувати [perepisuvati] *v* make a copy, transcribe

переписува́ч [perepisuvach] *m* copyist, typist

перепи́тувати [perepituvati] *v* question again, re-examine

переплива́ти [pereplivati] *v* swim across

переполо́х [perepolokh] *m* horror, dread

перепо́на [perepona] *f* obstacle, obstruction

перепро́шувати [pereproshuvati] *v* apologize

перепу́стка [perepustka] *f* pass, admission card

пере́рва [pererva] *f* intermission, pause

перері́зувати [pererizuvati] *v* intersect

пересе́лення [pereselen'a] *n* settling in a new place, migration пересилати [peresilati] *v* send from one place to another, remit

пересипати [peresipati] *v* overfill, pour dry things into another container

пересідка [peresidka] *f* transfer

переслідуваний [peresliduvaniy] *adj* persecuted, chased

переслідування [peresliduvan'a] *n* persecution, chase

переслідувати [peresliduvati] *v* persecute, pursue

пересолювати [peresol'uvati] *v* oversalt

переспатися [perespatis'a] *v* sleep through, take a nap

пересторога [perestorogha] *f* caution, forewarning

переступати [perestupati] *v* step over, violate

перетинати [peretinati] *v* cut through, intersect

перехід [perekhid] *m* passage, crossing

перехожий [perekhozhiy] *m* passer-by, pedestrian

перехресний [perekhresniy] *adj* cross-wise, of crossing

перехрестя [perekhrest'a] *n* crossroads, bars of a cross

перехриститися [perekhristitis'a] *v* cross oneself

перець [perets'] *m* pepper

перечити [perechiti] v contradict, deny
перечитувати [perechituvati] v read over, reread
перешкода [pereshkoda] f obstacle, obstruction
перешкоджати [pereshkodzhati] v interfere, obstruct
перо [pero] n pen, feather
перстень [persten'] m ring
перчити [perchiti] v pepper
перший [pershiy] adj first, former
пес [pes] m dog
пестити [pestiti] v pet, caress
пестун [pestun] m pet, fondling
печатка [pechatka] f seal, stamp
печений [pecheniy] adj baked, roasted
печиво [pechivo] n baking, pastry
п'єса [pyesa] f play, drama
пивниця [pivnits'a] f basement, cellar
пиво [pivo] n beer
пил [pill] m dust
пилосос [pilosos] m vacuum cleaner
пиляний [pil'aniy] adj dusty
пильнувати [pil'nuvati] v watch, look after, take care
пиріг [pirigh] m pie, tart
писання [pisan'a] n writing, scripture, literary works
писати [pisati] v write
письменний [pis'meniy] adj literate

письме́нник [pis'menik] *m* writer, author
письме́нство [pis'menstvo] *n* literature, letters
письмо́ [pis'mo] *n* writing, hand writing
пита́льний [pital'niy] *adj* interrogative
пита́ння [pitan'a] *n* question, inquiry
пита́ти [pitati] *v* inquire, interrogate
пи́ти [piti] *v* drink
пів [piv] *num* half
півгоди́ни [pivghodini] *adv* half an hour long
півде́нний [pivdeniy] *adj* of half a day, of midday, southern
південноза́хідній [pivdenozakhidniy] *adj* southwestern
південносхі́дній [pivdenoskhidniy] *adj* southeastern
пі́вдень [pivden'] *m* noon, south
пі́вніч [pivnich] *f* midnight, north
північноза́хідній [pivnichnozakhidniy] *adj* northwestern
північносхі́дній [pivnichnoskhidniy] *adj* northeastern
півріччя [pivrich'a] *n* year
півтора́ [pivtora] *num* one and a half
підбі́р [pidbir] *m* selection, set
підборі́ддя [pidborid'a] *n* chin
підва́жувати [pidvazhuvati] *v* lift up
підва́л [pidval] *m* basement; cellar
підва́лина [pidvalina] *f* base, foundation

підготовлювати [pidghotovl'uvati] v prepare
підготовлюватися [pidghotovl'uvatis'a] v get ready
підде́ржувати [pidderzhuvati] v support, sustain, maintain, back up
піджа́к [pidzhak] m jacket
підзаголо́вок [pidzagholovok] m subtitle
підземе́лля [pidzemel'a] n underground, cave
підзе́мний [pidzemniy] adj subterranean, underground
підійма́ти [pidiymati] v raise, take up
підійма́тися [pidiymatis'a] v rise, climb, ascend
підка́зувати [pidkazuvati] v whisper, suggest, prompt
підклада́ти [pidkladati] v underlay, put under
підкла́дка [pidkladka] f lining
підко́ва [pidkova] f horseshoe
підкре́слення [pidkreslen'a] n underlining, stress
підкре́слювати [pidkresl'uvati] v underline, emphasize
підли́вка [pidlivka] f sauce, broth
підлі́ток [pidlitok] m adolescent, teenager
підло́га [pidlogha] f floor, deck
підмо́ва [pidmova] f persuasion, stimulation
підмовля́ти [pidmovl'ati] v persuade, encourage
підно́с [pidnos] m tray

підносити [pidnositi] *v* raise, present, offer
піднятися [pidn'atis'a] *v* rise, go up
підпирати [pidpirati] *v* support, prop up
підпис [pidpis] *m* signature, inscription
підписаний [pidpisaniy] *adj* signed
підписувати [pidpisuvati] *v* sign, endorse, subscribe
підпільний [pidpil'niy] *adj* secret, conspiratorial
підпільник [pidpil'nik] *m* conspirator, secret fighter
підпора [pidpora] *f* support, prop
підраховувати [pidrakhovuvati] *v* count up, compute
підрахунок [pidrakhunok] *m* calculation, summation
підростати [pidrostati] *v* rise, grow up, increase
підстава [pidstava] *f* base, foundation, motive
підставка [pidstavka] *f* stand, support, saucer
підстригатися [pidstrighatis'a] *v* have one's hair cut
підсумок [pidsumok] *m* sum, total, result
підучувати [piduchuvati] *v* teach, instruct
підхід [pidkhid] *m* approach, treatment
пізнавати [piznavati] *v* recognize, get acquainted with, be informed
пізній [pizniy] *adj* late
пізніше [piznishe] *adv* later

піймати [piymati] v catch, apprehend
піна [pina] f foam, froth
пісенний [piseniy] adj of singing
пісковий [piskoviy] adj sandy
після [pisl'a] adv after, later, following
пісня [pisn'a] f song
пісок [pisok] m sand
пістряк [pistr'ak] m cancer
піт [pit] m sweat
піти [piti] v go, walk
пітьма [pit'ma] f darkness, obscurity
піч [pich] f stove, oven
піший [pishiy] adj going on foot, pedestrian
пішки [pishki] adv on foot
пішохід [pishokhid] m sidewalk
пішохід [pishokhid] m pedestrian, hiker
плавати [plavati] v swim, float
плавець [plavets'] m swimmer
плазувати [plazuvati] v crawl, lick someone's shoes, kiss the dust
плакати [plakati] v cry, wail
плаский [plaskiy] adj flat, insipid
плата [plata] f salary, payment
платити [platiti] v pay
платний [platniy] adj paid, due
платня [platn'a] f wages, salary
плаття [plat'a] n clothing, wardrobe
плач [plach] m weeping, tears, wailing
плащ [plashch] m overcoat
плейєр [pleyer] m cassette player

племінник, племінниця [pleminik, pleminits'a] *m, f* nephew, niece
плем'я [plemya] *n* race, tribe
плескати [pleskati] *v* applaud, flatten, splash, chatter
плести [plesti] *v* twist, weave, knit
плече [pleche] *n* shoulder
плин [plin] *m* fluid, liquor
плинність [plinist'] *f* fluency, easy flow
плід [plid] *m* fruit, posterity, production
площа [ploshcha] *f* plain, flat ground, square
плювати [pl'uvati] *v* spit out
пляж [pl'azh] *m* beach, seashore
пляма [pl'ama] *f* stain, spot
плян [pl'an] *m* plan, design
плянета [pl'aneta] *f* planet
пляшка [pl'ashka] *f* bottle
по [po] *prep* as far as, for, on, about, after, at
побажання [pobazhan'a] *n* wishes
побажати [pobazhati] *v* wish
побачити [pobachiti] *v* see, perceive, observe
побережжя [poberezh'a] *n* shore, coast
побивати [pobivati] *v* beat, overcome, cover
побіч [pobich] *prep* beside, close by
поблизу [poblizu] *adv* near, in the vicinity
поборювати [pobor'uvati] *v* conquer, overpower

по-бра́те́рськи [po-braters'ki] *adv* in a brotherly manner, fraternally
побрати́м [pobratim] *m* intimate friend
побудува́ти [pobuduvati] *v* build, erect
пова́га [povagha] *f* respect, esteem
пова́жа́ний [povazhaniy] *adj* honorable, respectable
пова́жа́ння [povazhan'a] *f* respect, regard
пова́жа́ти [povazhati] *v* respect, have regard for
повезти́ [povezti] *v* carry, convey
поверта́ти [povertati] *v* return, repay
по́верх [poverkh] *m* storey
пове́рх [poverkh] *prep* over, beyond, in addition to
пове́рхня [poverkhn'a] *f* surface
по́взати [povzati] *v* creep, cringe
пови́нний [poviniy] *adj* bound, obliged, due
пови́нність [povinist'] *f* duty, obligation
повідо́млення [povidomlen'a] *f* notification, information, dispatch
повідомля́ти [povidoml'ati] *v* inform, advise, announce
пові́ка [povika] *f* eyelid
повінча́тися [povinchatis'a] *v* be married
повістя́р [povist'ar] *m* novelist, story-writer
по́вість [povist'] *f* novel, narration
пові́тря [povitr'a] *n* air
по́вний [povniy] *adj* full, entire
по́вністю [povnist'u] *adv* completely, entirely

поводити [povoditi] *v* direct, guide
поводитися [povoditis'a] *v* behave oneself
поволі [povoli] *adv* slowly, freely
поворот [povorot] *m* return, curve, turning point
повставати [povstavati] *v* get up, arise, rebel
повстання [povstan'a] *n* rebellion, uprising
повторення [povtoren'a] *n* repetition, review
повторяти [povtor'ati] *v* repeat, review
повчати [povchati] *v* teach, preach
пов'язання [povyazan'a] *n* connection, accordance, agreement
поганий [poghaniy] *adj* ugly, dirty, bad
погано [poghano] *adv* badly, wrong, ill
погасати [poghasati] *v* be extinguished, die away
погідний [poghidniy] *adj* serene, clear, calm
поглиблювати [poghlibl'uvati] *v* deepen, extend
погляд [poghl'ad] *m* look, view
погоджуватися [poghodzhuvatis'a] *v* agree, become reconciled
погроза [poghroza] *f* threat, menace
погулянка [poghul'anka] *f* partying, amusement
подавати [podavati] *v* give, present, offer
по-давньому [po-davn'omu] *adv* as in olden times
подання [podan'a] *n* petition
подарувати [podaruvati] *v* present a gift

подарунок [podarunok] *m* gift
подертий [podertiy] *adj* torn, ragged
подив [podiv] *m* admiration, amazement
подих [podikh] *m* breath
подібний [podibniy] *adj* similar, resembling
подібність [podibnist'] *f* likeness, similarity
поділ [podil] *m* division, parting
поділений [podileniy] *adj* divided
поділення [podilen'a] *n* division
поділка [podilka] *f* scale, division
поділяти [podil'ati] *v* divide, share
подія [podiya] *f* occurance, deed, fact
подорож [podorozh] *f* voyage, travel
подорожній [podorozhniy] *adj* travelling
подорожній [podorozhniy] *m* traveller, passenger
подорожувати [podorozhuvati] *v* travel
подруга [podrugha] *f* girl-friend, wife
подруге [podrughe] *adv* secondly, after all
подружжя [podruzh'a] *n* marriage, matrimony
подружитися [podruzhitis'a] *v* marry, be married
подумати [podumati] *v* consider, meditate
подушка [podushka] *f* pillow, cushion
подяка [pod'aka] *f* thanks, gratitude
подякувати [pod'akuvati] *v* thank
поезія [poeziya] *f* poetry
поема [poema] *f* poem
поет [poet] *m* poet

поети́чний [poetichniy] *adj* poetical
поєдна́ння [poyednan'a] *n* accord, combination
поєдна́ти [poyednati] *v* unite, make agree
поже́жа [pozhezha] *f* fire
поже́ртвувати [pozhertvuvati] *v* sacrifice, offer
пожи́ва [pozhiva] *f* food, nourishment
по́за [poza] *prep* behind, after, outside
поза́втра [pozavtra] *adv* the day after tomorrow
позавчо́ра [pozavchora] *adv* the day before yesterday
позаду́ [pozadu] *adv* behind, back
позато́рік [pozatorik] *adv* two years ago
поздорові́ти [pozdoroviti] *v* recover health, become stronger
поздоро́влення [pozdorovlen'a] *n* greeting, salutation
поздоровля́ти [pozdorovl'ati] *v* greet, salute, compliment
позича́ти [pozichati] *v* borrow, lend
по́зичка [pozichka] *f* loan
познайо́митися [poznayomitis'a] *v* get acquainted
по́їзд [poyizd] *m* train
пої́здка [poyizdka] *f* trip, travel
по́каз [pokaz] *m* show, display
пока́зувати [pokazuvati] *v* show, exhibit, indicate

покарання [pokaran'a] *n* punishment
покарати [pokarati] *v* punish, chastise
покидати [pokidati] *v* leave, abandon, quit
покінчити [pokinchiti] *v* finish, settle, conclude
покоління [pokolin'a] *n* generation, race
покривати [pokrivati] *v* cover, conceal
покупець [pokupets'] *m* buyer, client
покута [pokuta] *f* redemption, penalty, punishment
покуштувати [pokushtuvati] *v* taste, try
поладнати [poladnati] *v* come to an understanding
поламати [polamati] *v* crash, fracture, smash
поле [pole] *n* field, ground
поливати [polivati] *v* pour, water
політика [politika] *f* politics
по-літньому [po-litn'omu] *adv* as in summer
політура [politura] *f* polish
поліцай [politsay] *m* policeman
половина [polovina] *f* half
полоскати [poloskati] *v* rinse, gargle
полотно [polotno] *n* cloth, linen
полуденок [poludenok] *m* lunch, dinner
полудень [poluden'] *m* noon, midday
полум'я [polumya] *n* flame, fire
полуниця [polunits'a] *f* strawberry
полювання [pol'uvan'a] *n* hunting, chase
полювати [pol'uvati] *v* hunt, chase

по-людськи [po-l'uds'ki] *adv* in a friendly manner, affectionately, as ought to be

помагати [pomahati] *v* help, assist

помалу [pomalu] *adv* slowly, gradually

помаранча [pomarancha] *f* orange

померлий [pomerliy] *adj* dead, deceased

померти [pomerti] *v* die

помолитися [pomolitis'a] *v* be mistaken, blunder

помилка [pomilka] *f* mistake, oversight

помилковий [pomilkoviy] *adj* erroneous, faulty, wrong

помиритися [pomiritis'a] *v* make peace, be reconciled with

помідор [pomidor] *m* tomato

поміж [pomizh] *prep* between, among, amid

поміч [pomich] *f* help

помічати [pomichati] *v* notice, remark

помічний [pomichniy] *adj* helpful, useful

поміщати [pomishchati] *v* place, insert, invest in

помножити [pomnozhiti] *v* multiply

помста [pomsta] *f* revenge

помститися [pomstitis'a] *v* take revenge

поневолення [ponevolen'a] *n* subjection, oppression

поневолювати [ponevol'uvati] *v* subject, enslave, oppress

понеділок [ponedilok] *m* Monday

понижений [ponizheniy] *adj* demoted, humiliated
понині [ponini] *adv* to this day
по-новому [po-novomu] *adv* in a new manner
поняття [pon'at'a] *n* idea, conception, intellect
попереду [poperedu] *adv* before, ahead
попід [popid] *prep* under
попільничка [popil'nichka] *f* ashtray
пополам [popolam] *adv* half and half, by half
поправляти [popravl'ati] *v* correct, mend, improve
попросити [poprositi] *v* ask, invite
попросту [poprostu] *adv* simply, forthright
пора [pora] *f* season, time, age
порада [porada] *f* advice, consultation, hint
порадити [poraditi] *v* advise, recommend
поривати [porivati] *v* break off, sever, tear
поринати [porinati] *v* dive, immerse
порівнювати [porivn'uvati] *v* compare, even
поріг [porigh] *m* doorstep, threshold
порожній [porozhniy] *adj* empty, vacant, deserted
порох [porokh] *m* dust, powder
поруч [poruch] *adv* by the side of, in a row
порядний [por'adniy] *adj* decent, regular
порядок [por'adok] *m* order, arrangement
посада [posada] *f* position, employment

посадити [posaditi] *v* set, plant
посеред [posered] *prep* in the middle of, among
посередньо [poseredn'o] *adv* fair, indirectly
посестра [posestra] *f* girl-friend, intimate friend
посилати [posilati] *v* send, forward
посилка [posilka] *f* sending, parcel
посібник [posibnik] *m* manual, textbook
посланець [poslanets'] *m* messenger, envoy
послух [poslukh] *m* obedience, dutifulness
послухати [poslukhati] *v* hear, obey
послушний [poslushniy] *adj* obedient, dutiful
посолити [posoliti] *v* salt
поспитати [pospitati] *v* ask, inquire
поставити [postaviti] *v* put, set, place
постанова [postanova] *f* decision, decree
постановляти [postanovl'ati] *v* determine, decree
по-старому [po-staromu] *adv* in the old way
постать [postat'] *f* stature, shape, personage
постеля [postel'a] *f* bed
постити [postiti] *v* fast
поступ [postup] *m* progress
поступовий [postupoviy] *adj* progressive
посуд [posud] *m* dishes, utensils
посуха [posukha] *f* drought, dryness
потиху [potikhu] *adv* silently, gently
потік [potik] *m* stream, creek

потім [potim] *adv* after, then, besides
потіха [potikha] *f* joy, pleasure, delight
потішати [potishati] *v* amuse, please
потопати [potopati] *v* drown, sink
потреба [potreba] *f* need, want
потребувати [potrebuvati] *v* need, want, lack
потрібний [potribniy] *adj* necessary, needful
потяг [pot'agh] *m* train, convoy
похід [pokhid] *m* march, expedition, procession
поховати [pokhovati] *v* hide, bury
походження [pokhodzhen'a] *n* origin, descent
походити [pokhoditi] *v* be descended from, be alike, derive
похорон [pokhoron] *m* funeral, burial
поцілувати [potsiluvati] *v* kiss
поцілунок [potsilunok] *m* kiss
почати [pochati] *v* begin, initiate
початковий [pochatkoviy] *adj* initial, elementary, primary
початок [pochatok] *m* beginning, origin
почекати [pochekati] *v* wait
почервоніти [pochervoniti] *v* redden, blush
почерез [pocherez] *adv* across, on account of
почесний [pochesniy] *adj* honorable, respectable
почесть [pochest'] *f* honor, distinction
почистити [pochistiti] *v* clean
пошана [poshana] *f* respect, esteem
пошкодити [poshkoditi] *v* injure, harm

пошукáти [poshukati] *v* search for, inquire after
пóщо [poshcho] *adv* why? wherefore?
пóяс [poyas] *n* belt, sash, waistline
поя́снення [poyasnen'a] *n* explanation, clarification
поя́снювати [poyasn'uvati] *v* explain, clarify
прáвда [pravda] *f* truth
правди́вий [pravdiviy] *adj* true, genuine
прáвий [praviy] *adj* righteous, honest
прави́й [praviy] *adj* right, direct
прáвило [pravilo] *n* rule, norm, principle
прáвити [praviti] *v* say repeatedly, govern, direct, rule
прави́ця [pravits'a] *f* right hand
прáвнук, прáвнука [pravnuk, pravnuka] *m, f* great grandson, great granddaughter
прáво [pravo] *n* law, statute
прáво [pravo] *adv* straightly, uprightly, truly
правóпис [pravopis] *m* orthography, spelling
праворýч [pravoruch] *adv* on the right
православний [provoslavniy] *adj* orthodox
прáдід [pradid] *m* great grandfather, ancestor
прáзник [praznik] *m* feast day
прáльня [pral'n'a] *f* laundry
прáння [pran'a] *n* washing
прáпор [prapor] *m* flag, colors, standard
прасувáти [prasuvati] *v* press, iron
прáти [prati] *v* wash

працедавець [pratsedavets'] *m* employer
працівник [pratsivnik] *m* worker
працювати [prats'uvati] *v* work, labor
праця [prats'a] *f* work
предвічний [predvichniy] *adj* eternal, having no beginning
предмет [predmet] *m* object, matter
представник [predstavnik] *m* representative, spokesman
прибувати [pribuvati] *v* arrive, increase
привикати [privikati] *v* become accustomed
привід [privid] *m* pretext, ground, occasion
привіт [privit] *m* greeting, welcome
привітати [privitati] *v* greet
привозити [privoziti] *v* convey, bring
привчати [privchati] *v* train, accustom
прив'язувати [privyazuvati] *v* bind, fasten
пригадувати [prighaduvati] *v* remind, recollect
пригода [prighoda] *f* adventure, accident, event
пригорщ [proghorshch] *f* handful
приготовляти [prighotovl'ati] *v* prepare
приємний [priyemniy] *adj* pleasant, grateful, welcome
приємність [priyemnist'] *f* enjoyment, gratification, pleasure
приємно [priyemno] *adv* pleasantly, agreeably
призвичаєний [prizvichayeniy] *adj*

accustomed

призвичаєння [prizvichayen'a] *n* habit, custom

призначення [priznachen'a] *n* fate, destination, appointment, nomination

приїзд [priyizd] *m* arrival

приймати [priymati] *v* receive, hire, welcome, adopt

прийняття [priyn'at'a] *n* reception, welcoming

приказка [prikazka] *f* proverb, fable

приклад [prikladka] *m* example

прикмета [prikmeta] *f* attribute, mark, peculiarity

прикраса [prikrasa] *f* decoration, embellishment

прикрашувати [prikrashuvati] *v* color, beautify

прикрість [prikrist'] *f* annoyance, discomfort, trouble

прикро [prikro] *adv* disagreeably, unpleasantly

прилад [prilad] *m* instrument, utensil, device

примітка [primitka] *f* note, comment, remark

приміщення [primishchen'a] *n* lodging, placement, accommodation

приносити [prinositi] *v* bring, fetch

припиняти [pripin'ati] *v* stop, cease, discontinue

припис [pripis] *m* prescription, order
припікати [pripikati] *v* roast, bake
припускати [pripuskati] *v* suppose, take for granted
природний [prirodniy] *adj* natural, innate
природознавство [prirodoznavstvo] *n* natural science
присвята [prisv'ata] *f* dedication
присвячувати [prisv'achuvati] *v* dedicate, devote
присилати [prisilati] *v* send
прискорювати [priskor'uvati] *v* hasten, accelerate
приснитися [prisnitis'a] *v* appear in a dream
пристань [pristan'] *f* port, harbor
пристосовувати [pristosovuvati] *v* adapt, put into practice
пристрасть [pristrast'] *f* passion, ardor
приступати [pristupati] *v* approach, enter
присуд [prisud] *m* judgement, award
присутність [prisutnist'] *f* presence, attendance
присяга [pris'agha] *f* oath, vow
присягати [pris'aghati] *v* swear, declare under oath
притомність [pritomnist'] *f* consciousness
прихід [prikhid] *m* arrival
приходити [prikhoditi] *v* come, arrive
причащатися [prichashchatis'a] *v* receive Communion

причи́на [prichina] *f* cause, motive
причі́сувати [prichisuvati] *v* comb down
прия́зний [priyazniy] *adj* friendly, amiable
прия́зно [priyazno] *adv* in a friendly manner, sincerely
при́язнь [priyazn'] *f* friendliness, goodwill
прияте́лювати [priyatel'uvati] *v* be friends, be on intimate terms
при́ятель [priyatel'] *m* friend, companion
прия́тельський [priyatel's'kiy] *adj* friendly, kind
прі́звище [prizvishche] *n* surname, family name
про́ба [proba] *f* trial, rehearsal
проба́чати [probachati] *v* forgive
проба́чення [probachen'a] *n* forgiveness
про́бувати [probuvati] *v* try, experiment
пробува́ти [probuvati] *v* remain, live
пробу́джуватися [probudzhuvatis'a] *v* wake up
прова́дити [provaditi] *v* lead, convey
провина́ [provina] *f* offence, blame, fault
про́від [provid] *m* leadership, conduct
провідни́й [providniy] *adj* leading, directing
продава́ти [prodavati] *v* sell
про́даж [prodazh] *m* sale, selling
про́за [proza] *f* prose
прозо́рий [proziy] *adj* transparent, translucent
прол́ива́ти [prolivati] *v* spill, shed

промінь [promin'] *m* ray, beam
промова [promova] *f* speech, address
промовець [promovets'] *m* speaker, orator
промовити [promoviti] *v* give a speech, pronounce
пропадати [propadati] *v* perish, disappear
пророк [prorok] *m* prophet
пророцтво [prorotstvo] *n* prophecy, prediction
просити [prositi] *v* ask, pray, invite
прославляти [proslavl'ati] *v* praise, adore
просліджувати [proslidzhuvati] *v* investigate, trace
проснутися [prosnutis'a] *v* wake up
простежувати [prostezhuvati] *v* trace down, investigate
простий [prostiy] *adj* straight, simple, ordinary
простити [prostiti] *v* forgive, remit
простір [prostir] *m* space, spaciousness
просторий [prostoriy] *adj* spacious, roomy
просьба [pros'ba] *f* request, prayer
проте [prote] *adv* therefore, but, besides
проти [proti] *prep* against, opposite
протоколювати [protokol'uvati] *v* record, register
прохання [prokhan'a] *n* request, petition
прохати [prokhati] *v* ask, pray
прохід [prokhid] *m* walk, passage
процвітати [protsvitati] *v* bloom, prosper

прочитáти [prochitati] *v* read through
прямúй [pr'amiy] *adj* straight, direct
прямо [pr'amo] *adv* directly, uprightly
прямовисний [pr'amovisniy] *adj* vertical
псувáти [psuvati] *v* damage, waste
птиця [ptits'a] *f* bird, poultry
пýбліка [publika] *f* the public
публікувáти [publikuvati] *v* publish, proclaim
пункт [punkt] *m* point, spot
пускáти [puskati] *v* set free, shoot, come off, spread
пустеля [pustel'a] *f* desert, wasteland
пустúй [pustiy] *adj* empty, deserted
пýща [pushcha] *f* thick forest, wilderness
пхáти [pkhati] *v* push, thrust
пшениця [pshenits'a] *f* wheat
п'яний [pyaniy] *adj* drunk, intoxicated
п'ята [pyata] *f* heel
п'ятдесят [pyatdes'at] *num* fifty
п'ятнáдцять [pyatnadts'at'] *num* fifteen
п'ятниця [pyatnitsya] *f* Friday
п'ять [pyat'] *num* five

Р

раб [rab] *m* slave, serf
рáбство [rabstvo] *n* slavery, serfdom

рáда [rada] *f* advice, counsel
рáдий [radiy] *adj* glad, happy
рáдити [raditi] *v* give advice
рáдісний [radisniy] *adj* joyful, merry
рáдість [radist'] *f* gladness, pleasure
рáдіти [raditi] *v* rejoice, be pleased
рáдо [rado] *adv* with joy, willingly
раз [raz] *adv* once; *num* one
рáзом [razom] *adv* together, all at once
рай [ray] *m* paradise
рáйдуга [raydugha] *f* rainbow
рáма [rama] *f* frame
рамéно [rameno] *n* shoulder
рáна [rana] *f* wound, hurt
рáнити [raniti] *v* wound, hurt
рáніш [ranish] *adv* earlier, formerly
рáнішній [ranishniy] *adj* of morning, early
рáно [rano] *adv* early, at an early hour
рáнок [ranok] *m* morning
рахувáти [rakhuvati] *v* count, consider
рвáти [rvati] *v* pluck, pick, tear
рев [rev] *m* roar, lowing
ревíти [reviti] *v* roar, bellow
рéвний [revniy] *adj* sincere, zealous, woeful
рéвно [revno] *adv* fervently, truly, affectionately
рéгіт [reghit] *m* laughter
реготáти [reghotati] *v* laugh heartily
редагувáти [redaguvati] *v* edit
рéйтінг [reyting] *m* rating

релігійний [relighiyniy] *adj* religious
релігія [relighiya] *f* religion
ремесло [remeslo] *n* occupation, craft
ремінь [remin'] *m* belt
ремісник [remisnik] *m* tradesman, craftsman, artisan
ремонтувати [remontuvati] *v* repair, remount
ресторан [restoran] *m* restaurant
реферат [referat] *m* report, paper, essay
рецензія [retsenziya] *f* critical review
рецепт [retsept] *m* prescription
реченець [rechenets'] *m* term, date, dead line
речення [rechen'a] *n* sentence, statement, proposition
речовина [rechovina] *f* substance, matter, stuff
решта [reshta] *f* small change
риба [riba] *f* fish
рибалчити [ribalchiti] *v* to fish, to be a fisherman
ридати [ridati] *v* wail, weep
риж [rizh] *m* rice
рипіти [ripiti] *v* creak, squeak
риса [risa] *f* stroke, line, peculiarity
рисування [risuvan'a] *n* drawing, sketching
рисувати [risovati] *v* draw, design
рисунок [risunok] *m* drawing, sketch, contour
рівень [riven'] *m* level
рівний [rivniy] *adj* level, even, equal

рівнина [rivnina] *f* plain, level ground
рівно [rivno] *adv* straight, equally, plainly
рівновага [rivnovagha] *f* balance, equilibrium
рівночасно [rivnochasno] *adv* simultaneously
рівняти [rivn'ati] *v* level, make smooth, compare
рід [rid] *m* generation, race-type, origin
рідкий [ridkiy] *adj* thin, diluted, rare, flimsy
рідний [ridniy] *adj* native, own
рідня [ridn'a] *f* relatives, kin
ріжниця [rizhnits'a] *f* difference, discrepancy
різання [rizan'a] *n* cutting, slicing
різати [rizati] *v* cut, carve
різкий [rizkiy] *adj* bitter, sharp, severe
різний [rizniy] *adj* different, several
різно [rizno] *adv* differently
різьба [riz'ba] *f* carving, sculpture
різьбар [riz'bar] *m* sculptor, carver
рік [rik] *m* year
ріка [rika] *f* river
ріст [rist] *m* growth, size, development
річ [rich] *f* thing, object
рішатися [rishatis'a] *v* to be bereft, be deprived of
рішення [rishen'a] *n* decision, judgement
рішати [rishati] *v* decide, persuade
рішуче [rishuche] *adv* decisively

рішу́чий [rishuchiy] *adj* decided, firm, precise
рішу́чість [rishuchist'] *f* determination, resoluteness
роби́ти [robiti] *v* work, do, make
робітни́к, робітни́ця [robitnik, robitnits'a] *m, f* workman, workwoman
робо́та [robota] *f* work, task
рове́сник [rovesnik] *m* person of the same age as another
роди́на [rodina] *f* family
роди́ти [roditi] *v* give birth, bring into the world
родови́й [rodoviy] *adj* ancestral, patrimonial
розбива́ти [rozbivati] *v* break, defeat, split
розбира́тися [rozbiratis'a] *v* discriminate, gain an understanding
розби́тий [rozbitiy] *adj* broken, shattered
розбі́йник [rozbiynik] *m* robber, bandit
ро́збір [rozbir] *m* analysis, separation
ро́збуджувати [rozbudzhuvati] *v* awake, rouse
розва́га [rozvagha] *f* consideration, amusement, meditation
розва́жний [rozvazhniy] *adj* considerate, cautious
розва́лювати [rozval'uvati] *v* demolish, ruin
розвива́ти [rozvivati] *v* unfold, develop
розви́днюватися [rozvidn'uvatis'a] *v* dawn, grow light

ро́звиток [rozvitok] *m* development, growth, unfolding
розвива́ти [rozvivati] *v* blow away, scatter
розвіда́ти [rozvidati] *v* inquire, investigate
ро́звій [rozviy] *m* evolution, progress, development
розво́зити [rozvozitil] *v* convey, transport
розв'я́зка [rozvyazka] *f* solution, closing event
розв'я́зувати [rozvyazuvati] *v* untie, loose, solve
розганя́ти [rozghan'ati] *v* disperse, drive away
розгі́н [rozghin] *m* run, start, dispersal
ро́згляд [rozghl'ad] *m* examination, consideration
розгляда́ти [rozghl'adati] *v* examine, consider, observe
розгні́ватися [rozghnivatis'a] *v* become angry
розгорну́ти [rozghornuti] *v* open, extend, spread
роздава́ти [rozdavati] *v* distribute, dispense
розда́ча [rozdacha] *f* distribution, spending
розде́ртий [rozdertiy] *adj* torn, rent
роздира́ти [rozdirati] *v* tear apart, tear open
ро́зділ [rozdil] *m* division, discord, chapter
розділя́ти [rozdil'ati] *v* divide, share, separate
роздорі́жжя [rozdorizh'a] *n* crossroad, crossway

роздувати [rozduvati] v blow, rouse, exaggerate
роздумувати [rozdumuvati] v meditate, consider, weigh
роздягатися [rozd'aghatis'a] v undress, strip
роз'єднання [rozyednan'a] n separation, division
роз'єднувати [rozyednuvati] v separate, divide
роззуватися [rozzuvatis'a] v pull off one's shoes
розімкнений [rozimkneniy] adj unlocked
розірвання [rozirvan'a] n dissolution, severance
роз'їжджатися [rozyizhdzhatis'a] v depart, separate
розказувати [rozkazuvati] v narrate, recite
розквіт [rozkvit] m bloom, acme
розкидати [rozkidati] v throw about, disperse, spread
розкіш [rozkish] f pleasure, luxury
розкішний [rozkishniy] adj delightful, luxurious
розкладати [rozkladati] v spread, unfold, display
розколювати [rozkol'uvati] v cleave, split
розкривати [rozkrivati] v uncover, disclose
розкритий [rozkritiy] adj open, discovered
розкриття [rozkrit'a] n opening, discovery
розладдя [rozlad'a] n discord, disorder

розла́маний [rozlamaniy] *adj* broken, shattered
розла́мувати [rozlamuvati] *v* break, smash
ро́злив [rozliv] *m* overflow, flood
розлива́ти [rozlivati] *v* pour out, spill
розлу́ка [rozluka] *f* separation, leave
розлуча́ти [rozluchati] *v* part, separate, divide
розмика́ти [rozmikati] *v* unlock, open
ро́змін [rozmin] *m* change, exchange
розмі́нний [rozminiy] *adj* changeable, of small change
розмі́нювати [rozmin'uvati] *v* change, exchange
ро́змір [rozmir] *m* dimension, size, scale
розмі́рювати [rozmir'uvati] *v* survey, divide into
розмі́шувати [rozmishuvati] *v* mix, mingle
розмі́щувати [rozmishchuvati] *v* assign places
розмо́ва [rozmova] *v* conversation, talk
розмовля́ти [rozmovl'ati] *v* converse, talk
розмо́вний [rozmovniy] *adj* talkative, communicative
розно́сити [roznositi] *v* carry in different directions, deliver, spread
ро́зпал [rozpal] *m* heat
розпа́лювати [rozpal'uvati] *v* heat, set fire to
ро́зпач [rozpach] *m* despair, desperation
розпина́ти [rozpinati] *v* stretch, spread, crucify

розписка [rozpiska] *f* receipt, acknowledgment
розписуватися [rozpisuvatis'a] *v* endorse, sign, give a receipt
розпитувати [rozpituvati] *v* inquire, interrogate
розпізнавати [rozpiznavati] *v* recognize, distinguish
розповідати [rozpovidati] *v* tell, relate
розповідач [rozpovidach] *m* narrator
розповідь [rozpovid'] *f* narration, story
розподіляти [rozpodil'ati] *v* distribute
розпочинати [rozpochinati] *v* start, open
розправа [rozprava] *f* punishment, justice
розпука [rozpuka] *f* despair, heartbreak
розпуття [rozput'a] *n* crossroads
розрада [rozrada] *f* comfort, joy, gladness
розраджувати [rozradzhuvati] *v* comfort, dissuade
розраховувати [rozrakhovuvati] *v* calculate, compute
розрив [rozriv] *m* break, rupture
розривати [rozrivati] *v* tear apart, shatter
розривати [rozrivati] *v* dig up
розріджувати [rozridzhuvati] *v* dilute, rarefy
розріз [rozriz] *m* cut, section
розрізнення [rozriznen'a] *n* discrimination, distinction
розрізнювати [rozrizn'uvati] *v* discriminate, distinguish

розрізувати [rozrizuvati] v cut, intersect
розробляти [rozrobl'uvati] v elaborate, prepare, improve
розсадник [rozsadnik] m nursery, hotbed
розсвіт [rozsvit] m dawn, daybreak
розсвітати [rozsvitati] v dawn, grow light
розселення [rozselen'a] f settlement, colonization
розселювати [rozsel'uvati] v colonize, settle
розсердитися [rozserditis'a] v grow angry, fly into a rage
розсипати [rozsipati] v scatter, spill, disperse
розсмішувати [rozsmishuvati] v make someone laugh
розставатися [rozstavatis'a] v separate, leave
розставляти [rozstavl'ati] v place, set
розстеляти [rozstel'ati] v spread out, extend
розступатися [rozstupatis'a] v give way, make room, split
розсуджувати [rozsudzhuvati] v judge, decide
розсудок [rozsudok] m reason, judgement
розтрата [roztrata] f waste, spending
розтрачувати [roztrachuvati] v squander, dissipate
розтягати [rozt'aghati] v extend, spread
розум [rozum] m reason, intellect, judgement
розуміння [rozumin'a] n intelligence, comprehension
розуміти [rozumiti] v comprehend, know

розумний [rozumniy] *adj* intelligent, wise, sensible

розхворітися [rozkhvoritis'a] *v* fall ill, become sick

розхід [rozkhid] *m* expense

розходження [rozkhodzhen'a] *n* discard, discrepancy

розходитися [rozkhoditis'a] *v* part, break up, disagree

розцвітати [roztsvitati] *v* bloom, flourish

розчаровувати [rozcharovuvati] *v* disillusion, disappoint

розчин [rozchin] *m* solution, ferment

розчісувати [rozchisuvati] *v* comb apart

розширювати [rozshir'uvati] *v* extend, increase

розшук [rozshuk] *m* search, pursuit

розшукувати [rozshukuvati] *v* search for, look after, discover

роз'яснення [rozyasnen'a] *n* explanation, brightening

роз'яснювати [rozyasn'uvati] *v* explain, interpret, clear up

рок-музика [rok muzika] *f* rock music

роковини [rokovini] *noun pl* anniversary

роля [rol'a] *f* role, character part

роман [roman] *m* romance, novel

романс [romans] *m* romance, love affair, amour

романтичний [romantichniy] *adj* romantic

росія́нин [rosiyanin] *m* Russian
росли́на [roslina] *f* plant
росли́нність [roslinist'] *f* vegetation
рости́ [rosti] *v* grow, increase, rise
рот [rot] *m* mouth
руба́ти [rubati] *v* cut, split, chop
руї́на [ruyina] *f* destruction, downfall
руйнува́ти [ruynuvati] *v* destroy, disorganize
рука́ [ruka] *f* hand, arm
рука́в [rukav] *m* sleeve
рукави́ця [rukavits'a] *f* mitten, glove
ру́копис [rukopis] *m* manuscript
рукотво́рний [rukotvorniy] *adj* made by human hand
рум'я́нець [rumyanets'] *m* natural red, blush
рум'я́ний [rumyaniy] *adj* rosy, ruddy
руся́вий [rus'aviy] *adj* blond, fair
рух [rukh] *m* motion, exercise, movement
ру́хати [rukhati] *v* move, touch
рухли́вий [rukhliviy] *adj* lively, brisk, agile
рухо́мий [rukhomiy] *adj* mobile, actuated
ручни́й [ruchniy] *adj* of the hand, manual
руша́ти [rushati] *v* move, touch
рушни́к [rushnik] *m* towel
рушни́ця [rushnits'a] *f* gun, rifle
ряд [r'ad] *m* row, range, line
ряди́ти [r'aditi] *v* rule, manage, direct
ря́дом [r'adom] *adv* side by side, in a row
рятува́ти [r'atuvati] *v* rescue, help

рятýнок [r'atunok] *m* rescue, assistance

С

сад [sad] *m* orchard
саджáти [sadzhati] *v* seat, place
сáдження [sadzhen'a] *n* planting, setting
садúти [saditi] *v* plant, place
садовинá [sadovina] *f* fruit
салáта [salata] *f* lettuce, salad
сам [sam] *pron* self; *adv* in person, by oneself, alone
сáме [same] *adv* namely, exactly
сáмий [samiy] *adj* same, close to
самітнúй [samitniy] *adj* lonely, alone
самобýтній [samobutniy] *adj* original, specific
самобýтність [samobutnist'] *f* originality
самобýтньо [samobutn'o] *adv* originally
самовизнáчення [samoviznachen'a] *n* self-determination
самодіяльність [samodiyal'nist'] *f* spontaneous action, initiative
самолю́б [samol'ub] *m* egotist, selfish person
самолю́бство [samol'ubstvo] *n* egoism, selfishness
самооборóна [samooborona] *f* self-defence

самоозна́чення [samooznachen'a] *n* independence, self-determination
самопо́міч [samopomich] *f* self-reliance
самості́йний [samostiyniy] *adj* independent
самості́йність [samostiynist'] *f* independence
самота́ [samota] *f* loneliness, solitude
самоу́к [samouk] *m* self-educated person
самоцві́т [samotsvit] *m* precious stone
са́ни [sani] *noun pl* sled
сантимента́льний [santimental'niy] *adj* sentimental
са́пання [sapan'a] *n* hard breathing
са́пати [sapati] *v* breath hard, puff and blow
саркасти́чний [sarkastichniy] *adj* sarcastic
сатана́ [satana] *m* Satan
сати́ра [satira] *f* satire
сваво́ля [svavol'a] *f* stubborness, waggery, insubordination
свари́ти [svariti] *v* scold, abuse, rebuke
свари́тися [svaritis'a] *v* quarrel
сва́рка [svarka] *f* quarrel
сварли́вий [svarliviy] *adj* quarrelsome
сва́тання [svatan'a] *n* courting, match-making
сва́тати [svatati] *v* make a match in marriage, propose for a marriage
све́кор, свекру́ха [svekor, svekrukha] *m, f* father-in-law, mother-in-law
сверблі́ти [sverbiti] *v* itch
све́тер [sveter] *m* sweater

свини́на [svinina] *f* pork
свиня́ [svin'a] *f* pig, swine
свиню́шник [svin'ushnik] *m* pigsty
свиня́чий [svin'achy] *adj* of a pig, pig's, hog's
сви́та [svita] *f* cloak made of homespun coarse cloth
свист [svist] *m* wistle, whiz
свиста́ти [svistati] *v* whistle
свідо́к [svidok] *m* witness
свідо́мий [svidomiy] *adj* conscious, competent
свідо́мість [svidomist'] *f* consciousness, experience, acquaintance
свідо́цтво [svidotstvo] *n* certificate, evidence
сві́дчення [svidchen'a] *n* witnessing, evidence, testemony
сві́дчити [svidchiti] *v* give evidence, testify
сві́жий [svizhiy] *adj* fresh, new, recent
сві́жість [svizhist'] *f* freshness
свій, своя́, своє́ [sviy, svoya, svoye] *pron* one's own
світ [svit] *m* world, universe
світа́нок [svitanok] *m* dawn, daybreak
світа́ти [svitati] *v* dawn, grow light
світи́ти [svititi] *v* shine, emit light
світли́на [svitlina] *f* snapshot
світли́ця [svitlits'a] *f* room, chamber
сві́тло [svitlo] *n* light, brightness

світови́й [svitoviy] *adj* worldly, temporal, universal
сві́чка [svichka] *f* candle
свобо́да [svoboda] *f* freedom, independence
своя́к [svoyak] *m* relative, kinsman
святи́й [sv'atiy] *adj* sacred, saint
святи́ти [sv'atiti] *v* consecrate, bless, sanctify
свя́то [sv'atol] *n* holiday, solemnity
свяче́ний [sv'acheniy] *adj* blessed, consecrated
свяще́ник [sv'ashchenik] *m* priest, clergyman
себе́ [sebe] *pron* oneself
се́бто [sebto] *adv* that is, in other words
сезо́н [sezon] *m* season
сейм [seym] *m* parliament
секу́нда [sekunda] *f* second
село́ [selo] *n* village, country place
селяни́н [sel'anin] *m* peasant, farmer
сенс [sens] *m* sense, wits
сенте́нція [sententsiya] *f* sentence, judgment, saying
серве́тка [servetka] *f* napkin
серде́шний [serdeshniy] *adj* poor person
серди́ти [serditi] *v* irritate, make wrathful
серди́тий [serditiy] *adj* angry, wrathful
серди́тися [serditis'a] *v* become angry, fly into a rage
се́ред [sered] *prep* in the middle of, among
середа́ [sereda] *f* Wednesday
среди́на [seredina] *f* middle, center

середній [seredniy] *adj* middle, moderate
середовище [seredovishche] *n* environment
сережка [serezhka] *f* earring
серйозний [seryozniy] *adj* serious, earnest
серпень [serpen'] *m* August
серце [sertse] *n* heart
сестра [sestra] *f* sister
сивий [siviy] *adj* grey, grey-headed
сидіти [siditi] *v* seat
сила [sila] *f* power, strength
силування [siluvan'a] *n* force, constraint
силувати [siluvati] *v* force, compel
сильний [sil'niy] *adj* strong, powerful
сильно [sil'no] *adv* more strongly, powerfully
симпатизувати [simpatizuvati] *v* sympathize
син [sin] *m* son
синій [siniy] *adj* blue
сипати [sipati] *v* pour, scatter, heap
сипкий [sipkiy] *adj* loose, crumbly
сир [sir] *m* cheese
сирий [siriy] *adj* raw, uncooked
сирота [sirota] *f* orphan
сідати [sidati] *v* sit
сік [sik] *m* juice
сікатися [sikatis'a] *v* blow one's nose
сікти [sikti] *v* chop, cut
сіль [sil'] *f* salt
сім [sim] *num* seven
сімдесят [simdes'at] *num* seventy

сімнадцять [simnadts'at'] *num* seventeen
сім'я [simya] *f* family, household
сіни [sini] *noun pl* hall, lobby
сірий [siriy] *adj* gray
січень [sichen'] *m* January
скажений [skazheniy] *adj* mad, violent
сказати [skazati] *v* tell, say
скакати [skakati] *v* jump, spring
скаламутити [skalamutiti] *v* muddy
скалічити [skalichiti] *v* injure, hurt
скам'янілий [skamyaniliy] *adj* petrified
скарати [skarati] *v* punish, chastise
скарб [skarb] *m* treasure, estate, finances
скарга [skargha] *f* complaint
скаржити [skarzhiti] *v* accuse, inform against
скатерть [skatert'] *f* tablecloth
скеля [skel'a] *f* rock, cliff
скелястий [skel'astiy] *adj* rocky
скидати [skidati] *v* throw down, remove
скільки [skil'ki] *adv* some, several
скінчений [skincheniy] *adj* finished, completed
скінчити [skinchiti] *v* end, accomplish
складати [skladati] *v* put together, store
складний [skladniy] *adj* composed, folded
складний [skladniy] *adj* complicated, harmonious, symmetrical
скликання [sklikan'a] *n* convocation, invitation, gathering
скло [sklo] *n* glass, lens

склянка [skl'anka] *f* glass
сковзький [skovz'kiy] *adj* slippery
сколочений [skolocheniy] *adj* confused, mixed up
сколочувати [skolochuvati] *v* mingle, disturb
сконати [skonati] *v* die, expire
скорий [skoriy] *adj* fast, rapid
скористати [skoristati] *v* profit, take advantage
скорість [skorist'] *f* rapidity, speed
скоро [skoro] *adv* fast, promptly
скорочений [skorocheniy] *adj* shortened, abridged
скорочувати [skorochuvati] *v* shorten, abridge
скотина [skotina] *f* cattle, beast
скривджений [skrivdzheniy] *adj* wronged, injured, treated unjustly
скривдити [skrivditi] *v* wrong, injure
скривити [skriviti] *v* curve, bend, contort
скріплювати [skripl'uvati] *v* consolidate, tighten, reinforce
скромний [skromniy] *adj* modest, simple
скромність [skromnist'] *f* modesty, freedom from vanity
скрута [skruta] *f* difficulty, critical situation
скупий [skupiy] *adj* stingy, greedy
скупчення [skupchen'a] *n* density, concentration
скучати [skuchati] *v* feel dull

скучний [skuchniy] *adj* tedious, bored
слабий [slabiy] *adj* feeble, weak
слабість [slabist'] *f* weakness, infirmity, illness
слабосилий [slabosiliy] *adj* powerless, helpless, weak
слабувати [slabuvati] *v* be ill, be in pain
слава [slava] *f* glory, praise, fame
славетний [slavetniy] *adj* famous, distinguished, celebrated
славити [slaviti] *v* praise, celebrate
славний [slavniy] *adj* famous, celebrated, excellent
слід [slid] *m* trace, foot print, sign
слідом [slidom] *adv* in the footsteps of, immediately following
слідство [slidstvo] *n* investigation, interrogation
слідувати [sliduvati] *v* follow, come after
сліпий [slipiy] *adj* blind, sightless
словесний [slovesniy] *adj* oral, verbal
словник [slovnik] *m* dictionary
слово [slovo] *n* word
слон [slon] *m* elephant
сльота [sl'ota] *f* bad, rainy weather
смажити [smazhiti] *v* fry, stew
смак [smak] *m* taste, flavor
смакувати [smakuvati] *v* taste, delight in a thing
смачний [smachniy] *adj* tasty, palatable

смерді́ти [smerditi] *v* stink
смерка́ння [smerkan'a] *n* dusk, twilight
сме́ртний [smertniy] *adj* mortal, deadly
сме́ртник [smertnik] *m* mortal man, dead person
смерть [smert'] *f* death, decease
смета́на [smetana] *f* sour cream
смілѝвий [smiliviy] *adj* bold, courageous
смілѝвість [smilivist'] *f* boldness, courage
сміх [smikh] *m* laughter, fun, joke
смішнѝй [smishniy] *adj* laughable, funny
смія́тися [smiyatis'a] *v* laugh
смутнѝй [smutniy] *adj* dull, sorrowful
сму́ток [smutok] *m* grief, melancholy, annoyance
снага́ [snagha] *f* strength, power, desirability
ни́тися [snitis'a] *v* dream
сніг [snigh] *m* snow
сніда́ння [snidan'a] *n* breakfast
сніда́ти [snidati] *v* have breakfast
соба́ка [sobaka] *f* dog
солда́т [soldat] *m* soldier
соли́ти [soliti] *v* salt
солоди́ти [soloditi] *v* sweeten
соло́дкий [solodkiy] *adj* sweet
соло́ний [soloniy] *adj* salty
сон [son] *m* sleep, dream
сонлѝвий [sonliviy] *adj* sleepy, dreamy
со́нце [sontse] *n* sun
со́няшний [son'ashniy] *adj* sunny, solar

со́рок [sorok] *num* forty
со́ром [sorom] *m* shame, disgrace
сороми́вий [soromliviy] *adj* decent, modest
соро́чка [sorochka] *f* shirt
сою́з [soyuz] *m* union, alliance
спада́ти [spadati] *v* fall, decline, sink, decrease
спа́льня [spal'n'a] *f* bedroom
спаса́ти [spasati] *v* redeem, save, preserve
спа́ти [spati] *v* sleep
спе́реду [speredu] *adv* before, in front
спереча́тися [sperechatis'a] *v* argue, quarrel
спе́ршу [spershu] *adv* at first, before, formerly
спи́на [spina] *f* back, spine
спиня́ти [spin'ati] *v* stop, retain, prevent
спі́ванка [spivanka] *f* song
співа́ти [spivati] *v* sing
співчуття́ [spivchut'a] *n* sympathy, condolence
спідни́ця [spidnits'a] *f* skirt
спі́дній [spidniy] *adj* lower, under
спізни́тися [spiznitis'a] *v* be late, be slow
спі́лий [spiliy] *adj* ripe, mature
спір [spir] *m* dispute, quarrel
спі́рний [spirniy] *adj* contradictory
спіши́ти [spishiti] *v* make hurry, hasten
спові́дати [spovidati] *v* confess
спо́відь [spovid'] *f* confession
повісти́ти [spovistiti] *v* inform, advice

сповняти [spovn'ati] v fulfill, accomplish, perform
спогад [spoghad] m remembrance, recollection
сподівання [spodivan'a] f hope, expectation
сподіватися [spodivatis'a] v expect, look forward to
спокій [spokiy] m peace, quiet, rest
спокусити [spokusiti] v tempt, seduce
сполох [spolokh] m fright, dread
сполохати [spolokhati] v frighten away, startle
сполудні [spoludni] adv in the afternoon, after lunch
споминати [spominati] v remember, mention, recollect
спорити [sporiti] v argue, dispute, quarrel
споруджати [sporudzhati] v erect, make, prepare
спосіб [sposib] m manner, way, means
спостерігати [sposterighati] v perceive, observe, discover
справді [spravdi] adv really, in fact
справедливий [spravedliviy] adj just, right, conscientious
справжній [spravzhniy] adj real, genuine, authentic
справний [spravniy] adj clever, skillful
спраглий [spraghliy] adj thirsty, dry
сприймати [spriymati] v perceive

спро́ста [sprosta] *adv* plainly, without reflection
спро́щений [sproshcheniy] *adj* simplified, superficial, primitive
спрямо́вувати [spr'amovuvati] *v* direct, aim
става́ти [stavati] *v* pause, rise, make an appearance
става́тися [stavatis'a] *v* happen, become, occur
ста́вити [staviti] *v* build, put, place
ста́витися [stavitis'a] *v* appear, face, treat, regard
ста́лий [staliy] *adj* stable, firm, steady, durable
стара́нний [staraniy] *adj* diligent, careful, attentive
стари́й [stariy] *adj* old, ancient
старшинство́ [starshinstvo] *n* seniority, priority
стать [stat'] *f* sex
стерегти́ [steregthi] *v* watch, protect
сти́глий [stighliy] *adj* ripe, mature
стид [stid] *m* shame, disgrace
стида́тися [stidatis'a] *v* be ashamed, blush
сти́сло [stislo] *adv* strictly, precisely, closely
сти́ха [stikha] *adv* quietly, gently
стихі́йний [stikhiyniy] *adj* spontaneous, irresistable, elemental
сті́йко [stiyko] *adv* firmly, steadfastly
стіл [stil] *m* table

сто [sto] *num* hundred
столиця [stolits'a] *f* capital
стомитися [stomitis'a] *v* be tired
сторіччя [storich'a] *n* century
сторожити [storozhiti] *v* watch, guard
сторона [storona] *f* side, country, place
сторонній [storoniy] *adj* foreign, strange
стосунок [stosunok] *m* relation, respect, reference, proportion
стояти [stoyati] *v* stand
стоячи [stoyachi] *adv* while standing
страва [strava] *f* dish, food
страждати [strazhdati] *v* suffer, endure
стратити [stratiti] *v* execute, put to death
страх [strakh] *m* fear, dread, horror
страхати [strakhati] *v* frighten, terrify, fear
страшний [strashniy] *adj* terrible, frightful, awful
стрий [striy] *m* uncle
стріляти [stril'ati] *v* shoot, fire
строк [strok] *m* term, date, time
стрункий [strunkiy] *adj* slender, thin
студений [studeniy] *adj* cold, chill
студент [student] *m* student
студити [studiti] *v* cool, chill
студіювати [studiyuvati] *v* study
стяг [st'agh] *m* banner, flag, standard
субота [subota] *f* Saturday
суворий [suvoriy] *adj* severe, rough, cruel
суджений [sudzheniy] *adj* destined, fated

су́джений [sudzheniy] *m* future husband
сум [sum] *m* sadness, grief, melancholy
сумни́й [sumniy] *adj* sorrowful, dull, unpleasant
су́мнів [sumniv] *m* doubt, uncertainty
сумніва́тися [sumnivatis'a] *v* doubt, be uncertain
сумні́вний [sumnivniy] *adj* doubtful, uncertain
су́мно [sumno] *adv* sorrowfully
супокі́й [supokiy] *m* peace, tranquility, rest
супокі́йний [supokiyniy] *adj* peaceful, calm, quiet
супу́тник [suputnik] *m* fellow-traveler, satellite
сурду́т [surdut] *m* coat
сусі́д [susid] *m* neighbor
сусі́дство [susidstvo] *n* neighborhood
суспі́льний [suspil'niy] *adj* social, common
су́то [suto] *adv* truly, completely, really
сутте́вий [sut'eviy] *adj* essential, substantial
суть [sut'] *f* essence, nature, main, core
сухи́й [sukhiy] *adj* dry, arid
суці́льний [sutsil'niy] *adj* massive, solid, integral
суча́сний [suchasniy] *adv* present, contemporary
су́ша [susha] *f* dry land, continent
схвилюва́тися [skhvil'uvatis'a] *v* be moved, be agitated, be upset, be uneasy

сховáти [skhovati] *v* hide, conceal, preserve
схóди [skhodi] *noun pl* steps
схóдини [skhodini] *noun pl* meeting, gathering
схóжий [skhozhiy] *adj* similar, like
сцéна [stsena] *f* stage, scene
сюди [s'udi] *adv* to this place
сягáти [s'aghati] *v* reach out for, grasp at
сяк-тáк [s'ak-tak] *adv* so-so
сьогóдні [s'oghodni] *adv* today, this day

Т

таємний [tayemniy] *adj* secret, mysterious
таємниця [tayemnits'a] *f* mystery, secret
таж [tazh] *conj* but, yet *adv* indeed, certainly
таїти [tayiti] *v* conceal, hide
так [tak] *adv* so, thus, in such manner
такий [taki] *adv* for all that, still, however
талáн [talan] *m* destiny, good luck, fortune
талáнт [talant] *m* talent, gift, skill
тáлія [taliya] *f* figure, shape, waist
там [tam] *adv* there
тáнець [tanets'] *m* dance
танцювáти [tants'uvati] *v* dance
тарíлка [tarilka] *f* plate
тáто [tato] *m* dad

тварина [tvarina] *f* animal, beast
тваринник [tvarinik] *m* cattle-breeder
твердий [tverdiy] *adj* hard, firm, rigorous, severe
твердиня [tverdin'a] *f* fort, fortress, citadel, stronghold
твердити [tverditi] *v* to affirm, assert, maintain, contend; to harden, to temper (iron)
твердість [tverdist'] *f* hardness, solidity, firmness
тверезий [tvereziy] *adj* judicious, moderate, sober
трезість [trezist'] *f* sobriety, abstinence
твій, твоя, твоє [tviy, tvoya, tvoye] *pron* your
твір [tvir] *m* creation, production, work (of literature)
творець [tvorets'] *m* creator, author
творити [tvoriti] *v* create, produce, compose
творчий [tvorchiy] *adj* creative, productive
творчість [tvorchist'] *f* creative power, creative work
театр [teatr] *m* theater
театральний [teatral'niy] *adj* theatric
теза [teza] *f* thesis, subject
текст [tekst] *m* text
текти [tekti] *v* flow, run, stream, leak
телевізор [televizor] *m* television set
телеграма [teleghrama] *f* telegram

телеграф [teleghraf] *m* telegraph
телетайп [teletayp] *m* teletype
телефон [telefon] *m* telephone
телефонувати [telefonuvati] *v* telephone
телятина [tel'atina] *f* veal, roast-veal
темний [temniy] *adj* dark, obscure, gloomy
темниця [temnits'a] *f* dark room, prison
темніти [temniti] *v* to darken, to grow dark,
темно [temno] *adj* dark, obscure
темнота [temnota] *f* obscurity
темрява [temr'ava] *f* darkness, obscurity, gloom
теніс [tenis] *m* tennis
тепер [teper] *adv* now, at present
теперішній [teperishniy] *adj* present, actual, current
теплий [tepliy] *adj* warm
тепло [teplo] *adv* warmly
тепло [teplo] *n* warmth, heat
терапевт [terapevt] *m* therapeutist
терапія [terapiya] *f* therapy
тераса [terasa] *f* terrace
терем [terem] *m* palace
терпець [terpets'] *m* patience, endurance
терпіння [terpin'a] *n* suffering, pain, endurance
терпіти [terpiti] *v* suffer, tolerate
терпкий [terpkiy] *adj* sour, bitter, acid
тесть [test'] *m* father-in-law
теща [teshcha] *f* mother-in-law

ти [ti] *pron* you
тиждень [tizhden'] *m* week
тижневий [tizhneviy] *adv* weekly
тимчасово [timchasovo] *adv* for the time being, temporarily
тин [tin] *m* fence, enclosure
тип [tip] *m* type, class, pattern, example
тип [tip] *m* character, individual, strange person
тисяча [tis'acha] *f* thousand
тихий [tikhiy] *adj* quiet, peaceful, mild
тихнути [tikhnuti] *v* grow calm, become silent, be pacified
тиша [tisha] *f* stillness, silence
тишком [tishkom] *adv* secretly, silently
тікати [tikati] *v* run away, escape
тіло [tilo] *n* body, flesh
тільки [til'ki] *adv* only, but, just
тінь [tin'] *f* shadow, shade
тітка [titka] *f* aunt
тішитися [tishitis'a] *v* be glad, rejoice
тлумач [tlumach] *m* interpreter, translator
тлумачити [tlumachiti] *v* interpret, translate
то [to] *conj* then, so
тобто [tobto] *adv* that is, in other words, consequently
товариство [tovaristvo] *n* society, company
товариш [tovarish] *m* friend, colleague
товпитися [tovpitis'a] *v* crowd, assemble
товстий [tovstiy] *adj* stout, thick

тоді [todi] *adv* then, at that time
тож [tozh] *conj* while, hence, also
толк [tolk] *m* sense, intellect, mind, understanding
томитися [tomitis'a] *v* be fatigued
тому–то [tomu-to] *adv* therefore, for that reason
тонкий [tonkiy] *adj* thin, fine, slim
топити [topiti] *v* make fire, melt, sink down
торгівля [torghivl'a] *f* commerce, trade
торгувати [torghuvati] *v* trade, sell
торік [torik] *adv* last year
то-то [to-to] *adv* namely, exactly
тотожність [totozhnist'] *f* identity
точний [tochniy] *adj* exact, precise, strict
тощо [toshcho] *adv* and so on
травень [traven'] *m* May
траплятися [trapl'atis'a] *v* happen, chance
тратити [tratiti] *v* lose, waste
трафаретний [trafaretniy] *adj* conventional, popular
треба [treba] *adv* is necessary
тренувати [trenuvati] *v* train, educate
трепет [trepet] *m* trembling, fright
трепетати [trepetati] *v* tremble, shudder, be frightened
третина [tretina] *f* one third
три [tri] *num* three
тривалий [trivaliy] *adj* durable, permanent, solid

тривáти [trivati] *v* last, exist, endure
тривóга [trivogha] *f* fright, alarm, anxiety
тривóжити [trivozhiti] *v* alarm, frighten, disturb
три́дцять [tridts'at'] *num* thirty
тримáти [trimati] *v* hold, keep
тринáдцять [trinadts'at'] *num* thirteen
три́чі [trichi] *adv* three times
тротуáр [trotuar] *m* pavement, sidewalk
трóхи [trokhi] *adv* a little, somewhat
труд [trud] *m* work, labor
труди́тися [truditis'a] *v* work, take much pains
трудни́й [trudniy] *adj* hard, difficult
трýхлий [trukhliy] *adj* rotten, withered
трухнýти [trukhnuti] *v* decay, moulder
тýга [tugha] *f* grief, longing
туги́й [tughiy] *adj* tight, resistant, strong
туди́ [tudi] *adv* there
тужи́ти [tuzhiti] *v* grieve, languish
тужли́вий [tuzhliviy] *adj* sorrowful, melancholic
тупи́й [tupiy] *adj* blunt, dull
турбóта [turbota] *f* trouble, anxiety, grief
турбувáти [turbuvati] *v* trouble, disturb
тут [tut] *adv* here
тутéшній [tuteshniy] *adj* local, native
тягáр [t'aghar] *m* weight, load, burden
тяжки́й [t'azhkiy] *adj* heavy, difficult, hard
тя́мити [t'amiti] *v* comprehend, recollect

тьма [t'ma] *f* darkness, obscurity

У

убезпеча́ти [ubezpechati] *v* insure, secure
уберіга́ти [uberighati] *v* guard, preserve
убива́ти [ubivati] *v* kill, trample
убира́ти [ubirati] *v* dress, decorate, trim
убі́к [ubik] *adv* to the side, aside
убо́гий [uboghiy] *adj* poor, without means
убо́гість [uboghist'] *f* poverty, indigence
убожі́ти [ubozhiti] *v* become poor
уболіва́ти [ubolivati] *v* sorrow, be afflicted, condole
ува́га [uvagha] *f* attention, notice, consideration
уважа́ти [uvazhati] *v* pay attention, consider, attend to
уве́рх [uverkh] *adv* up to the top
уве́сь, уся́, усе́ [uves', us'a, use] *pron* whole, entire, complete
уве́чері [uvecheri] *adv* in the evening
увільни́ти [uvil'niti] *v* free, liberate
уві́ч [uvich] *adv* in one's face, shamefacedly
уві́чливий [uvichliviy] *adj* polite, affable, kind
уво́дити [uvoditi] *v* introduce, carry away, kidnap

ув'я́знений [uvyazneniy] *adj* imprisoned
уга́дувати [ughaduvati] *v* guess rightly, foresee
угамо́вувати [ughamovuvati] *v* quiet, pacify
уго́да [ughoda] *f* agreement, treaty, accord
угоди́ти [ughoditi] *v* please, satisfy
уго́лос [ugholos] *adv* aloud
угорі́ [ughori] *adv* above, over, at the top of
угору́ [ughoru] *adv* upwards, on high
угоща́ти [ughoshchati] *v* treat, receive
удава́ти [udavati] *v* pretend, imitate
удава́тися [udavatis'a] *v* succeed
уда́тний [udatniy] *adj* capable, fit, fortunate
уда́ча [udacha] *f* character, nature, success
удво́є [udvoye] *adv* double, twofold
уде́нь [uden'] *adv* in the daytime
уде́ржувати [uderzhuvati] *v* support, keep, hold
удіве́ць, удова́ [udivets', udoval] *m, f* widower, widow
удо́ма [udoma] *adv* at home
удо́світа [udosvita] *adv* before dawn
удоскона́лювати [udoskonal'uvati] *v* perfect, improve
удру́ге [udrughe] *adv* for the second time
уже́ [uzhe] *adv* already
ужи́ток [uzhitok] *m* use, profit, advantage
узага́льнювати [uzaghal'n'uvati] *v* generalize
уза́д [uzad] *adv* back, backward
узбі́ч [uzbich] *adv* to the side

узго́джувати [uzghodzhuvati] *v* bring to agreement
уздовж [uzdovzh] *adv* along, lengthwise
узи́мку [uzimku] *adv* in winter
узнава́ти [uznavati] *v* be informed of, learn
укві́тчувати [ukvitchuvati] *v* embellish, decorate
уклада́ти [ukladati] *v* arrange, set right, form, compose
уклі́нно [uklino] *adv* courteously, politely
укра́й [ukray] *adv* at the end, completely, definitely
укра́сти [ukrasti] *v* steal
укрива́ти [ukrivati] *v* cover, conceal
уку́пі [ukupi] *adv* together, jointly
ула́д [ulad] *adv* in good order, harmoniously
улашто́вувати [ulashtovuvati] *v* arrange, settle, establish
улі́тку [ulitku] *adv* in summertime
улови́ти [uloviti] *v* catch, apprehend
умебльо́вувати [umebl'ovuvati] *v* furnish
умива́ти [umivati] *v* wash
умира́ти [umirati] *v* starve
у́мисел [umisel] *m* intention, view, idea
уми́сно [umisno] *adv* on purpose, intentionally
умі́ти [umiti] *v* know, can, be experienced
умо́ва [umova] *f* agreement, accord
умовка́ти [umovkati] *v* stop speaking, grow silent

умудря́тися [umudr'atis'a] v become wise, contrive
уни́з [uniz] adv down, below
унизу́ [unizu] adv down, below
уночі [unochi] adv at night, nightly
упа́д [upad] m fall, misfortune
упе́ртий [upertiy] adj stubborn, obstinate, wilful
упе́ртість [upertist'] f stubbornness, persistence
упе́рше [upershe] adv for the first time
упира́тися [upiratis'a] v be obstinate, be self-willed
упо́вні [upovni] adv filled completely, sufficiently
уподі́бнення [upodibnen'a] n assimilation, comparison, likeness
упорядко́вувати [upor'adkovuvati] v settle, arrange, regulate
управля́ти [upravl'ati] v manage, direct, lead
упра́во [upravo] adv to the right
уразли́вість [urazlivist'] f insult, offence, wound
ура́нці [urantsi] adv in the morning
урівнова́жувати [urivnovazhuvati] v balance, counterpoise
уро́да [uroda] f beauty, grace
уроди́ти [uroditi] v give birth, bear
урочи́стий [urochistiy] adj solemn, festive

урочистість [urochistist'] *f* festivity, solemnity

урочисто [urochisto] *adv* solemnly, triumphantly

усвідомлювати [usvidoml'uvati] *v* make conscious, realize, perceive, comprehend

усередині [useredini] *adv* inside

услід [uslid] *adv* immediately following

усмак [usmak] *adv* in good taste, to one's delight

усміх [usmikh] *m* smile

усміхатися [usmikhatis'a] *v* smile

усний [usniy] *adj* oral, vocal

успадковувати [uspadkovuvati] *v* inherit

успівати [uspivati] *v* do on time, keep up with, follow

успіх [uspikh] *m* success, progress

уста [usta] *noun pl* lips, mouth

установа [ustanova] *f* organization, establishment

устерігати [usterighati] *v* guard, preserve

устрявати [ustr'avati] *v* interfere, meddle

усувати [usuvati] *v* remove, dismiss

усюди [us'udi] *adv* everywhere

усякий [us'akiy] *adj* every, each

утаїти [utayiti] *v* conceal, hide

утвір [utvir] *m* creation, structure, work

утворювати [utvor'uvati] *v* create, organize

утихати [utikhati] *v* become silent, grow calm

утіха [utikha] *f* joy, pleasure, amusement
утома [utoma] *f* fatigue, weariness
утомлюватися [utoml'uvatis'a] *v* become fatigued
утопати [utopati] *v* drown, sink
утрачати [utrachati] *v* lose
утрете [utret'e] *adv* for the third time
утримувати [utrimuvati] *v* keep, maintain, support
утруднення [utrudnen'a] *n* difficulty, burden
утрудняти [utrudn'ati] *v* make difficult, embarrass
ухилятися [ukhil'atis'a] *v* bend, avoid, deviate
участь [uchast'] *f* participation, share, partnership
учащати [uchashchati] *v* come often, participate, attend
учиняти [uchin'ati] *v* do, perform, commit, cause
учителювати [uchitel'uvati] *v* teach, instruct
учити [uchiti] *v* teach, study
учора [uchora] *adv* yesterday
ушановувати [ushanovuvati] *v* respect, honor
ушир [ushir] *adv* in width, broadwise
ушкоджувати [ushkodzhuvati] *v* damage, hurt, spoil
ущипливий [ushchipliviy] *adj* biting, sharp, sarcastic
уява [uyava] *f* imagination, fancy

уявляти [uyavl'ati] *v* imagine, fancy, have an idea

Ф

фабрикувати [fabrikuvati] *v* manufacture, produce
фальш [fal'sh] *m* falsity, lie, deceit
фанат [fanat] *m* fan
фантазія [fantaziya] *f* imagination, whim
фантазувати [fantazuvati] *v* dream, fancy, rave
фах [fakh] *m* trade, occupation, specialty
форма [forma] *f* form, shape, fashion, pattern
формувати [formuvati] *v* form, shape, create
фортуна [fortuna] *f* fortune, luck, wealth
фундамент [fundament] *m* foundation, base, principle
функціонувати [funktsionuvati] *v* function

X

хазяїн [khaz'ayin] *m* landlord, host, owner
халепа [khalepa] *f* calamity, trouble, distress, misfortune

хапа́ти [khapati] v seize, grasp
хара́ктер [kharakter] m character, nature, temper
характеризува́ти [kharakterizuvati] v characterize, depict, describe
харч [kharch] m food, provisions
ха́та [khata] f house, cottage
хвала́ [khvala] f praise, laud, glory
хвали́ти [khvaliti] v praise, commend
хвали́тися [khvaliti's'a] v boast, be proud
хвили́на [khvilina] f moment, instant
хво́рий [khvoriy] adj sick
хворі́ти [khvoriti] v be sick, be ailing
хворо́ба [khvoroba] f sickness, malady
хи́ба [khiba] f error, fault, defect
хи́бити [khibiti] v fail, miss, be mistaken
хи́трий [khitriy] adj cunning, crafty, clever
хіба́ [khiba] adv unless, except
хід [khid] m walk, pace, progress, movement
хлі́б [khlib] m bread
хло́пець [khlopets'] m boy, adolescent
хма́ритися [khmaritis'a] v cloud, become overcast
хова́ти [khovati] v hide, preserve, secrete
ходи́ти [khoditi] v walk, go
ходо́ю [khodoyu] adv apace, in step
хо́лод [kholod] m cold
холоди́ти [kholoditi] v cool, freeze
хоро́брий [khorobriy] adj brave, gallant

хоробрість [khorobrist'] *f* bravery, courage, gallantry
хороше [khoroshe] *adv* very well, smartly
хороший [khoroshiy] *adj* very pretty, fine
хотіти [khotiti] *v* wish, long for
хоч [khoch] *conj* though; *adv* at least
храм [khram] *m* church, temple
хрестити [khrestiti] *v* baptize, christen
християнин, християнка [khristiyanin, khristiyanka] *m, f* Christian
хрищеник, хрищениця [khrishchenik, khrishchenits'a] *m, f* godson, goddaughter
хто [khto] *pron* who
худий [khudiy] *adj* thin, meager

Ц

царювати [tsar'uvati] *v* reign, hold away
цвісти [tsvisti] *v* bloom, flower
цвях [tsv'akh] *m* nail
цебто [tsebto] *conj* that is, in other words
цей, ця, це [tsey, ts'a, tse] *pron* this, that
центральний [tsentral'niy] *adj* central
церква [tserkva] *f* church
цивільний [tsivil'niy] *adj* civil, private
цирк [tsirk] *m* circus
цікавий [tsikaviy] *adj* curious, interesting, eager to learn

цікавитися [tsikavitis'a] v be interested, be curious
цікавість [tsikavist'] f interest, curiosity
цілий [tsiliy] adj whole, complete, all
цілість [tsilist'] f totality, entirety
цілувати [tsiluvati] v kiss
ціль [tsil'] f aim, goal, purpose
ціна [tsina] f price, rate
цінити [tsiniti] v value, appreciate
цінний [tsiniy] adj costly, dear, precious
цукор [tsukor] m sugar
цупкий [tsupkiy] adj firm, strong, solid

Ч

чай [chay] m tea
чарка [charka] f little cup
чарувати [charuvati] v bewitch, charm, fascinate
час [chas] m time, season
часом [chasom] adv casually, eventually, accidentally
часопис [chasopis] m newspaper
частий [chastiy] adj frequent, repeated
частина [chastina] f part, fragment, share
часто [chasto] adv frequently
частота [chastota] f frequency

чванитися [chvanitis'a] *v* boast, pride oneself upon
чек [chek] *v* check
чекання [chekan'a] *n* expectation, waiting
чекати [chekati] *v* wait for, expect
чемний [chemniy] *adj* polite, courteous
чемність [chemnist'] *f* politeness, courtesy
чепурний [chepurniy] *adj* elegant, clean, nice
червень [cherven'] *m* June
червоний [chervoniy] *adj* red
черевик [cherevik] *m* shoe
через [cherez] *prep* over, across, by means of
чесати [chesati] *v* comb, dress
чесний [chesniy] *adj* honest, decent, faithful
честь [chest'] *f* honor
четвер [chetver] *m* Thursday
чий, чия, чиє [chiy, chiya, chiye] *pron* whose
чимраз [chimraz] *adv* every time
чинити [chiniti] *v* make, work, fulfill, accomplish
чистий [chistiy] *adj* clean, pure
читати [chitati] *v* read
чільний [chil'niy] *adj* leading, prominent, notable, select
чіткий [chitkiy] *adj* clear, distinct, exact
чоловік [cholovik] *m* man, person
чорний [chorniy] *adj* black
чорт [chort] *m* devil

чотири [chotiri] *num* four
чотирнадцять [chotirnadts'at'] *num* fourteen
чувати [chuvati] *v* hear, perceive, vigil
чудесний [chudesniy] *adj* marvelous, miraculous
чудо [chudo] *n* miracle, wonder, marvel'
чужий [chuzhiy] *adj* foreign, stranger to
чулий [chuliy] *adj* sensitive, sentimental
чути [chuti] *v* hear
чуття [chut'a] *n* feeling, sense, touch
чхати [chkhati] *v* sneeze

Ш

шаленіти [shaleniti] *v* get violent, become crazy
шана [shana] *f* regard, respect
шанувати [shanuvati] *v* respect, honor, take special care
шапка [shapka] *f* cap
шахи [shakhi] *noun pl* chess
швидкий [shvidkiy] *adj* swift, prompt
швидкість [shvidkist'] *f* speed, rapidity
шептати [sheptati] *v* whisper
ширина [shirina] *f* breadth, width
широко [shiroko] *adv* widely, broadly
шия [shiya] *f* neck
шістнадцять [shistnadts'at'] *num* sixteen

шість [shist'] *num* six
шко́да [shkoda] *f* damage, hurt, loss
шкода́ [shkoda] *adv* in vain, uselessly
шко́дити [shkoditi] *v* hurt, injure, damage
шко́ла [shkola] *f* school
шлюб [shl'ub] *m* marriage, matrimony
шмато́к [shmatok] *m* piece
шма́ття [shmat'a] *n* clothes, linen
шту́чний [shtuchniy] *adj* artificial, false
шука́ти [shukati] *v* look for, search
шумі́ти [shumiti] *v* make noise
шу́рин [shurin] *m* brother-in-law
шуткува́ти [shutkuvati] *v* joke, make fun

Щ

щасли́вий [shchasliviy] *adj* fortunate, happy
ща́стя [shchast'a] *n* fortune, happiness, success
ще́дрий [shchedriy] *adj* generous, bountiful
щеза́ти [shchezati] *v* vanish, disappear
щи́рий [shchiriy] *adj* sincere, open-hearted, true
щи́ро [shchiro] *adv* frankly, honestly
що [shcho] *pron* which, what
що [shcho] *conj* that, because
щове́чора [shchovechora] *adv* every evening
щогоди́ни [shchoghodini] *adv* every hour

щодалі [shchodali] *adv* farther
щоденний [shchodeniy] *adj* daily, of every day
щоденно [shchodeno] *adv* daily, every day
щойно [shchoyno] *adv* just, just now
щомісяця [shchomis'ats'a] *adv* monthly, every month
щонебудь [shchonebud'] *pron* anything
щоночі [shchonochi] *adv* nightly, every night
щоправда [shchopravda] *adv* in truth, even
щораз [shchoraz] *adv* every time
щоранку [shchoranku] *adv* every morning
щороку [shchoroku] *adv* every year
щосили [shchosili] *adv* at full length
щось [shchos'] *pron* anything, a little
щотижня [shchotizhn'a] *adv* weekly, every week
щохвилини [shchokhvilini] *adv* every moment
щупати [shchupati] *v* touch, feel

Ю

юнак, юначка [yunak, yunachka] *m, f* young man, young girl
юний [yuniy] *adj* young, youthful
юність [yunist'] *f* youth, adolescence

Я

я [ya] *pron* I
ява [yava] *f* reality, actuality
являтися [yavl'atis'a] *v* appear, show oneself
явний [yavniy] *adj* evident, obvious
язик [yazik] *m* tongue
як [yak] *conj* as, like
якби [yakbi] *conj* if, as though
який [yakiy] *adj* who, which, what
як-небудь [yak-nebud'] *adv* in any way
якось [yakos'] *adv* somehow
якраз [yakraz] *adv* exactly, at the right moment
якщо [yakshcho] *conj* if
ялинка [yalinka] *f* Christmas tree
ярмарок [yarmarok] *m* market, fair
ясний [yasniy] *adj* bright, light, transparent
ясність [yasnist'] *f* brightness, clarity, glory
ясно [yasno] *adv* clearly, brightly

ENGLISH-UKRAINIAN
DICTIONARY

A

a [е] неозначений артикль

abandon [ибéнден] *v* покидáти, залишáти

abash [ибéш] *v* збентéжувати, соромити

abdomen [ибдóумен] *n* чрéво, живíт

abduct [ебдáкт] *v* викрадáти сúлою áбо обмáном

abhor [ибхóр] *v* відчувáти відрáзу, ненавúдіти

abide [ибáйд] *v* перебувáти, мéшкати, жúти

ability [ибíлити] *n* здíбність, здáтність, умíння, спромóжність

able [ейбл] *adj* спромóжний, здáтний, здíбний

abnegate [éбнигейт] *v* запере́чувати, відмовля́тися, зріка́тися, відрікáтися

abnormal [ибнóрмал] *adj* ненормáльний, непрáвильний

abolish [ибóлишь] *v* касувáти, скасóвувати, знищувати

abortion [ибóршн] *n* абóрт, передчáсне припúнення вагíтності

abound [ибáунд] *v* бýти багáтим на щось, мáти чогóсь багáто

about [ибáут] *adv* навкругú, довкóла, навкóло, кругóм

above [ибáв] *adv* вгорí, нагорí, вище, над, понад

abridge [ибрйдж] *v* скорóчувати, урíзувати

abroad [ибрóд] *adv* за кордóном

absence [éбсенс] *n* відсýтність, залишення

absolutely [éбселютли] *adv* цілкóм, необмéжено, безумóвно, абсолютно, самостíйно, незалéжно

absorb [ибсóрб] *v* вбирáти, всмóктувати, поглинáти

abstain [ибстéйн] *v* здéржуватися, утримуватися

abstract [éбстрект] *n* абстрáкція, абстрáктне поняття

abstruse [ебстрýс] *adj* неясний, прихóваний, важкий для розумíння

absurdity [ибсиóрдити] *n* безглýздя, абсýрд

abundance [ибáнденс] *n* достáток, рясногá, багáтство, велика кíлькість

abuse [иб'юс] *n* зловживáння

abuse [иб'юз] *v* зловживáти

abyss [ибис] *n* безодня, пучина, пéрвісний хáос

academic [екедéмик] *adj* академíчний, університéтський

academy [икéдеми] *n* акадéмія

accelerate [ексéлерейт] *v* прискóрювати

accent [éксент] *n* нáголос, вимóва, акцéнт

accept [иксéпт] *v* приймáти, припускáти, погóджуватися

acceptable [иксéптебл] *adj* прийнятний, приємний

access [éксес] *n* доступ, прохід, підхід

accident [éксидент] *n* випадок, несподіванка, нещасливий випадок

accidental [ексидéнтл] *n* випадковість; *adj* випадковий

acclaim [иклéйм] *v* гучно вітати, проголошувати

acclimatization [иклáймeтизéйшн] *n* акліматизація

accomodate [икóмидейт] *v* пристосовувати, постачати, давати комусь притулок

accomplice [икóмплис] *n* спільник, співучасник

accomplish [икóмплишь] *v* завершувати, виконувати, робити досконалим

accomplishment [икóмплишьмент] *n* виконання, завершення, освіта

accord [икóрд] *n* згода, гармонія; *v* бути погодженим

according [икóрдин] *adv* відповідно до, залежно від

account [икáунт] *n* рахунок, думка; *v* визнавати, вважати

accounting [икáунтин] *n* облік, звітність

accredit [икрéдит] *v* уповноважувати

accumulate [ик'ю́м'юлейт] *v* нагромаджуватися

accumulation [ик'юм'юлéйшн] *n* нагромáдження

accurate [éк'юрит] *adj* тóчний, прáвильний

accusation [ек'юзéйшн] *n* звинувáчення, обвинувáчення

accuse [ик'юз] *v* обвинувáчувати

accustom [икáстим] *v* привчáти

accustomed [икáстимд] *adj* звúклий, звичáйний

ache [ейк] *n* біль; *v* боліти

achieve [ичів] *v* досягáти, успíшно викóнувати

achievement [ичíвмент] *n* досягнення, викóнáння

acid [éсид] *n* кислотá; *v* кúслий, уíдливий

acknowledge [икнóлидж] *v* визнавáти, припускáти

acknowledgement [икнóлиджмент] *n* визнáння, підтвéрдження, вдячність

acorn [éйкорн] *n* жóлудь

acquaint [икуéйнт] *v* знайóмити, повідомляти

acquaintance [икуéйнтенс] *n* знайóмство, знайóмий

acquire [икуáєр] *v* набувáти, здобувáти, досягáти

across [икрóс] *adv* впóперек, хрестóм; *prep* крізь, чéрез

act [ект] *n* акт, вчи́нок; *v* ді́яти, пово́дитися

active [е́ктив] *adj* акти́вний, жва́вий, дія́льний

activity [екти́вити] *n* дія́льність, акти́вність, спри́тність

actor [е́ктор] *n* акто́р

actual [е́кчуел] *adj* факти́чно існу́ючий, ді́йсний, пото́чний

acute [ик'ю́т] *adj* го́стрий, кмітли́вий

adapt [иде́пт] *v* пристосо́вуватися, адаптува́тися

add [ед] *v* додава́ти, прилуча́ти, добавля́ти

addict [е́дикт] *n* наркома́н

addition [иди́шн] *n* дода́ток, допо́внення

address [идре́с] *n* зве́рнення, адре́са; *v* адресува́ти, зверта́тися

adequate [е́диквит] *adj* відпові́дний, адеква́тний

adjacent [иджейсент] *adj* сумі́жний, приле́глий

adjective [е́джиктив] *n* прикме́тник; *adj* додатко́вий, зале́жний

adjust [иджа́ст] *v* упорядко́вувати, пристосо́вувати

administration [идминистре́йшн] *n* управлі́ння, адміністра́ція

admire [идма́йр] *v* милува́тися

admissible [идми́сибл] *adj* допусти́мий, припусти́мий

admission [идми́шн] *n* припу́щення, до́ступ, вступ

admit [идми́т] *v* допуска́ти, прийма́ти, дозволя́ти

admonish [идмо́нишь] *v* перекону́вати, застеріга́ти

adolescence [едоуле́снс] *n* ю́ність, юна́цтво, юнь

adolescent [едоуле́снт] *n* юна́к, дівчи́на; *adj* ю́ний, молоди́й

adopt [идо́пт] *v* усиновля́ти, прийма́ти

adorable [идо́ребл] *adj* па́лко коха́ний, прега́рний

adoration [едоре́йшн] *n* палке́ коха́ння, поклоні́ння

adore [едо́р] *v* люби́ти над усе́, па́лко коха́ти, поклоня́тися

adorn [идо́рн] *v* прикраша́ти

adult [е́далт] *n* доро́сла, повнолі́тня люди́на; *adj* доро́слий, повнолі́тній

adultery [ида́лтири] *n* адюльте́р, перелю́бство

advance [идва́нс] *n* просува́ння, у́спіх; *v* просува́тися вперед, удоскона́лювати

advancement [идва́нсмент] *n* просува́ння, у́спіх, прогре́с

advantage [идва́нтидж] *n* перева́га, виго́да; *v* дава́ти перева́гу

adventure [идвéнчир] *n* пригóда, авантю́ра; *v* рискувáти

adverb [éдвиорб] *n* прислíвник

adversary [éдвиорсири] *n* протúвник, вóрог, супéрник

advertisement [идвиóртисмент] *n* оголóшення, оповíщення, реклáма

advice [идвáйс] *n* порáда, консультáція, сповíщення

advise [идвáйз] *v* рáдитися, консультувáтися, сповіщáти

advocate [éдвокит] *n* прихúльник, прибíчник, адвокáт

aesthetics [істéтикс] *n* естéтика

affair [ифéир] *n* спрáва, дíло

affect (I) [ифéкт] *v* впливáти, хвилювáти, уражáти

affect (II) [ифéкт] *v* удавáти, прикидáтися, любúти щось

affection [ифéкшн] *n* прихúльність, любóв, хворóба

affiliate [ифúлиейт] *v* усиновля́ти, приймáти в члéни, приéднуватися

affiliation [ифилиéйшн] *n* приймáння в члéни, приєднáння

affinity [ифúнити] *n* властúвість, спорíдненість, блúзькість

affirm [ифіóрм] *v* твердúти, ствéрджувати, підтвéрджувати

affirmative [ифио́рмитив] *adj* стверджувальний, стве́рдний

affliction [ифлі́кшн] *n* ли́хо, біда́, стражда́ння

affluence [е́флуенс] *n* доста́ток, ряснота́, бага́тство

afford [ифо́рд] *v* ма́ти змо́гу, дозволя́ти собі́, завда́вати

affusion [иф'ю́жн] *n* облива́ння, опуска́ння в купе́ль

afraid [ифре́йд] *adj* зля́каний, боя́тися

after [а́фтер] *prep* пі́сля, за, позаду́

afternoon [а́фтернун] *n* час пі́сля полу́дня, час пі́сля обі́ду

again [иґе́н] *adv* зно́ву, з дру́гого бо́ку, крі́м то́го

against [иґе́йнст] *prep* про́ти, навпро́ти

age [ейдж] *n* вік, літа́, доба́, пері́од, епо́ха

agency [е́йджинси] *n* дія́льність, ді́юча си́ла, аге́нтство

agenda [идже́нде] *n* поря́док де́нний, па́м'ятна кни́га

agent [е́йджент] *n* ді́юча си́ла, аге́нт, представни́к

aggravate [е́гриве́йт] *v* загострювати, поси́лювати

aggregate [е́григит] *n* суку́пність, агрега́т; *adj* суку́пній, зі́браний до ку́пи

aggregate [е́гриґейт] *v* збира́ти в одне́ ці́ле, залуча́ти

aggression [игре́шн] *n* на́пад, агре́сія, зухва́ла поведі́нка

aggressive [игре́сив] *adj* напада́ючий, агреси́вний

agitate [е́джитейт] *v* хвилюва́ти, збу́джувати, агітува́ти

agitation [еджите́йшн] *n* хвилюва́ння, триво́га, агіта́ція

ago [игóу] *adv* тому́

agonize [е́гонайз] *v* агонізува́ти, бу́ти в аго́нії, си́льно му́читися

agony [е́гони] *n* аго́нія, нестéрпний біль, душе́вні áбо фізи́чні стражда́ння, висна́жлива боротьба́

agree [игрі́] *v* зго́джуватися, пого́джуватися, домовля́тися

agreeable [игріе́бл] *adj* приє́мний, зго́дний, відпові́дний

agreement [игрі́мент] *n* зго́да, до́говір, уго́да

agricultural [егрика́лчирл] *adj* сільсько-госпо́дарський, землеро́бський

agriculture [е́грикалчир] *n* сільське́ господа́рство, землеро́бство, агроно́мія

ahead [ихе́д] *adv* впере́д, напере́д, спе́реду, попе́реду

aid [ейд] *n* допомо́га, помічни́к; *v* допомога́ти, сприя́ти

ail [ейл] *v* бу́ти нездоро́вим, незду́жати, завдава́ти бо́лю

aim [ейм] *n* мета, ціль *v* цілитися, спрямувати удар

air (I) [еир] *n* повітря, атмосфера, подув, вітерець; *v* оголошувати, провітрювати; *adj* повітряний, авіаційний

air (II) [еир] *n* зовнішній вигляд, вираз обличчя, афектація

air-conditioner [еир-кондишнер] *n* кондиціонер, установка для кондиціонування повітря

air force [еир форс] *n* військово-повітряний флот, аеродинамічна сила

airport [еирпорт] *n* аеропорт

akin [икин] *adj* рідний, близький, споріднений

alarm [иларм] *n* тривога, сум'яття, паніка *v* піднімати тривогу, лякати, турбувати

alcohol [елкехол] *n* алкоголь, спирт

alert [илиорт] *n* тривога, сигнал тривоги; *v* привести до стану готовности, зробити пильним; *adj* насторожений, пильний, проворний

align [илайн] *v* вишиковувати, шикуватися, націляти

alive [илайв] *adj* живий, серед живих, жвавий, бадьорий, чуйний, що кишить, діючий

all [ол] *pron* весь, вся, все, всі, всякий, всілякий, цілком

alleged [иледжд] *adj* мнимий, позірний

allegory [élиґери] *n* алегорія, емблема
allergy [éлиджи] *n* алергія, підвищена чутливість
alley [éли] *n* алея, лінія, вузький провулок
alliance [илайенс] *n* союз, альянс, шлюбний союз
allied [илайд] *adj* союзний, споріднений, близький
alligator [éлиґейтер] *n* алігатор
allocate [éлокейт] *v* розміщати, розподіляти
allot [илóт] *v* розподіляти, роздавати, наділяти
allow [илáу] *v* дозволяти, надавати, робити можливим, допускати
all right [ол райт] *adj* у порядку, цілком задовільний *adv* добре, все гаразд з вашим планом *interj* добре! гаразд! згода! згоден!
allude [илýд] *v* натякати, згадувати, посилатися
allure [ильюер] *v* заманювати, приваблювати, зачаровувати
allusion [илюжн] *n* натяк, згадка, посилання
ally [елáй] *n* союзник; *v* з'єднувати
almanac [óлменек] *n* календар, альманах

almighty [олмáйти] *adj* всемогýтній, дýже сильний; *adv* страшéнно рáдий; *n* всемогýтній Бог

almond [áменд] *n* мигдáль

almost [óлмоуст] *adv* мáйже, мáло не

alms [амз] *n* милостиня

alone [илóун] *adj* одúн, сам, одинóкий, самóтній; *adv* лишé, виключно, тільки

along [илóн] *adv* впéред, разóм з собóю; *prep* вздóвж

aloof [илýф] *adj*, *adv* що знахóдиться віддалік, óсторонь, тримáтися óсторонь

aloud [илáуд] *adv* гóлосно, вгóлос

alphabet [éлфебит] *n* алфавіт, áзбука, áбетка

alpinist [éлпинист] *n* альпініст

alter [óлтер] *v* змінятися, перебляти

alternate [олтіóрнит] *adj* переміжний, перемінний, змінний, що чергýється

alternate [óлтиорнейт] *v* чергувáтися

alternative [олтиóрнетив] *n* альтернатúва, вибір; *adj* змінний, взаємовиключáючий, альтернативний, змінно дíючий

altogether [олтигéзер] *adv* зóвсім, цілком, загалóм

altruism [éлтруизм] *n* альтруíзм

altruist [éлтруист] *n* альтруíст

aluminium [ельюмíнiем] *n* алюміній

alumnus [илáмнис] *n* колишній вихóванець

amateur [éметиор] *n* любúтель, амáтор

amaze [имейз] v вражати

amazement [имейзмент] n дивування, здивування

amazing [имейзин] adj разючий, вражаючий, дивний, дивовижний

ambiguous [ембиг'юис] adj двозначний, неясний, сумнівний

amendment [имендмент] n виправлення, поправка, усунення

American [имерикен] adj американський

amiable [еймієбл] adj дружній, милий, привабливий

amid [имид] prep серед, між

among [иман] prep серед, між

amount [имаунт] n кількість

amour [имур] n кохання, любов, любовна інтрига

amphibian [емфибиен] n амфібія

amplifier [емплифаєр] n підсилювач, лінза позаду об'єктива мікроскопа

amplify [емплифай] v розширювати, розводитися про

amuse [им'юз] v бавити, розважати

amusement [им'юзмент] n розвага, забава

an [ен] conj якщо

analogy [инеледжи] n аналогія, подібність

analyse [енелайз] v аналізувати, розкладати

analysis [инелисис] n аналіз, розклад

anarchy [енеркі] n анархія

anatomy [инéтеми] *n* анатóмія
ancestor [éнсистер] *n* прéдок, прабáтько, прародúтель
anchor [éнкер] *n* я́кір; *v* стáвити на я́кір, скріпля́ти, закріпля́ти
ancient (I) [éйншинт] *adj* стародáвній, старúй *n* стародáвні нарóди
ancient (II) [éйншинт] *n* прáпор, знаменó, прапороносець
and [енд] *conj* і, й, та, а, алé
angel [éйнджел] *n* áнгел
anger [éнгˊер] *n* гнів; *v* виклика́ти гнів, гнівати
angle [енгˊл] *n* кут, косинéць, тóчка зóру
angry [éнгˊри] *adj* сердúтий, розгніваний, роздратóваний
angular [éнгˊюлер] *adj* нарíжний, кутовúй, кутáстий
animal [éнимл] *n* тварúна; *adj* тварúнний
animate [éнимейт] *v* оживля́ти, надиха́ти
animate [éнимит] *adj* пожвáвлений, жва́вий
ankle [енкл] *n* кíсточка, щúколотка
annex [éнекс] *n* додáток, прибудóва, крилó; *v* приє́днувати, анексувáти
annexation [енексéйшн] *n* приє́днáння, анéксія
annihilate [инає́лейт] *v* знúщувати, касувáти
annihilation [инаелéйшн] *n* знúщення, скасувáння, усýнення

anniversary [енивиóрсири] *n* річни́ця, рокови́ни; *adj* щорі́чний, рі́чний

annotate [éноутейт] *v* анотува́ти, відміча́ти, роби́ти нота́тки

annotation [еноутéйшн] *n* анота́ція, примі́тка до чо́гось, тлума́чення

announce [инáунс] *v* оголо́шувати, заявля́ти, повідомля́ти

announcement [инáунсмент] *n* оголо́шення, об'я́ва, повідо́млення

annoy [инóй] *v* надокуча́ти, набрида́ти, дратува́ти, серди́ти

annoyance [инóенс] *n* доса́да, роздратува́ння, набрида́ння

annual [éн'юел] *adj* щорі́чний, рі́чний; *n* щорі́чник, одноліт́ня росли́на

anomaly [инóмали] *n* анома́лія

anonymous [инóнимес] *adj* анoнiмний

another [инáзер] *pron indef* ще оди́н, дру́гий, і́нший, нови́й, схо́жий

answer [áнсер] *n* ві́дповідь, запере́чення; *v* відповіда́ти, відзива́тися

ant [ент] *n* мура́шка

antagonism [ентéґонизм] *n* антагонí́зм, ворожне́ча

antenna [ентéне] *n* антéна, щу́пальце, ву́сик

anthem [éнтем] *n* спів, церко́вний хора́л, урочи́ста пі́сня, гімн

antic [éнтик] *n* гротéск, блáзенство, фиглярство; *adj* смішнúй, чуднúй, гротéскний

anticipate [ентúсипейт] *v* передбачáти, передчувáти, прискóрювати

antidote [éнтидоут] *n* протиотрýта

antipathy [ентúпеси] *n* антипáтія

antique [ентíк] *n* старовúнна, антиквáрна річ, твір або пáм'ятка стародáвнього мистéцтва; *adj* дрéвній, старовúнний, антúчний

antiquity [ентúкуети] *n* старовинá, стародáвність, класúчна давнинá, антúчність

antithesis [ентúсисис] *n* антитéза, протистáвлення, контрáст

anxiety [ензáети] *n* тривóга, неспóкій, палкé бажáння

anxious [éнкшис] *adj* стурбóваний, стривóжений, занепокóєний, що пáлко бажáє

any [éни] *pron* якúй-нéбудь, будь-якúй, якúйсь; *adv* ніскíльки, анітрóхи, скíльки-нéбудь, взагалí

anybody [éнибóди] *pron* хто-нéбудь, будь-хто, хтось, всякий, будь-якúй

anyone [éниуан] *pron* хто-нéбудь, хтось, кóжний

anyhow [éнихау] *adv* якúмсь чúном, так або інáкше, будь-якúм спóсобом

anything [енисин] *pron* що-небудь, будь-що, щось, що завгодно

anywhere [ениуеир] *adv* де-небудь, будь-де, десь, де завгодно, всюди, куди завгодно

apart [ипарт] *adv* окремо, нарізно, осторонь

apartment [ипартмент] *n* кімната, приміщення, квартира

apathy [епеси] *n* апатія, байдужість

ape [ейп] *n* людиноподібна мавпа; *v* наслідувати, мавпувати

apex [ейпекс] *n* верхівка, вершина, гребінь, коньок

aphorism [еферизм] *n* афоризм, короткий вислів

apocalypse [ипокелипс] *n* апокаліпсис

apologize [иполеджайз] *v* вибачатися, просити пробачення, перепрошувати

apology [иполеджи] *n* перепрошення, вибачення, пробачення

apostle [ипосл] *n* апостол

apostrophe [ипострефи] *n* апостроф

apotheosis [ипосиоусис] *n* апофеоз, обожнювання, прославляння, канонізація

apparent [иперент] *adj* видимий, очевидний, явний, безсумнівний

apparition [иперейшн] *n* привид, примара

appeal [апіл] *n* заклик, відозва, звернення, прохання; *v* апелювати, звертатися

appear [апіер] *v* показуватися, з'являтися, здаватися, приваблювати

appearance [апіеренс] *n* поява, з'явлення, зовнішність

appease [апіз] *v* заспокоювати, примиряти, полегшувати, вгамовувати

appendix [апендикс] *n* додаток, придаток, червоподібний відросток, апендикс

appetite [епитайт] *n* апетит, інстинктивний потяг, бажання

applaud [апплод] *v* аплодувати, схвалювати (оплесками)

applause [апплоз] *n* аплодисменти, оплески, схвалення (оплесками)

apple [епл] *n* яблуко, яблуня

appliance [апплаєнс] *n* пристосування, прилад, пристрій

applicant [епликент] *n* прохач, претендент, кандидат

application [епликейшн] *n* прикладання, застосування, прохання

apply [апплай] *v* прикладати, застосовувати, звертатися

appoint [апойнт] *v* призначати, наказувати, приписувати

appointment [апойнтмент] *n* призначення, посада, домовлена зустріч

appreciate [ипрішиейт] *v* оцінювати, цінувати

appreciation [ипрішиейшн] *n* оцінювання

apprentice [ипрентис] *n* учень, підмайстер; *v* віддавати в науку

approach [ипроуч] *n* наближення, підхід; *v* наближатися, підходити

approve [ипрув] *n* схвалювати, затверджувати

approximate [ипроксимит] *adj* що знаходиться близько, приблизний

approximate [ипроксимейт] *v* наближатися

apricot [еприкот] *n* абрикоса

April [ейприл] *n* квітень

apron [ейпрон] *n* фартух, запона

aquarium [икуериeм] *n* акваріум

arbitrary [арбитрери] *adj* довільний, примхливий

arch [арч] *n* арка, дуга, склепіння

archaeology [аркиоледжи] *n* археологія

architect [аркитект] *n* архітектор

architecture [аркитекчир] *n* архітектура

archive [аркайв] *n* архів

area [еирие] *n* площа, район, розмах

argue [арг"ю] *v* сперечатися, спорити

argument [арг"юмент] *n* довід, аргумент, спірка

arise [ирайз] *v* виникати, поставати

arithmetic [ирисметик] *n* арифметика, лічба

arm [арм] *n* рука, зброя

armor [а́рмер] *n* озбро́єння, броня́
army [а́рми] *n* а́рмія
around [ира́унд] *adv* всю́ди, скрізь, в окру́жности
arrange [ире́йндж] *v* приво́дити до ладу́, розташо́вувати, влашто́вуватися
arrangement [ире́йнджмент] *n* приве́дення до ладу́, розташува́ння
arrest [ире́ст] *n* затри́мання, аре́шт *v* заарешто́вувати, затри́мувати
arrive [ира́йв] *v* прибува́ти, прихо́дити
arrow [е́роу] *n* стріла́, стрі́лка
art [арт] *n* мисте́цтво, умі́ння, ремесло́
article [а́ртикл] *n* стаття́, пункт, пара́граф
artificial [артифі́шел] *adj* уда́ваний, неприро́дний, шту́чний
artist [арті́ст] *n* худо́жник, мите́ць, арти́ст
as [ез] *pron* яки́й, ко́трий; *adv* як, як напри́клад
ash [ешь] *n* по́піл, зола́
ashore [ишо́р] *adv* до бе́рега
aside [иса́йд] *adv* убік, о́сторонь
ask [аск] *v* пита́ти, попроси́ти, запро́шувати, вимага́ти
asleep [исліп] *adj* спля́чий, онімі́лий
aspect [е́спект] *n* ви́гляд, вид, по́гляд
ass [ес] *n* осе́л, вислю́к
assault [исо́лт] *n* на́пад, ата́ка
assemble [исе́мбл] *v* збира́тися
assembly [исе́мбли] *n* збо́ри, асамбле́я

assign [исáйн] v призначáти, асигнувáти

assignment [исáйнмент] n признáчення, посáда

assist [исíст] v допомагáти, бýти присýтнім

associate [исóушиит] n товáриш, колéга

associate [исóушиейт] v об'éднаний, пов'язаний

association [исóушиейшн] n пов'язаність, асоціáція

assume [ис'юм] v набирáти, набувáти, удавáти

assumption [исáмпшн] n припýщення, зарозумíлість

assure [ишýер] v запевняти, гарантувáти

astonish [истóнишь] v дивувáти, вражáти

astronaut [éстронот] n астронáвт, космонáвт

astronomy [истрóнеми] n астрономíя

asylum [исáйлим] n притýлок, притýлок для божевíльних

at [ет] prep в, бíля, при, на

athlete [éслит] n спортсмéн, атлéт

atlas [éтлес] n географíчний áтлас, каріатíда

atmosphere [éтмесфіер] n атмосфéра

atom [éтем] n áтом, найдрíбніша чáстка

attach [итéч] v прикрíпляти, приклáдати, приéднуватися

attack [итéк] n атáка, нáступ, нáпад

attain [итейн] *v* досягати, добиватися
attempt [итемпт] *n* спроба, намагання; *v* пробувати, намагатися
attend [итенд] *v* бути присутнім, відвідувати
attention [итеншн] *n* увага, уважність
attitude [ётит'юд] *n* відношення, ставлення, поза, постава
attract [итрект] *v* приваблювати, притягати
audible [одебл] *adj* чутний, виразний
audience [одиенс] *n* аудиторія, слухачі, публіка
auditorium [одиторием] *n* зал для глядачів, аудиторія
August [огест] *n* август
aunt [ант] *n* тітка
authentic [осентик] *adj* справжній, достовірний, автентичний
author [осер] *n* автор, письменник, творець
authority [осорити] *n* влада, повноваження, власті, авторитет
authorize [осерайз] *v* уповноважувати, дозволяти
autograph [отеграф] *n* оригінал рукопису
automobile [отемебіл] *n* авто
autumn [отем] *n* осінь
available [евейлебл] *v* приступний, досяжний, що є в наявності

avenge [ивéндж] v мстúтися

avenue [éвинʼю] n дорóга, прохíд, алéя до будúнку

average [éверидж] n серéднє числó, серéдня величинá; adj серéдній, звичáйний

avid [éвид] adj жáдний, жáдібний

avoid [ивóйд] v уникáти, ухилятися

await [иуéйт] v чекáти, ждáти

awake [иуéйк] v прокидáтися, будúти, пробýджувати; adj пúльний, що не спить

award [иуóрд] n ухвáла, присýдження; v присýджувати, нагорóджувати

aware [иуéир] adj обíзнаний, що усвідóмлює

away [иуéй] adv далéко, здалá

awe [о] n благоговíння, страх, трéпет

awful [óфул] adj жахлúвий, страшéнний

awhile [иуáйл] adv на дéякий час, ненадóвго

awkward [óкуед] adj незгрáбний, незрýчний, скрутнúй

axe [екс] n сокúра, колýн; v працювáти сокúрою,

axiom [éксием] n аксіóма

axis [éксис] n вісь

azure [éжер] n блакúть, нéбо, блакúтний, лазýровий

B

baby [бейби] *n* немовля, маля, дитинча
baby-sit [бейбисит] *v* няньчити, доглядати
back [бек] *n* спина, виворіт, спід, корінець; *adj* задній, віддалений; *v* підтримувати, підкріплювати, відступати, задкувати
background [бекграунд] *n* тло, підоснова, підкладка, передумова
backside [бексайд] *n* зад, тильна сторона
backstage [бекстейдж] *adj* закулісний, позалаштунковий
backward [бекуерд] *adv* назад, навпаки; *adj* зворотний, запізнілий, відсталий, забарний
bad [бед] *n* невдача, нещастя, лихо, загибель; *adj* кепський, негарний, розпутний, шкідливий, хворий
badly [бедли] *adv* погано, дуже сильно
bag [бег] *n* мішок, лантух, валіза, торбина
bake [бейк] *v* пектися, випалювати, запікатися
baker [бейкер] *n* пекар
balance [беленс] *n* вага, терези, маятник, баланс; *v* балансувати, зрівноважувати, обмірковувати, порівнювати

bald [болд] *adj* лисий, оголений, простий, неприкрашений, неприхований

ball [бол] *n* м'яч, куля, баль

ban [бен] *n* заборона, анатема; *v* забороняти

band [бенд] *n* стрічка, поясок, обруч, оркестра

bandage [бендидж] *n* перев'язка

bandit [бендит] *n* бандит, розбійник

bang [бен] *n* удар, стукіт; *v* ударитися, стукнутися

banish [бенишь] *v* засилати, проганяти

bank [бенк] *n* берег, насип, вал, мілина, банк

banner [бенер] *n* прапор, стяг, знамено; *adj* найкращий, зразковий, головний

baptize [бептайз] *v* хрестити

bar [бар] *n* плитка, брусок, застава, бар, буфет; *v* засувати, перепинати, перегороджувати, заступати, перешкоджати

barbarian [барбеиріен] *n* варвар; *adj* варварський

barber [барбер] *n* перукар, голяр

bare [беир] *adj* голий, порожній, поношений, простий

barefoot [беирфут] *adj* босоногий

barely [беирли] *adv* ледве, тільки, лише

bargain [баргейн] *v* торгуватися

bark [барк] *n* кора, гавкання; *v* гавкати

barley [барлей] *n* ячмінь
barren [берен] *adj* неродючий, яловий, сухий
barrier [беріер] *n* перепона, перешкода, бар'єр
base [бейс] *n* основа, підстава, база, фундамент, підвалина; *v* засновувати, базувати; *adj* підлий, низький, простий, неблагородний
basic [бейсис] *adj* основний
basically [бейсикли] *adv* по суті, в основному
bath [бас] *n* купання, ванна, лазня
bathe [бейз] *v* купатися, мити
bathroom [басрум] *n* ванна, лазничка
battle [бетл] *n* бій
bazaar [бизар] *n* базар, ринок
be [бі] *v* бути, існувати
beach [біч] *n* пляж, узмор'я, обмілина
beam [бім] *n* промінь, сяєво; *v* сяяти, світити, випромінювати
bear [беир] *n* ведмідь; *v* носити, терпіти, родити
bearable [беиребл] *adj* стерпний
beard [біед] *n* борода, остюк
beast [біст] *n* звір, тварина
beat [біт] *n* удар, биття, коливання, ритм; *v* бити, вдаряти, лупцювати, переважати

beaten [бітн] *adj* побитий, змучений, кований, протоптаний

beautiful [б'ютифул] *adj* вродливий, прекрасний, чудовий

beautify [б'ютифай] *v* прикрашувати

beauty [б'юті] *n* краса, привабливість, розкіш

because [бикоз] *conj* тому що, бо, оскільки

become [бикам] *v* ставати, робитися, личити, годитися

becoming [бикамин] *adj* відповідний, пристойний, належний, елегантний

bed [бед] *n* постіль, ліжко, дно, грядка

beef [біф] *n* яловичина

beer [біер] *n* пиво

beet [біт] *n* буряк

before [бифор] *prep* перед, до; *adv* раніше

beforehand [бифорхенд] *adv* заздалегідь, наперед

beg [бег] *v* просити, благати, жебрати, старцювати

beggar [бегер] *n* жебрак, старець

begin [бигин] *v* починатися

beginner [бигинер] *n* початківець, новак

behave [бихейв] *v* чинити, поводитися

behavior [бихейвієр] *n* поведінка, манери, режим, справність

behead [бихед] *v* обезголовити

behind [бихайнд] *prep* ззаду, після, за

being [біин] *n* існування, буття

belief [биліф] *n* віра, погляд, переконання, думка

believe [билів] *v* вірити, думати, гадати

belittle [билитл] *v* применшувати, принижувати, умаляти

bell [бел] *n* дзвін, крик

bellow [билоу] *v* ревіти, мукати, бушувати, гримати, грюкати; *n* мукання, рев, бушування

belly [бели] *n* живіт, черево, шлунок

belong [билон] *v* належати, стосуватися

belongings [билонгинз] *noun pl* речі, приладдя, пожитки

beloved [билавд] *adj* коханий, любий

below [билоу] *prep* під, нижче, внизу

belt [белт] *n* пояс, ремінь, смуга, зона

bench [бенч] *n* лава, суд

bend [бенд] *v* згинатися, напружувати, підкорятися

beneath [биніз] *adv* внизу; *prep* нижче, під

benediction [бенидикшн] *n* благословення

benefaction [бенифекшн] *n* пожертва, добродіяння, милість

beneficent [бенифишент] *adj* добродійний, благотворний

beneficial [бенифишл] *adj* догідний, корисний, благотворний, спасенний

benefit [бенифит] *n* користь, вигода, прибуток

bent [бент] *adj* зігнутий, похилений
berry [бери] *n* ягода, зернятко
beside [бисайд] *prep* коло, поруч з, крім, мимо, повз
bet [бет] *n* заклад, ставка
betray [битрей] *v* зраджувати, обманювати, виявляти
betrayal [битреєл] *n* зрада, обман
between [битуін] *prep* між, серед
beverage [бевередж] *n* напій
beware [биуеир] *v* стерегтися
bewilder [биуйлдер] *v* заплутувати, бентежити, спантеличувати
bewitch [биуйч] *v* зачаровувати, обворожити
beyond [бийонд] *prep* по той бік, за, поза; *adv* вдалині
bias [баєс] *n* упередження, схильність
biased [баєст] *adj* упереджений, тенденційний
bicycle [байсикл] *n* ровер, велосипед
bid [бид] *v* наказувати, запрошувати
big [биг] *adj* великий, просторий, високий, широкий
bikini [бикини] *n* бікіні
bind [байнд] *v* в'язати, оправляти
birch [биерч] *n* береза, різка
bird [биерд] *n* птах
birth [биерс] *n* народження, роди, початок, джерело

bit [бит] *n* кусо́к, шмато́к, све́рдлик, вуди́ла

bite [байт] *v* куса́тися, жа́лити, коло́ти, трави́ти; *n* укус, клюва́ння, їдкість

bitter [би́тер] *adj* гірки́й, розлю́чений, лю́тий

bitterness [би́тернис] *n* гіркота́, лють

black [блек] *adj* чо́рний, те́мний

blackmail [бле́кмейл] *v* шантажува́ти

blame [блейм] *v* га́нити, вважа́ти ви́нним

blank [бленк] *n* пробі́л, пустота́; *adj* пусти́й, чи́стий, безта́мний, збенте́жений, по́вний, суці́льний

blasted [бла́стид] *adj* зруйно́ваний, зни́щений, пошко́джений

bleak [блік] *adj* похму́рий, відкри́тий, холо́дний, сумни́й

bleeding [блі́дин] *n* кровоте́ча, кровопуска́ння

blend [бленд] *v* змі́шуватися

bless [блес] *v* благословля́ти, осві́чувати

blessing [бле́син] *n* благослове́ння, моли́тва, блаже́нство

blind [блайнд] *adj* сліпи́й, невира́зний; *v* осліплювати, затемнювати

blink [блинк] *v* морга́ти, жму́ритися, блима́ти

block [блок] *v* загоро́джувати, перешкоджа́ти

blood [блад] *n* кров

bloom [блум] *n* цвіт, розквіт, рум'янець
blow [блóу] *n* удар, стусáн, пóдув, дуття́; *v* дýти, вíяти, роздувáти, пи́хкати, сурми́ти
blue [блу] *adj* си́ній, понýрий
blush [блашь] *v* червонíти
boat [бóут] *n* чóвен, сýдно, пароплáв
body [бóди] *n* тíло, кóрпус, мáса, си́ла
boil [бóйл] *v* кип'яти́тися, вари́тися
bold [бóулд] *adj* смілúвий, чітки́й, самовпéвнений
bondage [бóндидж] *n* рáбство, кріпáцтво, залéжність
bone [бóун] *n* кість
book [бук] *n* кни́га
bookkeeper [бýккіпер] *n* рахівни́к
bookstore [бýкстор] *n* книгáрня
boot [бут] *n* чóбіт, ди́би, кóристь
booth [буз] *n* бýдка, кіóск
border [бóрдер] *n* облямíвка, край; *v* межувáти, обшивáти
bore [бор] *v* свердли́ти, розтóчувати, надокучáти
boredom [бóрдем] *n* нудьгá
boring [бóрин] *adj* надокýчливий
born [борн] *adj* нарóджений
borrow [бóроу] *v* позичáти
both [бóус] *pron* обúдва
bother [бóзер] *n* турбóта, клóпіт; *v* непокóїтися, надокучáти, хвилювáтися

bothersome [бозерсам] *adj* надокучливий, неспокійний

bottle [ботл] *n* пляшка

bottom [ботм] *n* дно, низ, основа

boundary [баундри] *n* границя, межа, кордон

bow [боу] *n* дуга, лук, райдуга

bow [бау] *n* краватка-метелик; *v* клянятися, гнутися, схилятися

bowl [боул] *n* миса, келих, кубок, куля

box [бокс] *n* коробка, скриня, купе, удар

boy [бой] *n* хлопець, парубійко

braid [брейд] *n* коса, тасьма

brain [брейн] *n* мозок, глузд, розум

branch [бранч] *n* галузь, гілка, філія, відділ, рукав

brave [брейв] *adj* хоробрий, сміливий

bravery [брейвери] *n* хоробрість, мужність

bread [бред] *n* хліб, їжа

breadth [бредс] *n* ширина, широта

break [брейк] *n* отвір, тріщина, розрив; *v* ламатися, розходитися, переривати, ослабити

breakfast [брекфест] *n* сніданок

breast [брест] *n* груди

breath [брес] *n* дихання, повівання

breathe [бріз] *v* дихати, жити, існувати, вимовляти, виражати

breathing [брізинг] *n* дихання, подув

breed [брід] *n* порода, плем'я, виводок, покоління; *v* породжувати, виводити, виховувати

breeze [бріз] *v* віяти, продувати

breezy [брізи] *adj* прохолодний, свіжий, жвавий

bribe [брайб] *n* підкуп, хабар *v* підкупати

bribery [брайбери] *n* хабарництво

bride [брайд] *n* молода, наречена

bridge [бридж] *n* міст, кобилка

brief [бріф] *adj* короткий, стислий

bright [брайт] *adj* ясний, блискучий, прозорий, здібний

brighten [брайтн] *v* прояснятися, кращати, чистити

brilliant [бріліент] *adj* блискучий, яскравий

bring [брин] *v* приносити, приводити

bringing-up [брингин-ап] *n* виховування, вигодовування

brisk [бриск] *adj* жвавий, меткий, свіжий, шипучий

broad [брод] *adj* широкий, просторий, загальний

broadcast [бродкаст] *adj* розкиданий, посіяний, радіомовний

broken [броукн] *adj* розбитий, ламаний, переривчатий, нестійкий

broom [брум] *n* мітла, віник

brother [бразер] *n* брат

brother-in-law [бра́зерінло] *n* зять, своя́к, ді́вер

brow [бра́у] *n* брова́

brown [бра́ун] *adj* корі́чневий, бу́рий, смугля́вий

brush [брашь] *n* щі́тка, пе́нзель, куші́, чагарни́к

brutal [брутл] *adj* брута́льний, жорсто́кий

bucket [ба́кит] *n* відро́, черпа́к

buckwheat [ба́куіт] *n* гре́чка

bud [бад] *n* бру́нька, пу́п'янок

build [билд] *v* будува́ти, спору́джувати, ство́рювати, засно́вувати

building [бі́лдин] *n* буді́вля, спору́да

bump [бамп] *n* су́тичка, о́пух, ви́гин; *v* ударя́тися, штовха́ти

bun [бан] *n* бу́лочка, ву́зол

bunch [банч] *n* в'я́зка, па́чка

burden [бие́рдн] *n* тяга́р, вага́, тонна́ж; *v* обтя́жувати, навантажувати

burdensome [бие́рднсем] *adj* обтя́жливий, тяжки́й, при́крий

burial [бе́ріел] *n* по́хорон

burn [биерн] *v* горі́ти, пала́ти, припіка́ти

burning [бие́рнин] *n* горі́ння, обпа́лювання, припіка́ння; *adj* гаря́чий, пала́ючий, пеку́чий

burst [биерст] *v* ло́пнути, розрива́тися, вибуха́ти

bury [бе́ри] *v* хова́ти, зарива́ти в зе́млю

bush [бушь] *n* кущ, чагар
business [бізнис] *n* справа, діло, зайнятість
busy [бізи] *adj* зайнятий, діяльний, пожвавлений, метушливий
but [бат] *conj* але, а, однак, проте; *adv* тільки, лише; *prep* крім, лише
butcher [бучер] *n* м'ясник
butter [батер] *n* масло
butterfly [батерфлай] *n* метелик
button [батн] *n* ґудзик
buy [бай] *v* купувати, підкупляти
by [бай] *prep* коло, біля, при, вздовж, повз, мимо, через
bygone [байґон] *adj* минулий, колишній
bystander [байстендер] *n* очевидець, глядач

C

cabbage [кебідж] *n* капуста
calamity [килемити] *n* лихо, нещастя, біда
calculate [келк'юлейт] *v* підчислювати, розраховувати, калькулювати
calculation [келк'юлейшн] *n* підрахунок, розрахунок, обдумування
calendar [келендер] *n* календар, показник, реєстр
calf [каф] *n* теля, маля

call [кол] *v* кликати, гукати, звати; *n* поклик, відвідини, візита

calm [кам] *adj* спокійний, тихий, мирний; *v* заспокоювати

camel [кемл] *n* верблюд

camera [кемера] *n* фотоапарат

camp [кемп] *n* табір

campaign [кемпейн] *n* похід, кампанія

can [кен] *v* могти, уміти; *n* бляшанка, банька, відро

cancel [кенсл] *v* скасовувати, анулювати, погашати

candid [кендид] *adj* відвертий, прямий, безсторонній

candle [кендл] *n* свічка

candy [кенди] *n* цукерок, леденець

canned [кенд] *adj* консервований

cap [кеп] *n* шапка, ковпак, кашкет

capability [кейпебіліти] *n* здатність, спроможність, умілість

capable [кейпебл] *adj* здатний, умілий

capacity [кепесити] *n* місткість, ємкість, обсяг, здібність, спроможність

capital [кепітл] *n* столиця; *adj* головний, основний, найважливіший

captive [кептив] *n* бранець, полонений; *adj* полонений

captivity [кептівити] *n* полон

capture [кепчир] *n* захоплення, здобич; *v* захоплювати, приваблювати, привертати

car [кар] *n* а́вто
card [кард] *n* ка́рта
care [ке́ир] *n* до́гляд, піклува́ння, турбо́та, ува́жність; *v* піклува́тися, турбува́тися, догляда́ти, ціка́витися
careful [ке́ирфул] *adj* стара́нний, дбайли́вий, турбо́тливий, акура́тний
carefully [ке́ирфули] *adv* дба́йливо, стара́нно, ува́жно
careless [ке́ирлис] *adj* необере́жний, легкова́жний
carnivorous [карни́верес] *adj* м'ясої́дний
carpet [ка́рпит] *n* ки́лим
carriage [ке́ридж] *n* вагоне́тка, каре́тка, екіпа́ж
carrot [ке́рет] *n* мо́рква
carry [ке́ри] *v* носи́ти, везти́, продо́вжувати
carve [карв] *v* рі́зати, гравірува́ти, виті́сувати
case [кейс] *n* ви́падок, обста́вина, до́кази, скри́ня
cash [кешь] *n* готі́вка, гро́ші
cassette player [ке́сет пле́ер] *n* програва́ч касе́т
cast [каст] *v* мета́ти, ки́дати; *n* ки́дання, литво́, фо́рма
castle [касл] *n* за́мок, тверди́ня
casual [ке́жуел] *adj* випадко́вий, ненави́сний

casualty [кéжуелти] *n* аварія, втрати
cat [кет] *n* кіт
catastrophe [китéстрефи] *n* катастрофа, загибель, лихо, випадок
catch [кеч] *v* ловити, піймати, затримати, схопити, зрозуміти; *n* улов, спіймання, захват, клямка
cathedral [кесідрел] *n* собор
causal [козл] *adj* причинний, кавзальний
cause [коз] *n* причина, підстава, мотив, справа
caution [кошн] *n* обережність, осторога, передбачливість
cautious [кошес] *adj* обережний, передбачливий, уважливий
cave [кейв] *n* печера, порожнина, западина
cavity [кéвити] *n* тріщина, западина, порожнина
cease [сіс] *v* переставати, зупиняти
ceiling [сілин] *n* стеля
celebrate [силибрейт] *v* святкувати, прославляти
celebrity [силéбрити] *n* слава, популярність, знаменитість
celestial [силéсчел] *adj* небесний
center [сéнтер] *n* центр, середина; *adj* центральний
certain [сіертн] *adj* упевнений, якийсь

certainly [сиéртнли] *adv* звичáйно, напéвно, слýшно

certify [сиéртифай] *v* посвíдчувати, ручáтися, ствéрджувати

chain [чейн] *n* ланцю́г, кайдáни, пýта; *v* скóвувати

chair [чéир] *n* крíсло, стілéць

challenge [чéлиндж] *n* вúклик

chance [чанс] *n* можлúвість, удáча, нагóда, вúпадок, шанс, ймовíрність

change [чейндж] *v* міня́тися, переодягáтися, розмíнювати

changeable [чéйнджебл] *adj* мінлúвий, нестáлий, перемíнний

chaos [кéйос] *n* безлáддя, хáос

character [кéриктер] *n* харáктер, репутáція, рóля

characteristic [керектерíстик] *n* характерúстика, особлúвість, властúвість; *adj* характéрний

charge [чардж] *n* відповідáльність, дóгляд, піклувáння, турбóта, винá, атáка; *v* доручáти, вимагáти, накáзувати, прáвити

charitable [чéритебл] *adj* добродíйний, щéдрий, милосéрдний

charity [чéрити] *n* добродíйність, милосéрдя

charm [чарм] *n* чарíвність, чáри

charming [чáрмин] *adj* чарíвний

chase [чейс] *v* гнáтися, переслíдувати

chastise [честайз] v карати, бити, сварити
chastity [честити] n невинність, цнотливість
chat [чет] v балакати, базікати
cheap [чіп] adj дешевий
cheat [чіт] v обманювати, ошукувати, шахрувати
check [чек] n чек, перевірка, затримка, контроля; v зупиняти, стримувати
cheek [чік] n щока
cheerful [чіерфул] adj бадьорий, веселий, ясний
cheese [чіз] n сир
cherry [чери] n вишня
chew [чу] v жувати, обдумувати
chicken [чикин] n курча, пташеня
chief [чіф] n вождь, провідник, ватажок; adj головний, основний
child [чайлд] n дитина, дитя
childhood [чайлдхуд] n дитинство
childish [чайлдишь] adj дитячий, хлопчачий
chill [чил] n холод, простуда; v студити, охолоджувати, морозити; adj холодний
chilly [чили] adv холодно
chin [чин] n підборіддя
choice [чойс] n вибір; adj добірний, кращий
choke [чоук] v душити, задихатися, погасити, переборювати

choose [чуз] *v* вибирáти, волíти
chop [чоп] *v* рýбати, кришúти, нарíзувати
Christian [крúсчен] *adj* християнський
church [чиёрч] *n* цéрква
circle [сиёркл] *n* кóло, круг, грýпа; *v* обертáтися, отóчувати, циркулювáти
circular [сиёрк'юлер] *adj* крýглий, коловúй
circulation [сиерк'юлéйшн] *n* кругооборóт, óбіг
circumference [серкáмференс] *n* обстáвина
circus [сиёркес] *n* цирк
cite [сайт] *v* цитувáти, посилáтися
citizen [сúтизн] *n* громадянúн
citizenship [сúтизншип] *n* громадянство
city [сúти] *n* велúке мíсто
civic [сúвик] *adj* громадянський
civil [сивл] *adj* цивíльний
claim [клейм] *n* вимóга, позóв, претéнсія; *v* вимагáти, заявлáти
clamor [клéмер] *n* гáлас, шум
clamorous [клéмерес] *adj* шумлúвий, галаслúвий
clarification [клерификéйшн] *n* проя́снення, очи́щення
clarify [клéрифай] *v* очищáтися, проясня́тися, з'ясóвувати
clarity [клéрити] *n* чистотá, я́сність, прозóрість

clasp [класп] *n* пря́жка, застібка, по́тиск, обійма́ння; *v* сти́скувати, застіба́ти, обійма́ти

class [клас] *n* кля́са, ро́зряд, гру́па

classic [класик] *adj* кляси́чний, зразко́вий

classify [кля́сифай] *adj* клясифікува́ти

clean [клин] *adj* чи́стий, оха́йний, непоро́чний; *v* чи́стити

clear [клі́ер] *adj* прозо́рий, ясни́й, чи́стий, ві́льний, зрозумі́лий; *v* очища́ти, проясня́тися, з'ясо́вувати; *adv* я́сно, зо́всім, цілко́м

clearly [клі́ерли] *adv* очеви́дно, безсу́мнівно, я́сно

clever [кле́вер] *adj* розу́мний, впра́вний, умі́лий

cleverness [кле́верніс] *n* обдаро́ваність, вмі́ння, зді́бність

cliff [кліф] *n* кру́ча, бе́скид

climb [клайм] *v* підійма́тися, лі́зти, де́ртися

cling [клинг] *v* чіпля́тися, прилипа́ти, горну́тися

clock [клок] *n* годи́нник; *v* озна́чувати

close [кло́уз] *v* закрива́тися, зачиня́ти, кінча́ти; *adj* закри́тий, за́чинений, близьки́й, за́мкнений, заду́шливий; *adv* бли́зько, по́руч

closed [кло́узд] *adj* за́чинений, закри́тий, за́мкнений

cloth [клоз] *n* тканина, полотно
clothe [клоуз] *v* одягати, убирати, вкривати
clothes [клоуз] *noun pl* одяг, убрання
cloud [клауд] *n* хмара
cloudy [клауди] *adj* хмарний, мутний, непрозорий
clue [клу] *n* ключ, спосіб, хід думок
clumsy [кламзи] *adj* неохайний, незграбний, нетактовний
clutch [клач] *n* затискач, спрягло; *v* схоплювати, стиснути, хватати
coarse [корс] *adj* шорсткий, крупний, нечемний
coast [коуст] *n* узбережжя
coat [коут] *n* плащ, пальто
cock [кок] *n* півень
coffee [кофи] *n* кава
coffin [кофин] *n* труна
cognition [когнишн] *n* пізнання
coherent [коухієрент] *adj* зв'язний, послідовний, зрозумілий, ясний
coin [койн] *n* монета
coincide [коуинсайд] *v* збігатися, покриватися
coincidental [коуинсидентл] *adj* збіжний, випадковий
cold [коулд] *n* холод, простуда; *adj* холодний

collapse [колепс] *v* руйнуватися, завалюватися, занепадати

collect [келект] *v* збирати, призбірувати

colloquial [келоукуіел] *adj* розмовний, нелітературний

color [калер] *n* колір, фарба, колорит

colored [калерд] *adj* кольористий, пофарбований, барвистий

colorless [калерлис] *adj* безбарвний, блідий

comb [коум] *n* гребінь, чесалка, скребло; *v* чесати, розчісувати

combination [комбінейшн] *n* сполучення, поєднання

combine [кембайн] *v* об'єднуватися, сполучатися, комбінувати

come [кам] *v* приходити, прибувати, траплятися, досягати

comfort [камферт] *n* вигода, комфорт, зручність; *v* утішати, заспокоювати, розраджувати

comfortable [камфертебл] *adj* зручний, затишний, привітний, задоволений, вигідний

coming [камин] *n* прихід, прибуття; *adj* майбутній, наступний, прийдешній

command [киманд] *v* командувати, наказувати, володіти, керувати

commemorate [кимемерейт] *v* святкувати, відзначувати

commemorative [кимéмеретив] *adj* пáм'ятний

comment [кóмент] *v* коментувáти, запримíчувати, зувáжити

commerce [кóмерс] *n* торгíвля, комéрція

commission [комíшн] *n* повновáження, дорýчення, комíсія

common [комн] *adj* загáльний, спíльний, звичáйний

communicate [кем'юникейт] *v* повідомляти, передавáти

communication [кем'юникéйшн] *n* сполýчення, зв'язóк

community [кем'юнити] *n* громáда

compact disk [кóмпект диск] *n* компактдúск

comparative [кемпéратив] *adj* порівняльний, віднóсний

comparison [кемпéрисн] *n* порівняння

compassion [кемпéшн] *n* жаль, співчуття, милосéрдя

compassioned [кемпéшнд] *adj* співчутлúвий, милосéрдний

compensate [кóмпенсейт] *adj* винагорóджувати, відшкодóвувати, компенсувáти

compete [кемпíт] *v* змагáтися, конкурувáти

complain [кимплéйн] *v* скáржитися, нарікáти, жалíтися

complaint [кимплéйнт] *n* скáрга, незадовóлення, жáлоба, нарікáння complementary [кимплиме́нтри] *adj* додатко́вий, доповня́льний, попо́внений

complete [кемпли́т] *adj* закі́нчений, по́вний; *v* закі́нчувати, заве́ршувати

complicate [ко́мпликейт] *v* ускла́днюватися, заплу́тувати

complicated [ко́мпликейтид] *adj* ускла́днений, заплу́таний, замо́таний

compliment [ко́мплимент] *n* похва́ла, прия́зність, комплі́мент, приві́т, поздоро́влення

compose [кемпо́уз] *v* склада́ти, компонува́ти

composed [кемпо́узд] *adj* стри́маний, споко́йний

composition [компези́шн] *n* склада́ння, побудо́ва, утво́рення, компойи́ція

composure [кемпо́ужир] *n* спо́кій, холоднокро́вність, самоволоді́ння

compound [компа́унд] *adj* складо́вий, складни́й

comprehend [компрехе́нд] *v* розумі́ти, збагну́ти

comprehensive [компрехе́нсив] *adj* тямки́й, розумо́вий

comprise [кемпра́йз] *v* вміща́ти, охо́плювати

compulsory [кемпа́лсери] *adj* примусо́вий, обов'язко́вий

compute [кемп'ю́т] *v* рахува́ти, обчисля́ти

comrade [комрид] *n* товариш
conceal [кинсіл] *v* приховувати, затаювати, замовчувати
conceited [кинсітид] *adj* зарозумілий, чванькуватий
concentrate [консентрейт] *v* зосереджуватися
concept [консепт] *n* поняття, ідея
concern [кинсиерн] *v* відноситися, стосуватися, цікавитися, тривожитися; *n* турбота, хвилювання, участь
concert [консерт] *n* концерт, згода, домовленість
conciliation [кенсилиейшн] *n* примирення, заспокоєння
concise [кенсайс] *adj* чіткий, стислий, короткий
conclude [кенклуд] *v* укладати, закінчуватися, вирішувати
conclusion [кенклужн] *n* закінчення, укладення, наслідок
conclusive [кенклусив] *adj* заключний, кінцевий, остаточний, переконливий
condemn [кендем] *v* засуджувати, обвинувачувати
condemnation [кондемнейшн] *n* осуд, засудження
condition [кендишн] *n* умова, стан
conditional [кендишнел] *adj* умовний
condolence [кендоуленс] *n* співчуття

conduct [кóндакт] *n* поведíнка, керувáння;
conduct [кендáкт] *v* вéсти, супровóдити, керувáти

confer [кинфиéр] *v* надавáти, обговóрювати, рáдитися

confess [кинфéс] *v* признавáтися, визнавáти, сповідáтися

confession [кинфéшн] *n* визнáння, спóвідь

confidence [кóнфиденс] *n* довíр'я, упéвненість

confident [кóнфидент] *adj* довíрливий, упéвнений

confidential [конфидéншел] *adj* секрéтний, довíрчий

confirm [кенфиéрм] *v* підтвéрджувати, ратифікувáти

conflict [кóнфликт] *n* конфлíкт, сýтичка, супéречність

conform [кенфóрм] *v* зважáти, погóджуватися, підкорятися

confront [кенфрóнт] *v* протистоя́ти, зіставля́ти

confuse [кенф'ю́з] *v* спантели́чувати, замо- тáти, помішáти

confused [кенф'ю́зд] *adj* безлáдний, збентéжений, сплýтаний, незв'я́зний

congested [кинджéстид] *adj* перенасéлений

congratulate [кингрéт'юлейт] *v* поздоровля́ти

congratulation [кингрет'юлейшн] *n* поздоровлення

congregate [конгригейт] *v* збиратися, сходитися, скупчуватися

connect [кинект] *v* сполучатися, з'єднуватися

connected [кинектид] *adj* сполучений, зв'язаний

conquer [конкер] *v* завойовувати, підкоряти, перемагати

conquest [конкест] *n* завоювання, підкорення

conscience [коншенс] *n* совість, сумління

conscientious [коншіеншес] *adj* сумлінний, совісний

conscious [коншес] *adj* свідомий

consciousness [коншеснис] *n* свідомість, притомність

consecrate [консекрейт] *v* посвячувати

consecutive [кинсек'ютив] *adj* послідовний

consent [кинсент] *v* погоджуватися, дозволяти

consequence [консикуенс] *n* наслідок, висновок, значення

consequently [консикуентли] *adv* отже, тому, в результаті

consider [кенсидер] *v* розглядати, обдумувати, вважати, гадати

consideration [кенсидерейшн] *n* міркування, підстава, розгляд, уважність, виногорода

consist [кенси́ст] v складатися
consistency [кенси́стенси] n послідовність, погодженість, постійність, сумісність
consistent [кенси́стент] adj послідовний, стійкий, погоджений, твердий
consolation [консолейшн] n утіха, розрада
consonance [ко́нсененс] n співзвуччя, погодженість
conspiracy [конспі́ресі] n змова, конспірація
constancy [ко́нстенси] n постійність, сталість
constant [ко́нстент] adj постійний, сталий
constitute [ко́нстит'ют] v утворювати, становити, вибирати
construct [кинстра́кт] v будувати, споруджувати, складати
construction [кинстра́кшн] n будівництво, споруджування, складання
constructive [кинстра́ктив] adj будівний, конструктивний, творчий
consult [кинса́лт] v радитися, довідуватися, зважити
consultation [конселтейшн] n нарада, консультація
consume [кенс'ю́м] v споживати, з'їдати, поглинати, винищувати
contact [ко́нтект] n дотик, контакт, знайомства

dear [діер] *adj* дорогий, любий, милий, коханий

death [дес] *n* смерть

debate [дибейт] *v* обговорювати, дискутувати, обмірковувати

debt [дет] *n* борг, заборгованість

decade [декейд] *n* десятиріччя, десяток

decay [дикей] *v* гнити, псуватися, занепадати

decease [дисіс] *n* смерть; *v* вмирати

deceive [дисів] *v* обманювати

December [дисембер] *n* грудень

decent [діснт] *adj* порядний, чесний, скромний, милий

decide [дисайд] *v* вирішувати

decided [дисайдид] *adj* рішучий, вирішений, безсумнівний

decision [дисіжн] *n* рішення, рішучість, вирок

declare [диклеир] *v* заявляти, проголошувати, визнавати

decline [диклайн] *v* відхиляти, відмовлятися, гіршати

decorate [декерейт] *v* прикрашати, нагороджувати

decrease [дикріс] *v* зменшуватися

dedicate [дедикейт] *v* присвячувати

deduct [дидакт] *v* віднімати, відраховувати

deduction [дидакшн] *n* віднімання, висновок, відрахування

deed [дід] *n* дія, вчинок, діло, акт
deep [діп] *adj* глибокий, заглиблений, темний
defeat [дифіт] *v* розбивати, завдавати поразки
defect [дифект] *n* хиба, вада, недолік, пошкодження
defend [дифенд] *v* оборонятися, захищати
deficient [дифішент] *adj* недостатній, недосконалий
definite [дефінит] *adj* визначений, певний, чіткий, ясний
definition [дефінишн] *n* визначення, виразність, чіткість
degree [дигрі] *n* ступінь, міра
delay [дилей] *v* баритися, запізнюватися, затримувати, зволікати; *n* зволікання, затримання
deliberate [дилиберит] *adj* навмисний, обережний;
deliberate [дилиберейт] *v* обмірковувати, обговорювати, радитися
delicate [делікит] *adj* чутливий, ніжний, чулий, делікатний
delicious [дилішес] *adj* чудовий, смачний
delight [дилайт] *v* захоплюватися, втішатися; *n* захоплення, насолода, задоволення
deliver [диливер] *v* розносити, доставляти, виголошувати

dew [д'ю] *v* зрошувати, змочувати, вкривати росою

diagram [даєґрем] *n* схема, графік

dial [даєл] *v* вказувати на цифернику, набирати номер

dialogue [даєлоґ] *n* діялог, розмова

diamond [даємєнд] *n* алмаз, бриліянт, ромб

diary [даєри] *n* щоденник

dictate [диктейт] *v* диктувати, наказувати; *n* наказ, розпорядження

dictionary [дикшенри] *n* словник

die [дай] *v* умирати, засихати, заглухнути

diet [даєт] *n* їжа, харч, дієта

differ [дифер] *v* різнитися, розходитися, сперечатися

difference [дифренс] *n* різниця, відмінність, неогода, чвари

difficult [дификелт] *adj* трудний, важкий, примхливий

dig [диґ] *v* копати, рити

digestion [диджесчен] *n* травлення, засвоєння знань

digit [диджит] *n* палець, одиниця

dignity [диґнити] *n* гідність, поважність, знать

dilute [дайл'ют] *v* розріджувати, розводити

dim [дим] *adj* тьмяний, невиразний, слабкий

diminish [диминишь] *v* зменшуватися, убувати

dine [дайн] *v* обідати
dinner [ди́нер] *n* обід
dip [дип] *v* занурюватися, поринати; *n* занурювання, поринання
diploma [диплоуме] *n* свідоцтво, диплом
direct [дирéкт] *v* спрямовувати, керувати, направляти, диригувати
direction [дирéкшн] *n* напрям, керування, вказівка
director [дирéктер] *n* управитель, директор
dirt [диерт] *n* грязь, земля, наноси
dirty [диерти] *adj* брудний
disabled [дисéйблд] *adj* непрацездатний, інвалідний, покалічений
disadvantage [диседва́нтидж] *n* невигідність, завада, несприятливість, шкідливість
disagree [дисегрі́] *v* не згоджуватися, суперечити
disappear [дисепíер] *v* зникати, пропадати, щезати
disappoint [дисепо́йнт] *v* розчаровувати, не справджувати
disaster [диза́стер] *n* лихо, нещастя
disbelief [дисбиліф] *n* сумнів, невіра, недовір'я
discharge [дисча́рдж] *v* випускати, вивантажувати, виливати, розряджати; *n* постріл, витікання, вивантажування, виправдання

contagious [кентéйджес] *adj* заразливий, інфекційний
contain [кентéйн] *v* вміщáти
contemporary [кентéмперери] *adj* сучáсний
contempt [кентéмпт] *n* зневáга, презирство
content [кóнтент] *n* зміст, суть
content [кентéнт] *adj* задовóлений
contest [кóнтест] *n* супéрництво, змагáння
continent [кóнтинент] *n* материк, континéнт; *adj* стриманий, здéржливий, помірний
continuation [кинтин'юéйшн] *n* продóвження, понóвлення
continue [кинтин'ю] *v* продóвжуватися, тягтися
continuity [контин'юити] *n* безперéрвність, нерозривність, послідóвність
continuous [кинтин'юес] *adj* суцільний, безперéрвний, тривáлий
contracted [кинтрéктид] *adj* обумóвлений, скóрочений, стягнений
contradict [кинтредикт] *v* заперéчувати, протистáвити
contradiction [кóнтредикшн] *n* протиріччя, спростувáння, протилéжність
contradictory [кинтредиктери] *adj* супéречний, противний, несумісний
contrary [кóнтрери] *adj* супротивний, протилéжний, несприятливий; *adv* протилéжно, всýпереч

contrast [кóнтрест] *n* протилéжність, контрáст

contribute [кинтрúб'ют] *v* внóсити, віддавáти, причинятися, співробíтничати

contribution [кóнтриб'юшн] *n* сприяння, внéсок, співробíтництво, вклад

control [кинтрóул] *n* нáгляд, перевíрáння; *v* перевіряти, наглядáти, контролювáти

convenient [кинвíньент] *adj* придáтний, зрýчний, підхóжий, догíдний

conventional [кенвéншенл] *adj* обумóвлений, звичáйний, загальноприйнятий

conversation [конвиерсéйшн] *n* бéсіда, розмóва

conversational [конвиерсéйшнл] *adj* розмóвний, говірлúвий, балакýчий

convert [кенвиéрт] *v* навертáти, перетвóрювати

convertible [кенвиéртебл] *adj* змíнюваний, оборóтний, відкиднúй

convict [кóнвикт] *n* засýджений, кáторжник

convict [кенвúкт] *v* засýджувати

conviction [кенвúкшн] *n* переконáння, засýдження

convince [кинвúнс] *v* перекóнувати

cook [кук] *v* куховарити, готувáти, варúти

cool [кул] *adj* прохолóдний, холоднувáтий; *v* охолóджуватися, остигáти

copy [копи] *v* копіювати, наслідувати
cordial [кордіел] *adj* сердечний, щирий, серцевий
core [кор] *n* серцевина, середина, осердя, ядро
corn [корн] *n* зерно, зернина
corner [корнер] *n* кут, ріг
corpse [корпс] *n* труп
correct [корект] *adj* правильний, точний, ввічливий; *v* виправляти, карати
correction [корекшн] *n* виправлення, перевиховання
correspond [кореспонд] *v* листуватися
correspondent [кореспонденс] *adj* згідний, відповідний
corrupt [кирапт] *adj* зіпсований, продажний, перекручений; *v* псуватися, розбещуватися, підкуповувати, гнити
cost [кост] *n* вартість, ціна; *v* коштувати
costly [костли] *adj* цінний, дорогий, пишний
cosy [коузи] *adj* затишний, приємний
cough [коф] *n* кашель; *v* кашляти
councel [каунсел] *n* обговорення, обмірковування, порада
count [каунт] *v* рахувати
counter [каунтер] *n* прилавок; *adj* протилежний; *adv* назад, проти, всупереч

country [ка́унтри] *n* краї́на, периферія, ба́тьківщи́на

couple [капл] *n* па́ра

courage [ка́ридж] *n* відва́га, му́жність, смі́ли́вість, хоро́брість

courageous [кире́йджис] *adj* сміли́вий, хоро́брий, му́жній

course [корс] *n* курс, на́прям, пере́біг, хід

courteous [кие́рчес] *adj* вві́чливий, че́мний

courtesy [кие́ртиси] *n* че́мність, вві́чливість

cousin [казн] *n* двою́рідний брат, двою́рідна сестра́

cover [ка́вер] *v* покрива́ти, охо́плювати, звітува́ти; *n* по́кришка, покрива́ло, обкла́динка, за́хист

covered [ка́веред] *adj* покри́тий

cow [ка́у] *n* коро́ва

coward [ка́уерд] *n* боягу́з

crack [крек] *n* тріск, щіли́на; *v* тріща́ти, кла́цати, пролуна́ти

craft [крафт] *n* впра́вність, умі́лість, ремесло́

crash [крешь] *n* гу́ркіт, тріск, крах; *v* розтрощи́ти, розби́ти

crawl [крол] *v* по́взати, пле́нтатися

crayon [кре́єн] *n* кольоро́вий оліве́ць

crazy [кре́йзи] *adj* божеві́льний, безу́мний, недоу́мкуватий

cream [крім] *n* смета́на, крем

create [кріє́йт] *v* твори́ти, ство́рювати

creature [крíчир] *n* створíння, креатýра

credit [крéдит] *n* довíр'я, значéння, пошáна, честь, борг

credit card [крéдит кард] *f* кредиткáрта

credulous [крéд'юлес] *adj* легковíрний, довíрливий

crime [крайм] *n* злóчин

criminal [крíминл] *adj* злочúнний, кáрний, кримінáльний

cripple [крипл] *n* калíка; *v* калíчити, шкутильгáти

crisis [крáйсис] *n* крúза, перелóм

crisp [крисп] *adj* крихкúй, хрусткúй, цілющий, рішýчий

critical [крíтикл] *adj* критúчний, розбíрливий, перелóмний

crop [кроп] *n* урожáй, жнúво, хліб, пýжално

cross [крос] *n* хрест; *v* схрéщуватися, перетинáтися, переправлятися, викрéслювати

crossing [крóсин] *n* перехрéстя, роздорíжжя, перепрáва, хрестовúна

crow [крóу] *n* ворóна

crowd [крáуд] *n* нáтовп; *v* тóвпитися, юрмúтися, тіснúтися

crowded [крáудид] *adj* перепóвнений, натóвплений

crown [крáун] *n* корóна, вінéць, мáківка, тíм'я

crucial [крушьел] *adj* критичний, вирішальний
crude [круд] *adj* сировий, необроблений, грубуватий
cruel [круел] *adj* жорстокий
crush [крашь] *v* роздушувати, товкти, крушити
crusty [красти] *adj* твердий, черствий
cry [край] *v* кричати, плакати
cucumber [к'юкембер] *n* огірок
cultivate [калтивейт] *v* обробляти, розвивати, культивувати
cultivated [калтивейтид] *adj* культурний, оброблений
culture [калчир] *n* культура, оброблювання
cumulate [к'юм'юлейт] *v* збирати, нагромаджувати, скупчувати
cunning [канинг] *n* спритність, хитрість, лукавство; *adj* спритний, хитрий, підступний
cup [кап] *n* чашка, кубок, горнятко
cupboard [кабел] *n* шафка, мисник
cure [к'юер] *v* вилікóвувати, зціплятися
curiosity [к'юериесити] *n* цікавість, допитливість
curl [киерл] *v* витися, кучерявитися; *n* кучер, льокон, завивка, кільце
currency [каренси] *n* валюта, гроші
curse [киерс] *v* клясти, проклинати
cursed [киерст] *adj* проклятий, окаянний

curtain [киертейн] *n* завіса
curve [киерв] *n* крива, вигин, закруглення; *v* гнути, вигинатися
cushion [кушн] *n* подушка, прокладка
custody [кастеди] *n* опіка, охорона, схов, зберігання
custom [кастем] *n* звичай, покупці, замовлення, мито; *adj* митний
cut [кат] *v* різати, стригти, рубати, косити
cutting [катин] *adj* гострий, різкий, пронизливий
cynical [синикел] *adj* цинічний, безсоромний

D

daily [дейли] *adj* щоденний
dairy [дейри] *n* молочарня, маслоробня
daisy [дейзи] *n* стокротка
dale [дейл] *n* долина
damage [демидж] *n* збиток, шкода, пошкодження
damn [дем] *v* проклинати, осуджувати, лаятися
damp [демп] *n* вологість, вогкість; *v* зволожувати, змочувати
dance [данс] *v* танцювати

danger [дейнджер] *n* небезпека, загроза
dangerous [дейнджерес] *adj* небезпечний, загрозливий
dare [деяр] *v* сміти, відважуватися
daring [деярин] *n* сміливість, відвага, безстрашність
dark [дарк] *adj* темний, похмурий, смуглявий
darling [дарлин] *n* коханий, любий; *adj* любий, дорогий, коханий
dart [дарт] *v* кидати, мчати
dash [дешь] *v* розбиватися; *n* порив, напір, натиск, удар, поштовх, риска
data [дейте] *n* дані, відомості, інформація
date [дейт] *n* дата, число, період, строк
daughter [дотер] *n* донька, дочка
daughter-in-law [дотеринло] *n* невістка
dawn [дон] *v* світати, розвиднятися, прояснятися; *n* світанок, ранкова зоря
day [дей] *n* день, доба
daybreak [дейбрейк] *n* світанок
dead [дед] *adj* мертвий, померлий, нерухомий, зів'ялий
deadline [дедлайн] *n* крайній строк
deadly [дедли] *adj* смертельний
deaf [деф] *adj* глухий, глухуватий
deal [діл] *v* обходитися, розподіляти, торгувати
dealer [ділер] *n* торговець

demand [диманд] *v* вимагати, потребувати; *n* вимога, запит, потреба

democracy [димокреси] *n* демократія, демократизм

demolish [димолишь] *v* руйнувати, зносити, нищити

demonstrate [деменстрейт] *v* демонструвати, виявляти, доводити

dense [денс] *adj* густий, щільний, тупий

dent [дент] *n* вибоїна, зуб

dentist [дентист] *n* зубний лікар, дантист

deny [динай] *v* заперечувати, відкидати

depart [департ] *v* від'їжджати, відправлятися, померти

departure [депарчер] *n* від'їзд, відхід, відплиття

depend [депенд] *v* залежати, розраховувати

depict [депікт] *v* зображати, змальовувати, описувати

depression [депрешн] *n* занепад, депресія, смуток, западина

deprivation [депривейшн] *n* позбавлення, втрата

depth [депс] *n* глибина, гущина, хащі

derivation [деривейшн] *n* походження, джерело

derive [дерайв] *v* походити, одержувати, виводити

descend [десенд] *v* сходити, знижуватися, успадковувати

descendant [дисе́ндент] *n* наща́док, пото́мок
describe [диcкра́йб] *v* опи́сувати, зобража́ти
desert [де́зерт] *n* пусте́ля
desert [дизие́рт] *v* покида́ти, залиша́ти
design [диза́йн] *n* за́дум, на́мір, прое́кт
desire [диза́єр] *v* бажа́ти, хоті́ти, вимага́ти
desolate [де́солит] *adj* безлю́дний, залишений, поки́нутий;
desolate [де́селейт] *v* спусто́шувати, розоря́ти, збезлю́дити
despair [диспе́ир] *n* ро́зпач, відча́й
despise [диспа́йз] *v* знева́жати, ста́витися з презі́рством
dessert [дизие́рт] *n* десе́рт
destination [дестине́йшн] *n* призна́чення, приречeність, до́ля
destiny [де́стини] *n* прирéчення, до́ля
destroy [дистро́й] *v* знищувати, руйнува́ти
detach [дите́ч] *v* відділя́тися, відокрeмлюва́ти
detect [дите́кт] *v* виявля́ти, викрива́ти
determine [дитиéрмин] *v* визнача́ти, встано́влювати, виpішувати
devastate [де́вестейт] *v* спусто́шувати, розоря́ти
develop [диве́леп] *v* розвива́тися
development [диве́лепмент] *n* ро́звиток, розгорта́ння, полі́пшення
devil [девл] *n* дия́вол, чорт, ді́дько
devote [диво́ут] *v* присвя́чувати

disclose [дисклоуз] v відкривати, виявляти, показувати

disconnect [дискенект] v роз'єднувати, відокремити

discover [дискавер] v довідуватися, виявляти

discriminate [дискриминейт] v розрізняти, виділяти, розпізнавати

discuss [дискас] v обмірковувати, обговорювати, розглядати

discussion [дискашн] n обмірковування, обговорення, дебати

disease [дизіз] n хвороба, захворювання

disgust [дисгаст] n відраза, огида

dish [диш] n посуд, страва

dishonest [дисонист] adj нечесний, несумлінний

dismiss [дисмис] v відпускати, звільняти, проганяти

disobey [дисебей] v не слухатися, не коритися

disperse [диспиерс] v розвіювати, розганяти, розходитися

display [дисплей] v виставляти, показувати, виявляти

dispute [дисп'ют] v сперити, сперечатися, сваритися, противитися; n спір, суперечка, полеміка

disrespect [дисриспект] n неповага, нешанобливість

dissonance [дисененс] *n* неблагозвучність, невідповідність, розлад

distant [дистент] *adj* віддалений, стриманий, далекий, холодний

distinct [дистинкт] *adj* чіткий, відмінний, особливий, різний

distinguish [дистингуишь] *v* розрізняти, відзначатися, помічати різницю

disturb [дистиорб] *v* непокоїти, турбувати, перешкоджати

dive [дайв] *v* поринати, заглиблюватися, запускати

divide [дивайд] *v* ділитися, відділятися, расходитися

divine [дивайн] *adj* божественний, пророчий

divorce [диворс] *n* розлучення, роз'єднання, розрив

do [ду] *v* готувати, робити, виконувати, заподіювати, годитися, кінчати

doctor [доктер] *n* лікар, доктор

document [док'юмент] *n* документ

dog [дог] *n* пес, собака

doll [дол] *n* лялька

dolphin [долфин] *n* дельфін

domestic [диместик] *adj* домашній, хатній

donate [доунейт] *v* дарувати, жертвувати

donkey [донки] *n* осел

doom [дум] *n* доля, нещасливе призначення

door [дор] *n* двéрі
double [дабл] *adj* двоїстий, подвíйний, здвóєний
doubt [даут] *n* сýмнів; *v* сумнівáтися, не довіря́ти
doubtful [дáутфул] *adj* сумнíвний, підозрíлий, непéвний
doubtless [дáутлис] *adj* безсумнíвно, безперéчно
doughnut [дóунат] *n* пампýшка, обáрінок
dove [дав] *n* гóлуб
down [даун] *adv* вниз, донúзу, нанизý
downfall [дáунфол] *n* повáлення, падíння, крах, злúва
downstairs [дáунстéирз] *adv* вниз, на нúжньому повéрсі
doze [дóуз] *v* дрімáти
drama [дрáме] *n* дрáма
drastic [дрáстик] *adj* рішýчий, сувóрий
draw [дро] *n* волочúти, витягáти, запинáти, рисувáти, випúсувати
drawing [дрóин] *n* рисýнок, малювáння, крéслення
dread [дред] *v* жахáтися, боя́тися
dream [дрім] *n* сон, мрíя; *v* мрíяти, уявля́ти, бáчити сон
dress [дрес] *n* сýкня, óдяг, плáття; *v* одягáтися, причíсувати, прикрáшувати
drill [дрил] *v* тренувáтися, вправля́тися, муштрувáтися

drink [дринк] *n* напій, питво, ковток; *v* пити

drive [драйв] *v* їхати, везти, приводити, рухати

drop [дроп] *n* краплина, капля; *v* опускати, знижувати, пропускати, губити, скинути, щезати

drought [драут] *n* посуха, засуха

drown [драун] *v* тонути, заливати, заглушувати

drug [драг] *n* ліки, медикамент, наркотик

drum [драм] *n* барабан, бубон

dry [драй] *adj* сухий, спраглий, нудний

dry cleaning [драй клінин] *n* хемічна чистка

due [д'ю] *adj* належний, гідний, обумовлений, достойний

dull [дал] *adj* нудний, похмурий, тупий, млявий

dumb [дам] *adj* німий, безсловесний, дурний

duration [д'юрейшн] *n* тривалість

during [д'юерин] *prep* протягом, під час

dusk [даск] *n* присмерк, сутінки

dust [даст] *n* порох, пилок; *v* посипати, запорошувати, витрушувати

duty [д'юти] *n* обов'язок, вартування

dwell [дуел] *v* жити, мешкати, перебувати

dynamic [дайнемик] *adj* активний, енергійний, діючий

E

each [іч] *adj* кожний
eager [ігер] *adj* нетерплячий, палкий, жадібний, завзятий
eagle [ігл] *n* орел
ear [іер] *n* вухо
early [иерли] *adj* ранній, завчасний, скоростиглий
earn [иерн] *v* заробляти, заслуговувати
earring [іеринг] *n* сережка
earth [иерс] *n* земля, суша, суходіл; *v* зариватися, закопувати
earthly [иерсли] *adj* земний
ease [із] *n* невимушеність, легкість, дозвілля; *v* полегшувати, заспокоювати
easily [ізили] *adv* легко, вільно
east [іст] *n* схід
Easter [істер] *n* Великдень
easy [ізі] *adj* легкий, невимушений, спокійний, вільний, гнучкий
eat [іт] *v* їсти
echo [екоу] *n* відгомін, луна
economic [ікиномик] *adj* економічний, господарський
edge [едж] *n* край, вістря, грань; *v* загострювати, підрівнювати, облямовувати
edit [едит] *v* редагувати, працювати
editor [едитер] *n* редактор

educate [ед'юкейт] *v* вихо́вувати, дава́ти осві́ту

education [ед'юкейшн] *n* вихова́ння, осві́та, навча́ння

effect [ифе́кт] *n* на́слідок, вплив, ді́я, вра́ження

efficient [ифи́шент] *adj* умі́лий, дійови́й, спромо́жний, спра́вний

effort [е́форт] *n* зуси́лля, спро́ба, напру́ження, нату́га

egg [ег] *n* яйце́

ego [е́гоу] *n* я, люди́на

egotism [е́гоутизм] *n* еготи́зм, самозако́ханість

eight [ейт] *num* ві́сім

eighteen [ейті́н] *num* вісімна́дцять

either [а́йзер] *adj* оби́два, ко́жний

elaborate [иле́берет] *adj* стара́нно, подрі́бно опрацьо́ваний, розро́блений

elbow [е́лбоу] *n* лі́коть

elect [иле́кт] *v* вибира́ти, обира́ти

electricity [илектри́сити] *n* еле́ктрика

elephant [е́лефнт] *n* слон

elevate [е́ливейт] *v* підно́сити, підніма́ти, поши́рювати

eleven [иле́вн] *num* одина́дцять

eligible [е́лиджибл] *adj* підхо́жий, прида́тний, ба́жаний

eliminate [или́минейт] *v* виключа́ти, лікві́дувати, виділя́ти

eloquent [е́локуент] *adj* красномо́вний, промови́стий

else [елс] *adv* ще, крім

elsewhere [е́лсуеир] *adv* в і́нше мі́сце

elude [илу́д] *v* уника́ти, не прихо́дити в го́лову

embargo [имба́ргоу] *n* заборо́на, емба́рго

embassy [е́мбеси] *n* посо́льство, амбаса́да

embrace [имбре́йс] *v* обніма́тися, охо́плювати, включа́ти; *n* обі́йми

emerge [име́рдж] *v* виявля́тися, вихо́дити

emigrate [е́мигрейт] *v* емігрува́ти, переселя́тися

emotion [имо́ушн] *n* хвилюва́ння, почуття́, емо́ція

emphasis [е́мфесис] *n* на́голос, вира́зність

emphasize [е́мфесайз] *v* підкре́слювати, виріня́ти, наголо́шувати

emphatic [имфа́тик] *adj* емфати́чний, вира́зний, рішу́чий

employ [импло́й] *v* прийма́ти, застосо́вувати, використо́вувати

employee [е́мплоії] *n* службо́вець, працівни́к

employer [импло́ер] *n* працеда́вець

empty [е́мпти] *adj* поро́жній, пусти́й; *v* спорожню́ватися

enchant [инча́нт] *v* зачаро́вувати

enclosure [инкло́ужир] *n* вкла́дка, замика́ння, огоро́жа

encourage [інкáридж] *v* заохóчувати, підбадьóрювати

end [енд] *n* кінéць, край, наслідок, метá; *v* кінчáтися

endless [éндлис] *adj* безкрáїй, нескінчéнний

endorse [индóрс] *v* підтвéрджувати, схвáлювати

endure [инд'юир] *v* витримати, зносити

enemy [éнеми] *n* вóрог, противник

energetic [енерджéтик] *adj* енергíйний, жвáвий

enforce [инфóрс] *v* провóдити, спонýкувати, підсилювати

engage [ингéйдж] *v* займáтися, привертáти, обручити, приваблювати

engine [éнджин] *n* мотóр, машина

engineer [енджинíер] *n* інженéр, машиніст

English [íнглиш] *adj* англíйський

enjoy [инджóй] *v* мáти задовóлення, втішáтися

enlarge [инлáрдж] *v* збíльшуватися, розвóдитися

enough [инáф] *adj* достáтній; *adv* дóсить, дóволі; *pron* достáтня кíлькість

enrich [инрíч] *v* збагáчувати, поповнювати, прикрашáти

enslave [инслéйв] *v* поневóлювати

enter [éнтер] *v* входити, вступáти, записувати

enterprise [éнтерпрайз] *n* підприємство, заповзятливість, ініціативність

entertain [ентертéйн] *v* розважáти, забавляти

enthusiasm [инсýзиазм] *n* захóплення, ентузіáзм

entire [интáер] *adj* цíлий, суцíльний

entity [éнтити] *n* суть, реáльність

entry [éнтри] *n* вхід, внéсення, стаття

enumerate [инýмерейт] *v* перелíчувати

envelope [éнвелоуп] *n* ковéрт, обгóртка, покришка

environment [инваéренмент] *n* середóвище, отóчення

envy [éнви] *n* зáздрість *v* зáздрити

equal [íкуел] *adj* однáковий, рíвний; *v* рівнятися, прирíвнювати

equality [икýолити] *n* рíвність, рівноправність

equalize [икуелáйз] *v* зрíвнювати, робити рíвним

equip [икуíп] *v* устаткóвувати, постачáти, споряджáти

equipment [икуíпмент] *n* устаткувáння, облáднання

equity [éкуити] *n* справедливість, безсторонність

equivalent [икуíвелент] *adj* рівноцíнний, еквівалéнтний

era [íере] *n* добá, éра, епóха

erase [ирейз] *v* стирати, підчищати, викреслювати

err [иер] *v* помилятися, хибити

error [épop] *n* помилка

escape [іскейп] *n* втеча, витік, вихід; *v* врятуватися, вириватися

especial [іспешл] *adj* особливий

especially [іспешели] *adv* особливо, зокрема

espouse [іспауз] *v* одружуватися, віддавати заміж

essay [есей] *n* нарис, стаття, спроба, дослід; *v* намагатися, пробувати

essence [есенс] *n* сутність, істотність

essential [ісеншл] *adj* істотний, головний, необхідний

establish [істеблишь] *v* установлювати, влаштовувати, засновувати

esteem [істім] *n* шанування, повага; *v* поважати, шанувати

estimate [естимит] *n* оцінка, кошторис;

estimate [естимейт] *v* оцінювати, складати кошторис

eternal [итиернл] *adj* вічний, незмінний, постійний

eulogy [юледжи] *n* похвала, вихваляння, траурне слово

Europe [юерп] *n* Европа

evaluate [ивел'юейт] *v* оцінювати, виражати в числах

evaporate [ивéпорейт] v випарóвувати, зникáти, щезáти
eve [ів] n переддéнь
even [івн] adj рíвний, урівновáжений; adv рíвно, якрáз, тóчно
evening [íвнин] n вéчір, вечíрка
event [ивéнт] n подíя, пригóда, нáслідок
eventual [ивéнчуел] adj випадкóвий, можлúвий, кінцéвий
eventually [ивéнчуели] adv зрéштою, кінéць кінцéм
ever [éвер] adv бýдь-коли, зáвжди, колúсь
every [éври] adj кóжний, всякий
everybody [éврибоди] pron кóжний, всі, всяка людúна
everyday [éвридей] adj щодéнний, повсякдéнний
everything [éврисинг] pron все
evidence [éвиденс] n дóказ, очевúдність, свíдчення
evil [івл] adj злий, лиховíсний, шкідлúвий, згýбний; n зло, лúхо, бідá, нещáстя
evolve [ивóлв] v розвивáтися, розгортáтися, виділяти
exact [икзéкт] adj тóчний, акурáтний, доклáдний
exactly [икзéктли] adv якрáз, сáме, тóчно
exaggerate [игзéджерейт] v перебíльшувати, надмíрно підкрéслювати
exam [икзéм] n íспит

example [икзе́мпл] *n* при́клад, зразо́к
exceed [иксі́д] *v* переве́ршувати, переви́щувати
excellent [е́ксєлєнт] *adj* відмі́нний, найкра́щий
except [иксе́пт] *prep* за ви́нятком, крім
exception [иксе́пшн] *n* ви́няток, ві́двід, запе́речення
exchange [иксче́йндж] *v* обмі́нюватися, мі́нятися; *n* обмі́н, ро́змін, бі́ржа
excite [икса́йт] *v* хвилюва́ти, збу́джувати, ви́кликати, дражни́ти, турбува́ти
exclaim [иксклє́йм] *v* вигу́кувати
exclude [ексклу́д] *v* виключа́ти, не допуска́ти
exclusively [ексклу́сивли] *adv* ви́ключно, ті́льки
excuse [икск'ю́з] *v* вибача́ти, проща́ти, звільня́ти
excuse [икск'ю́с] *n* проба́чення, ви́правдання, звільне́ння
execute [е́ксик'ют] *v* вико́нувати, стра́чувати, оформля́ти
exempt [игзе́мпт] *v* звільня́ти
exercise [е́ксєсайз] *n* впра́ва; *v* вправля́тися, навча́тися, користува́тися, виявля́ти
exhausted [игзо́стид] *adj* зму́чений, ви́снажений

exhibit [игзйбит] *n* показ, експонат; *v* виявляти, показувати

exist [игзйст] *v* існувати

existent [игзйстент] *adj* наявний, існуючий

expand [икспанд] *v* поширюватися, розпускатися, розкривати

expect [икспект] *v* очікувати, сподіватися

expectation [експектейшн] *n* чекання, сподівання, імовірність, можливість

expel [икспел] *v* виключати, викидати

expense [икспенс] *n* витрати, видатки

expensive [икспенсив] *adj* дорогий, коштовний

experience [икспіеріенс] *n* життєвий досвід; *v* зазнавати, почувати

expert [експиерт] *n* знавець, експерт; *adj* досвідчений, обізнаний, вправний

expiration [експирейшн] *n* закінчення, видих

expire [икспаер] *v* закінчуватися, видихати, згасати

explain [експлейн] *v* пояснювати

explicit [експлйсит] *adj* точний, ясний, певний

explore [експлор] *v* досліджувати, вивчати, перевіряти

express [икспрес] *n* експрес, термінове відправлення; *v* виражати, означати

extend [икстенд] *v* простягатися, продовжуватися, розширювати

extensive [икстéнсив] *adj* розлóгий, простóрий, обшúрний
external [екстіéрнл] *adj* зовнíшній
extinguish [икстúнгуишь] *v* гасúти, затьмáрювати, вбивáти
extreme [икстрíм] *n* крáйність, протилéжність, протирíччя; *adj* крáйній, надзвичáйний, остáнній
eye [ай] *n* óко, вíчко
eyebrow [áйбрау] *n* бровá
eyelash [áйлешь] *n* вія
eyelid [áйлид] *n* повíка
eyesight [áйсайт] *n* зір
eyewitness [áйуитнис] *n* свідóк, очевúдець

F

fable [фейбл] *n* бáйка, кáзка, вúгадка
fabulous [фéб'юлес] *adj* мітúчний, легендáрний, нечýваний
face [фейс] *n* лицé, облúччя, повéрхня; *v* дивúтися прямо в вíчі, вихóдити, обкладáти
fact [фект] *n* подíя, дíйсність, обстáвина
faculty [фéкилти] *n* здíбність, дар, факультéт
fade [фейд] *v* в'янути, линяти, затихáти

fail [фейл] v зазнати невдачі, не зробити, ухилитися, відмовитися, не виправдати

failure [фейльєр] n невдача, провал, неспроможність, пошкодження

faint [фейнт] adj в'ялий, слабкий, млявий, боязкий, неясний, незначний

fair [феяр] n ярмарок; adj красивий, гарний, справедливий, сприятливий, чималий; adv справедливо, відверто, ввічливо

fairy tale [феіри тейл] n чарівна казка, вигадка

faith [фейс] n віра, вірність, довір'я

faithful [фейсфул] adj вірний, правдивий, правовірний

falcon [фолкен] n сокіл

fall [фол] v падати, знижуватися, осідати, попадати; n падіння, зниження, осінь, перепад, опадання

false [фолс] adj хибний, неправдивий, штучний, віроломний

fame [фейм] n слава, відома популярність

familiar [фемильєр] adj близький, загальновідомий, дружній

family [феміли] n родина, сім'я, рід; adj родинний, сімейний, домашній

family name [феміли нейм] n прізвище, прізвисько

famine [фемин] n голод

famous [феймес] adj славетний, відомий

fan [фен] *n* фанат

fanciful [фенсифул] *adj* примхливий, химерний, капризний

fancy [фенси] *n* уява, пристрасний нахил; *adj* казковий, примхувато-вигадливий, вишукано-прикрашений

fantastic [фентестик] *adj* химерний, фантастичний, уявний

fantasy [фентеси] *n* фантазія, уява

far [фар] *n* значна віддаль; *adj* далекий, віддалений; *adv* далеко

fascinate [фесинейт] *v* чарувати, глядіти з захопленням

fashion [фешн] *n* мода, спосіб, вид, манера; *v* надавати вигляду, формувати, виробляти

fast [фест] *adj* міцний, твердий, тривкий, постійний; *adv* швидко, прудко, хутко

fast [фест] *n* піст, пощення *v* постити, не їсти

fasten [фестн] *v* прикріпляти, зціплювати, спрямовувати

fat [фет] *n* товщ, сало; *adj* товстий, підгодований, масний

fatal [фейтл] *adj* неминучий, згубний, смертельний, нещасливий

fate [фейт] *n* доля, судьба, призначення, загибель

father [фазер] *n* батько, родоначальник

father-in-law [фа́зеринло] *n* тесть, све́кор

fatigue [фети́г] *n* вто́ма, сто́млюваність

fatten [фе́ттен] *v* відгодо́вуватися, товсті́ти

fault [фолт] *n* ва́да, дефе́кт, про́мах, прови́на, пошко́дження

favor [фе́йвер] *n* прихи́льність, схва́лення, ла́ска, послу́га; *v* підтри́мувати, уподі́бнюватися

favorable [фе́йвребл] *adj* сприя́тливий, доброзичли́вий

fear [фі́ер] *n* страх, побо́ювання; *v* боя́тися

fearful [фі́ерфул] *adj* страшни́й, жахли́вий

feast [фіст] *n* пир, свя́то, вшанува́ння

feature [фі́чир] *n* ри́са, прикме́та, озна́ка, власти́вість; *v* зобража́ти, змальо́вувати

February [фе́бруери] *n* лю́тий

feeble [фібл] *adj* кво́лий, слабки́й

feed [фід] *v* харчува́тися, живи́тися; *n* ї́жа, харч, годува́ння

feel [філ] *v* почува́ти, ма́цати, дотика́тися; *n* відчуття́, до́тик

fellow [фе́лоу] *n* люди́на, па́рубок, това́риш

fellowship [фе́лоушип] *n* товари́ство, бра́тство, співу́часть

female [фі́мейл] *n* жі́нка

fertile [фиерта́йл] *adj* родю́чий, плодоно́сний, рясни́й, бага́тий

fervent [фиéрвент] *adj* палки́й, завзя́тий, гаря́чий

festive [фéстів] *adj* святко́вий, ра́дісний, урочи́стий

fever [фі́вер] *n* гаря́чка, лихома́нка, жар

few [ф'ю] *adj* ма́ло, небага́то

fictional [фі́кшенл] *adj* ви́гаданий, фікти́вний

field [філд] *n* по́ле, га́лузь

fifteen [фифті́н] *num* п'ятна́дцять

fifty [фи́фти] *num* п'ятдеся́т

fight [файт] *n* бі́йка, супере́чка, боротьба́; *v* би́тися, боро́тися, змага́тися, воюва́ти

figurative [фи́г'юретив] *adj* фігура́льний, перено́сний, зобража́льний

figure [фи́гер] *v* зобража́ти, фігурува́ти, розрахо́вувати; *n* фігу́ра, по́стать, зобра́ження

fill [фил] *n* доста́тня кі́лькість; *v* наси́чувати, задовольня́ти, спо́внюватися, вико́нувати

final [файнл] *adj* оста́нній, кінце́вий, заклю́чний, цільови́й

finally [фа́йнели] *adv* зре́штою, кіне́ць, остато́чно

find [файнд] *v* знахо́дити, виявля́ти

fine [файн] *adj* хоро́ший, тонки́й, ви́шуканий, прега́рний; *adv* ви́шукано, то́чно, прекра́сно

finger [фи́нгер] *n* па́лець, стрі́лка

fingernail [фи́нгернейл] *n* ні́готь

finish [фи́ниш] *v* кінча́тися, заве́ршуватися, припиня́ти; *n* закі́нчення, обро́блення, заве́ршеність

fire [фа́єр] *n* вого́нь, пожа́р, стріляни́на, жар; *v* запа́люватися, займа́тися, топи́ти, обпа́лювати

firm [фиєрм] *adj* міцни́й, стійки́й, си́льний, ста́лий, рішу́чий

first [фиєрст] *adj* пе́рший, видатни́й, значни́й; *n* поча́ток; *adv* спершу́, споча́тку

fish [фишь] *n* ри́ба; *v* лови́ти ри́бу, шука́ти

fist [фист] *n* кула́к, вказівни́й знак

fit [фит] *v* годи́тися, пасува́ти; *adj* прида́тний, нале́жний, підхо́жий, гото́вий, здоро́вий

five [файв] *num* п'ять

fix [фикс] *v* закріпля́ти, запрова́джувати, виріш́увати, зупиня́ти

fixed [фикст] *adj* нерухо́мий, закрі́плений, постійний, призна́чений

flag [флег] *n* пра́пор, стяг, знаме́но, плита́

flame [флейм] *n* по́лум'я, за́пал, при́страсть; *v* пала́ти, полуменіти, рум'яніти

flat [флет] *n* рівни́на, площина́; *adj* пло́ский, горизонта́льний, рі́вний, прями́й, нудни́й

flatter [флéтер] v лестити, удавати, пестити, милувати, манити
flavor [флéйвер] n смак, аромат, запах, відчуття
flee [флі] v тікати, уникати, щезнути
flesh [флеш] n м'ясо, тіло
flexible [флéксибл] adj гнучкий, поступливий
flight [флайт] n літ, переліт
float [флóут] n поплавець; v плавати, нестися
flood [флад] n повінь; v затопляти, підніматися
floor [флор] n підлога, поверх
flour [флáуер] n борошно, мука
flourish [флáришь] n цвітіння, розквіт, розмах; v процвітати, буяти, прикрасити
flow [флóу] v текти, литися, струменіти, ринути n течія, потік, плавність
flower [флáуер] n квітка, цвітіння, цвіт; v цвісти, квітнути
fluency [флуéнси] n вільність, справність, плавність
fluent [флуéнт] adj плавний, швидковправний, справний
flush [флашь] n рум'янець, потік, приплив, збудження; v бити струминою, линути, сповнювати, збуджувати, пурхати, лякати; adj рівний, багатий, надмірний, щедрий; adv рівно, прямо

fly [флай] *n* му́ха, полі́т; *v* літа́ти, ма́яти, розлеті́тися

fog [фог] *n* густи́й тума́н, мря́ка

fold [фоулд] *n* скла́дка, за́стібка, коша́ра; *v* заганя́ти, склада́ти, згорта́ти

folk [фо́ук] *n* наро́д, лю́ди

follow [фо́лоу] *v* наслі́дувати, гна́тися, розумі́ти

fond [фонд] *adj* лю́блячий, нерозсу́дливий, заслі́плений

food [фуд] *n* харчува́ння, корм, ї́жа

fool [фул] *n* ду́рень; *v* дурі́ти, пустува́ти

foot [фут] *n* стопа́, нога́, підні́жжя, крок

for [фор] *prep* для, зара́ди, з, че́рез, внаслі́док

forbid [фербі́д] *v* забороня́ти

force [форс] *n* си́ла, при́мус, наси́льство; *v* приси́лувати, приму́шувати, зла́мувати, приско́рювати

forceful [фо́рсфул] *adj* си́льний, дійови́й, перекон́ливий

forecast [фо́ркаст] *n* передба́чення, завба́чення

forecast [форка́ст] *v* передбача́ти, завбача́ти

forefather [фо́рфазер] *n* пре́док

forehead [фо́рид] *n* лоб

foreign [фо́рин] *adj* закордо́нний, іноз́емний, чужи́й

foreigner [фо́ринер] *n* чужи́нець, сторо́ння люди́на

foremost [фо́рмоуст] *adj* передови́й, пере́дній; *adv* по-пе́рше, наса́мперед

foresee [форсі́] *v* передбача́ти

forest [фо́рист] *n* ліс

forever [фере́вер] *adv* наза́вжди

forget [фергет] *v* забува́ти

forgive [фергі́в] *v* проща́ти, вибача́ти

fork [форк] *n* виде́лка, ви́ла, розви́лка, розгалу́ження

form [форм] *n* вид, фо́рма, о́бриси; *v* формува́ти, утво́рюватися

former [фо́рмер] *adj* попере́дній, коли́шній, мину́лий

formerly [фо́рмерли] *adv* ра́ніше, коли́сь

forth [форс] *adv* впере́д, нада́лі

fortunate [фо́рчнит] *adj* сприя́тливий, щасли́вий, вда́лий

fortune [фо́рчн] *n* до́ля, ща́стя, бага́тство

forty [фо́рти] *num* со́рок

forward [фо́руерд] *adj* передови́й, пере́дній, завча́сний; *adv* да́лі, впере́д; *v* приско́рювати, сприя́ти, пересила́ти

found [фа́унд] *v* засно́вувати, утво́рювати, пла́вити

foundation [фаунде́йшн] *n* осно́ва, підва́лина, заснува́ння, устано́ва

four [фор] *num* чоти́ри

fourteen [фортін] *num* чотирна́дцять

fox [фокс] *n* лис
fraction [фрекшн] *n* дріб, частка, крихта, уламок, перерив
fracture [фрекчир] *n* тріщина, надлом, розрив
fragile [фреджайл] *adj* ламкий, крихкий, слабкий, тендітний
frame [фрейм] *n* споруда, спорудження, структура, кістяк, остов, зруб; *v* складати, утворювати, пристосовувати, споруджувати
frank [френк] *adj* щирий, відвертий
fraternity [фретиєрнити] *n* братство, громада
fraud [фрод] *n* обман, шахрайство, підроблення, обманець
free [фрі] *adj* вільний, невимушений, добровільний, безплатний
freedom [фрідем] *n* свобода, воля, вільність
freeze [фріз] *v* морозити, мерзнути
French [френч] *adj* французький
frequency [фрікуенси] *n* частота, частотність
frequent [фрікуент] *adj* частий
fresh [фрешь] *adj* свіжий, прісний
Friday [фрайдей] *n* п'ятниця
friend [френд] *n* друг, приятель
friendship [френдшип] *n* дружба, приятелювання
fright [фрайт] *n* ляк, страх
frighten [фрайтн] *v* лякати, страхати

frog [фрог] *n* жа́ба
from [фром] *prep* з, із, від, у
front [франт] *n* пере́д, фронт, чоло́; *adj* пере́дній; *v* протистоя́ти
frost [фрост] *n* моро́з; *v* покрива́тися моро́зом, глязува́ти
frozen [фро́узн] *adj* заме́рзлий, заморо́жений, студе́ний
fruit [фрут] *n* плід, о́воч
fruitful [фру́тфул] *adj* родю́чий, плодотво́рний
fruitless [фру́тлис] *adj* неродю́чий, неплідний, ма́рний
frustrate [фрастре́йт] *v* ни́щити, знівечити
fry [фрай] *v* сма́житися, жа́ритися; *n* смажени́на
frying pan [фра́йин пен] *n* сковорода́
fuel [ф'ю́ел] *n* па́ливо, пальне́
fulfill [фулфи́л] *v* здійснювати, заве́ршувати, вико́нувати
full [фул] *adj* по́вний, цілкови́тий, бага́тий; *adv* цілкови́то, пря́мо
fully [фу́ли] *adv* цілко́м, зо́всім, по́вністю
fume [ф'юм] *n* дим, кі́птява, ви́пар, за́пах, збу́дження; *v* дими́ти, кури́ти, се́рдитися, роздрато́вуватися
fun [фан] *n* жарт, ве́селощі, розва́га
function [фанкшн] *n* фу́нкція, завда́ння; *v* ді́яти, функціонува́ти

fundamental [фандемéнтл] *adj* основнúй, докорíнний, істóтний

funeral [ф'ю́нерел] *n* пóхорон; *adj* похорóнний

funny [фáни] *adj* забáвний, втíшний, смішнúй, чуднúй, дúвний

fur [фиóр] *n* хýтро, шкíра

furious [ф'ю́ріес] *adj* оскаженíлий, нестя́мний, несамовúтий

furnish [фиéрнишь] *v* меблювáти, приставля́ти, постачáти

furniture [фиéрничир] *n* мéблі, облáднання

further [фиéрзер] *adv* дáльше, пóтім

fury [ф'ю́ри] *n* лють, несамовúтість, шалéнство

fuss [фас] *n* суєтá, метушня́; *v* метушúтися, бýти вередлúвим

future [ф'ю́чир] *n* майбýтність, будучинá

G

gadfly [ґéдфлай] *n* ґедзь, óвід

gain [ґейн] *v* добувáти, дістáвати, одéржувати, здобувáти, добúтися; *n* вигóда, кóристь, нажúва, прибýтки

gallery [ґéлери] *n* ґалéрія

gamble [ґембл] *n* газардóва гра, непéвна спрáва; *v* сúльно рискувáти, газáрдничати

game [ґейм] *n* гра, змагання, розвага
gap [ґеп] *n* щілина, провал, проміжок, розрив
garage [ґераж] *n* гараж
garbage [ґарбидж] *n* сміття, покидьки
garden [ґардн] *n* сад
garlic [ґарлик] *n* часник
gas [ґес] *n* бензина, пальне
gasp [ґесп] *v* задихатися, роззявляти рота; *n* утруднене дихання
gas station [ґес стейшн] *n* автонапувалка
gate [ґейт] *n* ворота, хвіртка, застава, прохід
gather [ґезер] *v* скупчуватися, збиратися, товпитися, підбирати, збагнути
gauge [ґейдж] *n* міра, грубість, товщина; *v* міряти, перевіряти, калібрувати, оцінювати
gem [джем] *n* самоцвіт, дорогоцінний камінь
gender [джендер] *n* рід
gene [джін] *n* ген
general [дженерл] *n* генерал, полководець; *adj* загальний, звичайний
generalize [дженералайз] *v* узагальнювати
generally [дженерели] *adv* взагалі, звичайно, здебільшого
generate [дженерейт] *v* спричиняти, породжувати, викликати

generation [дженерейшн] *n* покоління, рід, потомство

generous [дженерес] *adj* великодушний, щедрий, благородний

genius [джініес] *n* геній, дух, обдарованість

gentle [джентл] *adj* лагідний, добрий, родовитий, легкий, ніжний

gentleman [джентлмен] *n* добре вихована особа, джентльмен

genuine [джен'юин] *adj* справжній, істинний, щирий

German [джіермен] *adj* німецький

gesture [джесчир] *n* жест, рух тіла; *v* жестикулювати

get [гет] *v* діставати, одержувати, здобувати, дістатися, навістити, заробляти

ghost [гоуст] *n* привид, примара, дух

giant [джаєнт] *n* велет, гігант; *adj* велетенський, гігантський

gift [гифт] *n* подарунок, дар, здібність, талант; *v* дарувати, наділяти

giggle [гигл] *v* хихикати

Gipsy [джіпси] *adj* циганський

giraff [джираф] *n* жирафа

girl [гиерл] *n* дівчина, служниця

give [гив] *v* давати, давати згоду, вручати

glad [глед] *adj* радий, задоволений, втішний

glamour [глемер] *n* чарівність, очарування

glass [глас] *n* скло, склянка
glide [глайд] *v* ковзати, планерувати
glimmer [глімер] *v* мигтіти, блимати; *n* мигтіння, блимання, проблиск
glimpse [глімпс] *n* спалах, проблиск; *v* майнути, побачити на мить
glitter [глітер] *v* блищати; *n* виблискування, пишність
globe [глоуб] *n* глобус, куля
gloomy [глумі] *adj* похмурий, насуплений, сумовитий, темний
glorify [глоріфай] *v* прославляти, вихваляти
glory [глорі] *n* слава, пишнота; *v* торжествувати, пишатися
glove [глав] *n* рукавичка
glow [глоу] *n* жар, заграва, рум'янець, запал; *v* жевріти, палати, горіти, сяяти
glue [глу] *n* клей; *v* клеїти, прилипати
go [гоу] *v* іти, ходити, рухатися, загинути
goal [гоул] *n* мета, ціль
goat [гоут] *n* цап, козел
God [год] *n* Бог
goddaughter [годдотер] *n* хрещениця
goddess [годис] *n* богиня
godfather [годфазер] *n* хрещений батько
godmother [годмазер] *n* хрещена мати
godson [годсан] *n* хрещеник
gold [гоулд] *n* золото

gone [гон] *adj* пропа́щий, загу́блений
good [гуд] *adj* до́брий, га́рний, прида́тний, кори́сний, вмі́лий *n* добро́, ко́ристь
good-bye [гуд-ба́й] *interj* до побачення, прощайте
good night [гуд найт] *interj* добра́ніч
goods [гудз] *n* ре́чі, това́р, крам
goose [гус] *n* гу́ска
gossip [го́сип] *n* плі́тка, базі́кання; *v* базі́кати, розпуска́ти чутки́
govern [га́вен] *v* пра́вити, управля́ти, володі́ти, керува́ти
government [га́внмент] *n* у́ряд, урядува́ння, керува́ння
governmental [гавнмента́л] *adj* урядо́вий
grab [греб] *v* хапа́ти, захо́плювати, привла́снювати
grace [грейс] *n* ви́тонченість, прива́бливість, ла́ска, прихи́льність, сві́тлість
graceful [гре́йсфул] *adj* ви́тончений, приє́мний, ласка́вий, благоро́дний
grade [грейд] *n* гра́дус, я́кість, гату́нок, сту́пінь, кля́са; *v* клясува́ти, сортува́ти
gradual [гре́джуел] *adj* послідо́вний, поступо́вий
graduate [гре́джуейт] *v* закі́нчувати університе́т, градуюва́ти
grain [грейн] *n* зе́рно, крупи́нка, волокно́, ни́тка

grammar [ґре́мер] *n* грама́тика

grand [ґренд] *adj* вели́чний, головни́й, важли́вий, пара́дний

granddaughter [ґре́ндотер] *n* вну́ка, ону́ка

grandfather [ґре́ндфазер] *n* дід, діду́сь

grandmother [ґре́нмазер] *n* ба́ба, бабу́ся

grandson [ґре́нсан] *n* внук, ону́к

grant [ґрант] *n* субси́дія, дар; *v* дозволя́ти, пого́джувати, задовольня́ти

grape [ґрейп] *n* виногра́д

grasp [ґрасп] *v* хапа́ти, схо́плювати, затиска́ти, зрозумі́ти

grass [ґрас] *n* трава́

grateful [ґре́йтфул] *adj* вдя́чний

gratify [ґре́тифай] *v* задовольня́ти, дава́ти насоло́ду

gratitude [ґре́тит'юд] *n* вдя́чність, подя́ка

grave [ґрейв] *n* моги́ла, гріб; *v* виріз́ьблювати, закарбо́вувати, гравірува́ти; *adj* важли́вий, серйо́зний, пова́жний, те́мний

graveyard [ґрейв'ярд] *n* кладови́ще

gray [ґрей] *adj* сі́рий, сиви́й

great [ґрейт] *adj* вели́кий, вели́чний, чудо́вий, сла́вний

great-grandfather [ґрейтґре́ндфазер] *n* пра́дід

great-hearted [ґре́йтхартид] *adj* великоду́шний

greed [ґрід] *n* жадо́ба, жа́дібність

greedy [гріди] *adj* пожадливий, ненажерливий

Greek [грік] *adj* грецький

green [грін] *n* зелень, лука; *adj* зелений, нестиглий, неспілий

greet [гріт] *v* вітатися, вклонятися, здоровити

greeting [грітин] *n* вітання, поклін, привіт

grief [гріф] *n* горе, сум

grieve [грів] *v* горювати, сумувати

groom [грум] *n* конюх, жених

ground [граунд] *n* грунт, земля, місце; *v* заснóвувати, обгрунтовувати, класти

grow [гроу] *v* рости, збільшуватися, вирощувати

growth [гроус] *n* ріст, розвиток, вирощування, продукт

guarantee [геренті] *n* порука, застава, гарантія, поручитель; *v* ручитися, забезпечувати

guard [гард] *n* сторожа, варта, охорона, обережність; *v* стерегти, охороняти, захищати, берегтися

guardian [гардіен] *n* опікун

guess [гес] *v* вгадати, припускати, вважати; *n* здогад, припущення

guide [гайд] *v* вести, керувати, направляти

guilt [гилт] *n* провина

guitar [гитар] *n* гітара

gulf [ґалф] *n* морська́ зато́ка, вир, безо́дня
gut [ґат] *n* ки́шка, ну́трощі
gymnastic [джимне́стик] *adj* гімнасти́чний

H

habit [хе́бит] *n* зви́чка, особли́вість, власти́вість *v* вдяга́ти
hail [хейл] *n* град, віта́ння, о́клик
hair [хеир] *n* во́лос, шерсть
hairbrush [хе́ирбрашь] *n* щі́тка для воло́сся
haircut [хе́иркат] *n* стри́жка
hairdresser [хе́идресер] *n* перука́р, фризе́р
half [хаф] *n* полови́на *adv* наполови́ну, півнапів
ham [хем] *n* ши́нка, стегно́
hammer [хе́мер] *n* молото́к, мо́лот *v* забива́ти, би́ти, сту́кати
hand [хенд] *n* рука́, умі́ння *v* передава́ти, вруча́ти
handful [хе́ндфул] *n* при́горща, жме́ня
handicap [хе́ндикеп] *n* зава́да, перешко́да
handicraft [хе́ндикрафт] *n* ремесло́, ручна́ робо́та
handkerchief [хе́нкиерчиф] *n* ху́сточка
handle [хендл] *n* ру́чка, держа́к *v* бра́ти руко́ю, перебира́ти, керува́ти, контролюва́ти

handshake [хéндшейк] *n* рукостискáння

handsome [хéнсем] *adj* вродлúвий, гáрний, значнúй, пристíйний

handwriting [хéндрайтин] *n* пóчерк, рукóпис

handy [хéнди] *adj* впрáвний, умíлий, спосíбний, готóвий

hang [хен] *v* вíшати, уважáти

happen [хепн] *v* ставáтися, траплятися

happy [хéпи] *adj* щаслúвий, задовóлений, вдáлий

harbor [хáрбер] *n* прúстань, порт

hard [хард] *adj* твердúй, жóрсткий, сувóрий, важкúй *adv* мíцно, сúльно, впéрто, насúлу

hardship [хáрдшип] *n* злúдні, нестáтки, трýднощі

hare [хéир] *n* зáєць

harm [харм] *v* шкóдити, ображáти, робúти зле *n* зло, шкóда, збúток, обрáза, урáження

harsh [харшь] *adj* шорсткúй, неприємний, грýбий, бездýшний

harvest [хáрвест] *n* жнивá, врожáй

hasty [хéйсти] *adj* поспíшний, квапливий, швидкúй, нерозсýдливий

hat [хет] *n* капелюх

hate [хейт] *n* нéнависть *v* ненавúдіти

have [хев] *v* мáти, володíти, містúти, одéржати, знáти, розумíти

hay [хей] *n* сіно

hazardous [хе́зедес] *adj* небезпе́чний, ризико́вний

he [хі] *pron* він

head [хед] *n* голова́, люди́на, провідни́к *v* очо́лювати, вести́ *adj* чільни́й, пере́дній

headache [хе́дейк] *n* біль голови́

heal [хіл] *v* виліко́вувати, зціля́ти, заго́юватися

health [хелс] *n* здоро́в'я

hear [хі́ер] *v* чу́ти, слу́хати, дізнава́тися

heart [харт] *n* се́рце, почуття́, душа́, пережива́ння

heat [хіт] *n* жар, спе́ка, теплота́, за́пал, гнів *v* нагріва́тися, розжа́рюватися, розгарячатися

heaven [хевн] *n* не́бо, Провиді́ння

heavy [хе́ви] *adj* тяжки́й, важки́й, бага́тий, тверди́й, си́льний, пога́ний

heel [хіл] *n* п'ята́

height [хайт] *n* висота́, зріст, підви́щення, па́горб

hell [хел] *n* пе́кло

hello [хело́у] *interj* приві́т!, здоро́в!

help [хелп] *v* допомага́ти, сприя́ти, частува́ти

helpful [хе́лпфул] *adj* кори́сний, допоміжни́й

helpless [хéлплис] *adj* безпорáдний, безпóмічний
hen [хен] *n* кýрка
here [хіер] *adv* тут, сюди, ось
heritage [хéритидж] *n* спáдщина, спáдок
hero [хíероу] *n* герóй
hesitation [хезитéйшн] *n* вагáння, нерішýчість, неохóта
hide [хайд] *v* ховáтися, закривáти, притаїти
high [хай] *adj* висóкий, піднéсений, великий, сильний, головний, чудóвий, багáтий, весéлий
high school [хай скул] *n* серéдня шкóла
highway [хáйуей] *n* битий шлях, шосé, тракт
hill [хил] *n* горб, пáгорбок
hint [хинт] *n* нáтяк *v* натякáти
hippopotamus [хипепóтемес] *n* гіпопотáм
hire [хáер] *v* наймáти, здавáти внáйми *n* наймáння
history [хíстери] *n* істóрія
hit [хит] *v* ударяти, знахóдити *n* удáр, пóштовх, влучáння
hold [хóулд] *v* тримáти, держáти, містити, дýмати *n* влáда, вплив, схóплювання, опóра
holder [хóулдер] *n* влáсник, опрáва, держáк, обóйма
hole [хóул] *n* дірá, óтвір, яма, норá

holiday [хо́лидей] *n* свя́то, відпу́стка, вака́ції

hollow [хо́лоу] *adj* поро́жній, пусти́й, запа́лий, глухи́й

holy [хо́ули] *adj* святи́й, свяще́нний

home [хо́ум] *n* дім, житло́, ба́тьківщина, при́тулок

honest [о́нист] *adj* че́сний, правди́вий, щи́рий

honey [ха́ни] *n* мед, лю́бий, лю́ба

honor [о́нер] *n* честь, сла́ва, благоді́йність, пова́га *v* шанува́ти, поважа́ти, удосто́юватися

hook [хук] *n* крюк, гак

hope [хо́уп] *n* наді́я *v* наді́ятися, сподіва́тися, упова́ти

horn [хорн] *n* ріг, ріжо́к

horrible [хо́ребл] *adj* страшни́й, жахли́вий

horror [хо́рер] *n* жах, страх

horse [хорс] *n* кінь, кінно́та

hospital [хо́спитл] *n* ліка́рня, шпита́ль

host [хо́уст] *n* господа́р, хазя́їн

hostile [хо́стайл] *adj* воро́жий, неприя́зний

hot [хот] *adj* гаря́чий, жарки́й, го́стрий, палки́й, збу́джений *adv* гаря́че, па́лко, роздрато́вано, си́льно

hot dog [хот дог] *n* гаря́ча соси́ска

hour [а́уер] *n* годи́на

house [ха́ус] *n* дім, ха́та, житло́, роди́на, рід *v* посели́ти, помі́щувати

how [хáу] *adv* як?

however [хауéвер] *adv* як би не *conj* протé, однáк

huge [х'юдж] *adj* величéзний, велетéнський

human [х'ю́мен] *adj* лю́дський *n* люди́на

humanism [х'ю́менизм] *n* лю́дяність, гуманí́зм

humanity [х'юмéнити] *n* лю́дство, гумáнність, лю́дяність

humid [х'ю́мид] *adj* воло́гий, во́гкий

humiliate [х'ю́милейт] *v* прини́жувати

humility [х'юми́лити] *n* покíрність, поко́ра, скро́мність

humor [х'ю́мер] *n* гу́мор, нáстрíй *v* потурáти, пристосо́вуватися

humorous [х'ю́мерес] *adj* гумористи́чний, смішни́й, забáвний

hundred [хáндред] *num* сто

hunger [хáнгер] *n* гóлод, жадóба *v* голодувáти, жадáти

hungry [хáнгри] *adj* голóдний, бíдний, неродю́чий

hunt [хант] *v* полювáти, переслíдувати, шукáти

hurry [хáри] *v* квáпитися, поспішáти, нáглити

hurt [хио́рт] *v* порани́ти, ображáти, зачіпáти, урази́ти, болíти

husband [хáзбенд] *n* чоловік, господар, голова сім'ї
hut [хат] *n* колиба, хатина, халупа
hypocrisy [хипóкреси] *n* лицемірство

I

I [ай] *pron* я
ice [айс] *n* лід, крига
ice cream [айс крім] *n* морозиво
icicle [áйсикл] *n* сопля, льодова бурулька
icon [áйкн] *n* ікона
icy [áйси] *adj* льодовий, крижаний
idea [айдíе] *n* ідея, поняття, уявлення, думка, гадка
ideal [айдíел] *n* ідеал *adj* досконалий, уявний, ідеальний
identical [айдéнтикл] *adj* однаковий, тотожний
identification [айдентификéйшн] *n* ототожнення, розпізнавання
identify [айдéнтифай] *v* розпізнавати, ототожнюватися
identity [айдéнтити] *n* справжність, правдивість, тотожність, особа
idle [айдл] *adj* бездіяльний, лінивий, вільний, марний, зайвий

ignorance [ігнеренс] *n* неуцтво, незнання, неосвіченість

ignorant [ігнерент] *adj* неуцький, неосвічений, нетямущий

ignore [ігнор] *v* нехтувати, ігнорувати, легковажити

ill [ил] *adj* хворий, поганий, шкідливий *n* зло, шкода, нещастя *adv* зле, погано, недобре, несприятливо

illegal [ілігел] *adj* незаконний, нелегальний

illegitimate [илиджитимет] *adj* незаконний, неправильний, неслушний, невиправданий

illiterate [илитерит] *adj* неписьменний, безграмотний

illness [ілнис] *n* недуга, хвороба, слабість

illuminate [ильюминейт] *v* освітлювати, прояснювати, оздоблювати

illumination [ильюминейшн] *n* освітлення, ілюмінація, оздоблення

illusion [ілюжн] *n* обман почуттів, ілюзія

illusive [ілюсив] *adj* облудний, оманний, ілюзорний

illustrate [илестрейт] *v* пояснювати, ілюструвати

illustrious [ілястріес] *adj* знаменитий, відомий, славетний, великий

image [ймидж] *n* зображення, подоба, образ, відбиття *v* зображати, уявляти собі, змальовувати, відбивати
imaginary [имеджинри] *adj* уявний, уявлюваний
imagine [имеджин] *v* уявляти собі, гадати, думати
imitate [ймитейт] *v* наслідувати, копіювати, уподібнювати
immature [ймечуер] *adj* незрілий, нестиглий, недорозвинений
immediate [імідіет] *adj* негайний, спішний, безпосередній
immediately [імідіетли] *adv* негайно, прямо, невідкладно, безпосередньо
immense [именс] *adj* неосяжний, безмірний, величезний
imminent [йминент] *adj* неминучий, загрозливий, близький
immortal [імортел] *adj* безсмертний, нев'янучий, вічний
impatient [импейшнт] *adj* нетерпеливий, дратівливий, неспокійний
imperative [империтив] *adj* наказовий, владний, конечний
imperfect [импиорфикт] *adj* неповний, незавершений, недостатній, недосконалий
impertinent [импиортинент] *adj* зухвалий, нахабний, доречний

implicate [импликейт] *v* заплутувати, втягати, включати, містити

implication [импликейшн] *n* вплутування, втягання, включення, причетність, натяк

implore [имплор] *v* благати, просити

imply [имплай] *v* мати на думці, натякати, значити

importance [импортенс] *n* важливість, вага, значення

impose [импоуз] *v* накладати, обманювати, наказувати, висяжувати

impossible [импосибл] *adj* неможливий, неймовірний, нестерпний

impress [импрес] *v* справляти враження, друкувати, штампувати, вселяти *n* відбиток, печатка, враження, слід

impression [импрешн] *n* враження, уявлення

impressive [импресив] *adj* вражаючий, виразний

improper [импропер] *adj* невідповідний, неслушний, непридатний, несправний

improve [импрув] *v* поліпшуватися, удосконалюватися, кращати

impulse [импалс] *n* спонука, поштовх, порив

in [ин] *prep* на місце, у, в, на, за, через

inability [инебіліти] *n* нездатність, неспроможність, нездібність

inaccurate [инек'юрит] *adj* неточний, несправний, неправильний

inanimate [інénимит] *adj* неживи́й, безжи́вний

inborn [инбо́рн] *adj* приро́дний, приро́джений

incapable [инке́йпебл] *adj* нездáтний, нездíбний

incarnation [инкарне́йшн] *n* втíлення, уосо́блення

incident [íнсидент] *n* ви́падок, приго́да, інциде́нт *adj* випадко́вий, неісто́тний

incidental [инсиде́нтл] *adj* випадко́вий, неісто́тний, другоря́дний, побíчний, власти́вий

inclination [инклине́йшн] *n* схи́льність, укíс, спад

incline [инкла́йн] *v* нахиля́тися, бу́ти схи́льним *n* спад, схи́лення

include [инклу́д] *v* мíстити, охо́плювати, включа́ти

incoherent [инкоухíерент] *adj* незв'я́зний, нескла́дний, непослідо́вний

income [и́нкам] *n* прибу́ток, дохíд, заро́біток

inconsistent [инконси́стент] *adj* непослідо́вний, супере́чний, неста́лий, мінли́вий

inconvenience [инкенвíніенс] *n* незру́чність, турбо́та

increase [инкрíс] *n* при́ріст, збíльшення, ріст *v* збíльшуватися, зроста́ти, поси́люватися

incredible [инкре́дибл] *adj* неймові́рний, неправдоподі́бний
indecent [инди́снт] *adj* непристо́йний
indecisive [индиса́йсив] *adj* нері́шучий, непе́вний
indeed [инді́д] *adv* спра́вді, ді́йсно
indefinite [инде́финит] *adj* неви́значений, нея́сний, неозна́чений
independent [индипе́ндент] *adj* незале́жний, самості́йний
indicate [и́ндикейт] *v* вка́зувати, познача́ти
indication [индике́йшн] *n* вказі́вка, позна́чка, показа́ння
indifferent [инди́френт] *adj* байду́жий, безсторо́нній, індифере́нтний
indirect [индире́кт] *adj* непрями́й, посере́дній, побі́чний, ухи́льний
individual [индиви́джуел] *n* індиві́д, осо́ба; *adj* особи́стий, окре́мий
individuality [индивиджуе́лити] *n* окре́мий хара́ктер, індивідуа́льність
indoor [и́ндор] *adj* вну́трішній, ха́тній
induce [инду́с] *v* спону́кати, переко́нувати, спричиня́ти
induced [инду́ст] *adj* зму́шений
induct [инда́кт] *v* втяга́ти, залуча́ти, вво́дити, садови́ти
indulge [инда́лдж] *v* віддава́тися втіха́м, потура́ти, ми́луватися, захо́плюватися

industrial [индáстріел] *adj* промислóвий, індустріáльний, виробнúчий

industrious [индáстріес] *adj* працьовúтий, старáнний

inefficient [инифúшиєнт] *adj* нездáтний, бездáрний, недолýгий *n* недотéпа

inevitable [инéвитебл] *adj* немину́чий, невідворóтний

inexperienced [иникспíерієнст] *adj* недосвíдчений

infallible [инфéлебл] *adj* безпомилкóвий, непогрішúмий

infamous [инфéймес] *adj* ганéбний, безслáвний, огúдний, мерзóтний

infant [úнфент] *n* дитúна, немовля́; *adj* дитя́чий, зародкóвий, зачáтковий

infect [инфéкт] *v* заражáтися, заполóнювати

infection [инфéкшн] *n* зарáження, інфéкція

infer [инфіóр] *v* вивóдити вúсновок, означáти

inferior [инфíеріер] *adj* підлéглий, нúжчий, гíрший

infinite [úнфинит] *adj* безконéчний, безмéжний, неознáчений

infinity [инфíнити] *n* безконéчність, безмéжність, нескінчéнність

inflict [инфлúкт] *v* завдавáти, накладáти

influence [úнфлуенс] *n* вплив *v* впливáти

influential [инфлуéншл] *adj* впливóвий

inform [інформ] *v* повідомляти, сповістити, доносити, сповнювати

informal [информл] *adj* неформальний, невимушений

information [инфермейшн] *n* повідомлення, інформація, скарга, донос

ingenious [инджініес] *adj* дотепний, винахідливий, вправний, умілий

inhabit [инхебит] *v* мешкати, жити, населяти

inhabitant [инхебитент] *n* мешканець, житель

inhale [инхейл] *v* вдихати, затягуватися

inherence [инхіеренс] *n* притаманність, властивість, природність

inherit [инхерент] *v* діставати в спадку, успадковувати

inheritance [инхеритенс] *n* спадщина, успадкування

initial [инишл] *adj* початковий, первісний, попередній

initiate [инишиейт] *v* приймати, започатковувати, почати

initiative [инишетив] *n* почин, ініціятива *adj* початковий, вступний

injure [инджер] *v* поранити, пошкодити, зіпсувати, образити

injustice [инджастис] *n* несправедливість, кривда

ink [инк] *n* чорнило

inmate [йнмейт] *n* пожилець, мешканець
inmost [йнмоуст] *adj* найглибший, потаємний, захований
innate [инейт] *adj* природний, народжений, властивий
inner [инер] *adj* внутрішній
innocence [йнесенс] *n* невинність
innocent [йнесент] *adj* невинний
innovation [иноувейшн] *n* нововведення, новаторство
input [йнпут] *n* ввід, ввідна сила
inquire [инкуаер] *v* питати, розпитувати, дізнаватися, досліджувати
insane [инсейн] *adj* божевільний, психічнохворий
insanity [инсенити] *n* божевілля, безумство
inscribe [инскрайб] *v* вписувати, зазначити, затримати
insect [йнсект] *n* комаха
inseparable [инсеперебл] *adj* нероздільний, нерозлучний
insert [инсорт] *v* вставляти, вміщати, уткнути, устромити
inside [инсайд] *n* середина, внутрішня частина, виворіт, спід
insight [инсайт] *n* прозорливість, проникливість, інтуїція, мудрість, розуміння
insignificant [инсигніфікент] *adj* незначний, неважливий, беззмістовний

insist [інсист] *v* наполягати, твердити, вистоювати

insomnia [інсомніе] *n* безсоння

inspect [інспект] *v* оглядати, перевіряти, переглянути

inspiration [інсперейшн] *n* надхнення, вплив, заохочення

inspire [інспаєр] *v* надихати, навівати, вселяти

install [інстол] *v* встановлювати, проводити, умоститися

instance [йнстенс] *n* приклад, зразок, вимога

instant [йнстент] *n* мить, момент

instantly [йнстентли] *adv* зразу, негайно

instead [інстед] *adv* замість

instinct [йнстинкт] *adj* повний, сповнений

instruct [інстракт] *v* вчити, навчати, повідомляти, інструктувати

instrument [йнструмент] *n* знаряддя, прилад, документ, акт

insult [йнсалт] *n* образа, зневага

insult [інсалт] *v* ображати, зневажати

insurance [іншуеренс] *n* страхування, забезпечення

intact [інтект] *adj* незайманий, непошкоджений, цілий

intake [інтейк] *n* поглинання, всисання, всмоктування

integrate [інтигрейт] *v* твори́ти, об'є́днувати, доповня́ти

integrity [інте́гриті] *n* че́сність, чистота́, щи́рість, недото́рканість, ці́лісність

intellect [и́нтилект] *n* інтеле́кт, ро́зум, бе́зліч знання́

intellectual [интиле́кчуел] *adj* розумо́вий, інтелектуа́льний, ми́слячий

intelligence [інте́лидженс] *n* ро́зум, кмітли́вість, тяму́чість, зна́ння, ві́сті

intend [інте́нд] *v* ма́ти на́мір, заду́мувати, збира́тися, признача́тися

intensive [інте́нсив] *adj* напру́жений, інтенси́вний, пи́льний

intent [інте́нт] *n* на́мір, мета́, зна́чення, суть; *adj* ува́жливий, пи́льний, поси́лений, завзя́тий, рішу́чий, наполе́гливий

intention [інте́ншн] *n* на́мір, мета́, ціль, пра́гнення

intentional [інте́ншенл] *adj* навми́сний

interest [и́нтрист] *n* зацікавленість, інтере́с, ви́года, ко́ристь; *v* цікави́ти

interested [и́нтристид] *adj* зацікавлений, кори́сливий

interesting [и́нтристин] *adj* ціка́вий, інтере́сний

interfere [интерфі́ер] *v* втру́чуватися, шко́дити, докуча́ти, проти́витися

intermission [интермиши́н] *n* переры́ва

internal [интиéрнл] *adj* внýтрішній, душéвний, інтúмний

international [интернéшнл] *adj* міжнарóдний, інтернаціонáльний

interpret [интиéрприт] *v* переклада́ти, тлума́чити, поя́снювати

interpretation [интиерпритéйшн] *n* тлума́чення, перéклад

interpreter [интиéрпритер] *n* переклада́ч, тлума́ч, інтерпрета́тор

interrogate [интéрег̇ейт] *v* пита́ти, розпи́тувати

interrogative [интерóг̇етив] *adj* пита́льний, запита́льний

interrupt [интерáпт] *v* перерива́ти, зупиня́ти, втруча́тися, зважа́ти

interruption [интерáпшн] *n* перéрва, зупи́нка

interval [йнтервл] *n* промíжок, вíдстань, перéрва

interview [йнтерв'ю] *n* інтерв'ю́, поба́чення

intimacy [йнтимеси] *n* інти́мність, бли́зькість

intimate [йнтимит] *adj* дрýжній, інти́мний *n* друг *v* повідомля́ти, вка́зувати, натяка́ти

intimidate [инти́мидейт] *v* заля́кувати, страха́ти

into [йнту] *prep* у, в, на, до

intrepid [интрéпид] *adj* безстра́шний

intricate [интрикит] *adj* складни́й, скрутни́й, заплу́таний

introduce [интред'ю́с] *v* вво́дити, представля́ти, знайо́мити, рекомендува́ти

introduction [интреда́кшн] *n* вступ, передмо́ва, представля́ння, рекомендува́ння, впрова́дження, нововве́дення

introspection [интреспе́кшн] *n* самоаналі́за, самоспостере́ження

intrude [интру́д] *v* вдира́тися, втруча́тися, нав'я́зуватися

intrusion [интру́жн] *n* вто́ргнення, втруча́ння, нав'я́зування

intrusive [интру́зив] *adj* насти́рливий, набри́дливий

invade [инве́йд] *v* вдира́тися, вторга́тися, охопи́ти, поглину́ти

invalid [и́нвалід] *n* непрацезда́тний, хво́рий, інвалі́д; *adj* нечи́нний, неді́йсний, неváртий

invent [инве́нт] *v* винахо́дити, вига́дувати, ство́рювати

inventive [инве́нтив] *adj* винахі́дливий

invert [инвие́рт] *v* переверта́ти, переставля́ти, перекида́ти

invest [инве́ст] *v* вміща́ти, вклада́ти, одяга́ти, ото́чувати, обкла́сти

investigate [инве́стиге́йт] *v* розслі́дувати, розві́дувати, проника́ти, нагляда́ти

invisible [инви́зибл] *adj* неви́димий, непомі́тний
invitation [инвите́йшн] *n* запро́шення
invite [инва́йт] *v* запро́шувати, проси́ти, прива́блювати, мани́ти
inviting [инва́йтин] *adj* прина́дний, прива́бливий
involve [инво́лв] *v* втяга́ти, вплу́тувати, замо́тувати, охо́плювати, обійма́ти, попада́ти
involvement [инво́лвмент] *n* втяга́ння, вплу́тування, утру́днення
inward [и́нуерд] *adj* вну́трішній, розумо́вий, духо́вний *adv* всере́дину, вну́трішньо, в душі́
inwards [и́нуердс] *adv* всере́дину, вну́трішньо
ire [а́ер] *n* гнів, лють
iron [а́ерен] *n* залі́зо, кайда́ни; *adj* залі́зний, ду́жий, міцни́й, си́льний; *v* прасува́ти, гла́дити
irrational [ире́шнл] *adj* нераціона́льний, нерозу́мний
irresistable [иризи́стебл] *adj* непереможний, невідпо́рний
irritate [и́ритейт] *v* серди́ти, дратува́ти, турбува́ти, докуча́ти, дражни́ти
irritation [ирите́йшн] *n* роздратува́ння, гнів, подра́знення, доса́да, докуча́ння
island [а́йленд] *n* о́стрів, платфо́рма

isolate [айселейт] *v* ізолювати, відокремлювати

issue [ішю] *v* видавати, випускати; *n* випуск, видання, наслідок, результат

it [ит] *pron* він, вона, воно

Italian [ітел'єн] *adj* італійський

itch [ич] *n* сверблячка, прагнення; *v* свербіти, кортіти

J

jacket [джекит] *n* жакет, куртка, суперобкладинка

jail [джейл] *n* в'язниця, тюрма

jam [джем] *v* стискати, защемляти, притиснути, загатити, перебивати; *n* затор, варення, джем

January [джен'юери] *n* січень

Japanese [джененіз] *adj* японський

jaw [джо] *n* щелепа, рот, паща

jealous [джелес] *adj* заздрісний, ревнивий, завидющий, турботливий

jeans [джінз] *n* джінси

jewel [джуел] *n* самоцвіт, коштовність, скарб

jewelry [джуелри] *n* коштовності, ювелірні вироби

Jewish [джуишь] *adj* жидівський, єврейський

job [джоб] *v* працювати відрядно *n* робота, заняття *adj* найманий

jog [джог] *v* штовхати, трусити, струшувати

join [джойн] *v* долучити, з'єднатися, вступати, сходитися; *n* приєднання, місце сполуки

jointly [джойнтли] *adv* спільно, сукупно, разом

joke [джоук] *v* жартувати, посміятися; *n* жарт, дотеп

jolly [джоли] *adj* веселий, жвавий, приємний, втішний *adv* дуже

journal [джиернл] *n* щоденник, журнал

journey [джиерни] *n* подорож, поїздка

joy [джой] *n* радість, утіха; *v* радіти, веселитися

joyful [джойфул] *adj* радісний, задоволений, щасливий

judge [джадж] *n* суддя, знавець, оцінник; *v* судити, оцінювати, вважати, гадати

judgement [джаджмент] *n* вирок, присуд, гадка, думка, оцінка

judicious [джудишес] *adj* розсудливий, поміркований, неупереджений

jug [джаг] *n* глек, гладущик

juice [джус] *n* сік

July [джулай] *n* липень

jump [джамп] *n* скок, стрибо́к *v* скака́ти, стриба́ти, плига́ти, підви́щуватися

June [джун] *n* че́рвень

jungle [джангл] *n* джу́нглі, не́трі, ха́ща

junior [джу́ніер] *adj* моло́дший, у́чень

just [джаст] *adj* справедли́вий, безсторо́нній, пра́вильний, то́чний, зако́нний *adv* то́чно, са́ме, якра́з, про́сто, цілко́м, лише́

justice [джа́стис] *n* справедли́вість, правосу́ддя, заві́дування

justify [джа́стифай] *v* випра́вдувати, знахо́дити, мотивува́ти

justly [джа́стли] *adv* справедли́во, зако́нно

K

keen [кін] *adj* го́стрий, си́льний, пронизливий, палки́й, ре́вний, заповзя́тливий

keep [кіп] *v* трима́ти, держа́ти, зберіга́ти, трива́ти, продо́вжувати, приму́шувати, пильнува́ти, уважа́ти, охороня́ти

kerchief [кие́рчиф] *n* ху́стка, хусти́на

kettle [кетл] *n* казано́к, ча́йник

key [кі] *n* ключ; *v* настро́їти; *adj* ключови́й, керівни́й, головни́й, основни́й, кома́ндний

kick [кик] *v* ко́пати, то́ргати, штовха́ти

kid [кид] *n* козеня, цапеня, дитина
kidnap [кіднеп] *v* викрадати людей
kidney [кідни] *n* нирка
kill [кил] *v* убивати, губити, знищувати, послабляти, заглушити
killer [кілер] *n* убивця
kin [кин] *n* рідня, родич; *adj* споріднений
kind [кайнд] *adj* добрий, милий, ласкавий; *adv* рід, вид, різновидність, сорт
kindergarten [кіндергартн] *n* дитячий садок
kindly [káйндли] *adj* привітний, ласкавий, добрий, м'який; *adv* привітно, ласкаво, ввічливо, люб'язно
kindness [кайнднис] *n* доброта, доброзичливість, ласка
king [кин] *n* король
kingdom [кіндем] *n* королівство, царство
kinship [кіншип] *n* спорідненість, подібність
kiss [кис] *n* поцілунок, чоломкання; *v* цілуватися, чоломкатися
kitchen [кичин] *n* кухня
knapsack [непсек] *n* наплечник
knee [ні] *n* коліно
kneel [ніл] *v* стояти навколішки, ставати
knife [найф] *n* ніж, струг, різець
knit [нит] *v* гачкувати, робити, очкувати
knock [нок] *n* стук, удар; *v* стукати, ударити

knot [нот] *v* зв'язувати, сплутуватися; *n* вузол, гурт, пучок, жмуток, наріст, утруднення, заковика

knotty [ноті] *adj* вузлуватий, заплутаний, морочливий, безвихідний

know [ноу] *v* знати, вміти, пізнавати, відрізняти, помітити, побачити

knowledge [нолидж] *n* знання, пізнання, знайомство, відомість

L

label [лейбл] *n* ярлик, бірка, лейбл, етикетка

labor [лейбер] *n* праця, робота, зусилля, роди, пологи; *v* працювати, домагатися, мучитися родами

laborious [лейберес] *adj* працьовитий, старанний, стомливий, запопадливий

lack [лек] *v* потребувати, не мати, бракувати; *n* брак, недостача, відсутність

ladder [ледер] *n* драбина

lady [лейди] *n* пані, дружина

lake [лейк] *n* озеро

lamb [лем] *n* ягня

lame [лейм] *adj* кривий, кульгавий, закляклий, натягнутий, непереконливий *v* нівечити, покалічити, ушкодити

lamp [лемп] *n* ля́мпа, ліхта́р, світи́льник

land [ленд] *n* земля́, су́ша; *v* прича́лювати до бе́рега, приземля́тися, прибува́ти, опини́тися

landing [ле́ндинг] *n* ви́садка, приземле́ння

landlord [ле́ндлорд] *n* хазя́їн, вла́сник буди́нку, госпо́дар

landmark [ле́ндмарк] *n* ві́ха, орієнти́р

landscape [ле́ндскейп] *v* прикра́шувати; *n* краєви́д, пейза́ж

language [ле́нгуидж] *n* мо́ва

lantern [ле́нтерн] *n* ліхта́р, сві́точ

lap [леп] *n* пола́, колі́на, ло́но; *v* склада́ти, загорта́ти, обку́тувати, охо́плювати, перекрива́ти

large [ландж] *adj* вели́кий, обши́рний; *adv* ши́роко, докла́дно, дета́льно

laser disc [ле́йзер диск] *n* ла́зерний диск

last [ласт] *adj* оста́нній, мину́лий, надзвича́йний; *v* трива́ти, витри́мувати, збері́гатися, виста́чати

lasting [ла́стинг] *adj* трива́лий, тривки́й, міцни́й

late [лейт] *adj* пі́зній, коли́шній, мину́лий, неда́вній, оста́нній; *adv* пі́зно, неда́вно

lately [ле́йтли] *adv* нещода́вно

lateness [ле́йтнис] *n* запі́знювання, спі́знення

latent [лейтент] *adj* прихований, лятентний

later [лейтер] *adv* пізніше

latter [летер] *adj* недавній

laugh [лаф] *v* сміятися; *n* сміх, регіт

laundry [лондри] *n* пральня, білизна

lavish [левишь] *adj* марнотратний, достатній

law [ло] *n* закон, правило

lawn [лон] *n* моріг, мурава

lay [лей] *v* класти, покладати, повалити, прим'яти, вирівнювати, підготовляти

lazy [лейзи] *adj* лінивий, ледачий

lead [лід] *v* вести, приводити, керувати, управляти, примушувати, перевершувати, почати

leader [лідер] *n* керівник, вождь, лідер, передова

leadership [лідершип] *n* провід, керівництво

leaf [ліф] *n* листок, листя

leak [лік] *n* витік, теча; *v* текти, просочуватися

lean [лін] *v* нахилятися, спиратися, покладатися; *adj* худощавий, худий, убогий, бідний, пісний

learn [лиєрн] *v* вчитися, дізнаватися, розвідати

learned [лиєрнид] *adj* учений

learning [лиєрнин] *n* вчення, знання, наука

lease [ліс] *v* здавáти, наймáти; *n* наймáння, орéнда, дóговір

least [ліст] *adj* наймéнший; *n* наймéнша кíлькість

leather [лéзер] *n* шкíра, рéмінь

leave [лів] *v* залишáти, покидáти, від'їжджáти

lecture [лéкчир] *n* лéкція

left [лефт] *adj* лíвий; *adv* злíва

leftover [лéфтоувер] *n* зáлишок, остáча, пережúток

leg [лег] *n* ногá, штанúна, холóша, нíжка, стíйка

legal [лíґел] *adj* правовúй, закóнний, легáльний

legibility [леджибíлити] *n* чíткість

legible [лéджибл] *adj* вирáзний, чíткий, розбíрливий

legislation [леджислéйшн] *n* законодáвство

legitimate [лиджúтимит] *adj* закóнний, прáвильний, законнонарóджений

legitimate [лиджúтимейт] *v* узакóнювати, усиновляти

leisure [лéжер] *n* дозвíлля

lemon [лéмен] *n* цитрúна

lend [ленд] *v* позичáти, давáти, вдавáтися

length [ленгс] *n* довжинá, тривáлість, відрíзок, кусóк

lengthen [лéнгсен] *v* подóвжуватися, тривáти, тягнýтися

lenient [лініент] *adj* поблажливий, м'який, терпеливий, ласкавий
less [лес] *adv* менше
lesson [лесн] *n* година, лекція
lest [лест] *prep* щоб не, як би не
let [лет] *v* дозволяти, пускати, давати
lethal [лісел] *adj* смертоносний, фатальний
letter [летер] *n* буква, літера, послання, література, ученість
lettuce [летис] *n* салата
level [левл] *adj* горизонтальний, рівний, плоский, однаковий; *n* рівень, ступінь, нівелір, рівнина; *v* зрівнювати, згладжувати; *adv* рівно, врівень
liability [лаебіліти] *n* схильність, заборгованість, перешкода
liable [лаебл] *adj* схильний, можливий, зобов'язаний, доступний
liar [лаєр] *n* брехун
liberal [ліберел] *adj* щедрий, великодушний, вільнодумний
liberate [ліберейт] *v* визволяти, звільняти
liberty [ліберти] *n* воля, свобода, привілеї
library [лайбрери] *n* бібліотека
license [лайсенс] *n* ліцензія, дозвіл, вільність, сваволя, розбещеність
lick [лик] *v* лизати, облизувати
lid [лид] *n* кришка, накривка
lie [лай] *v* брехати; *n* брехня

lie [лай] v лежа́ти
life [лайф] n життя́, існува́ння, осо́ба, чи́нність, си́ла
lift [лифт] v підніма́ти, підно́сити, розсі́юватися; n підня́ття, ванта́ж
light [лайт] n сві́тло, осві́тлення, відо́мості, інформа́ція; adj сві́тлий; v осві́тлювати, запа́люватися, світи́ти, опромі́нювати
light [лайт] adj легки́й, незначни́й, дрібни́й, несуво́рий, легкова́жний, весе́лий
light [лайт] v сходи́ти, опуска́тися, па́дати
lighten [лайтн] v осві́тлювати, ся́яти, ясні́шати, виясня́тися, полегшувати
lightly [ла́йтли] adv зле́гка, ледь, споко́йно, урівнова́жено
lightness [ла́йтнис] n ле́гкість, проя́снення, пі́льга, легкова́жність
lightning [ла́йтнин] n бли́скавка
likable [ла́йкебл] adj ми́лий, приє́мний, прина́дний
like [лайк] adj схо́жий, поді́бний, одна́ковий, рі́вний; adv поді́бно, так, можли́во; prep на́че, поді́бно; v подо́батися, люби́ти
likelihood [ла́йклихуд] n ймові́рність
likely [ла́йкли] adj ймові́рний, підхо́жий, можли́вий; adv мабу́ть, звича́йно
likeness [ла́йкнис] n схо́жість, поді́бність, відби́тка

likewise [лáйкуайз] *adv* тáкож, теж, подібно

limb [лим] *n* кінцівка, рукá, ногá, гілля

limber [лúмбер] *adj* гнучкий, піддáтливий, провóрний

limit [лúмит] *n* межá, границя; *v* обмéжувати

limited [лúмитид] *adj* обмéжений

line [лайн] *n* лінія, риска, межá

lineal [лúніел] *adj* родовий, спадкóвий

linen [лúнин] *n* полотнó, білизна

lingual [лúнгуел] *adj* язикóвий, мóвний

link [линк] *n* лáнка, з'єднáння; *v* з'єднувати, зв'язувати, зчéплювати

lion [лáєн] *n* лев

lip [лип] *n* губá, край

liquid [лúкуид] *n* рідинá; *adj* рідкий, нестáлий

liquidate [лúкуидейт] *v* покінчувати, знищувати, ліквідувáти, розрахувáтися

liquor [лúкер] *n* напій, рóзчин

list [лист] *n* спúсок, перéлік, облямівка, нáхил

listen [лисн] *v* слýхати, поступáтися

listener [лúснер] *n* слухáч, радіослухáч

literacy [лúтереси] *n* письмéнність

literal [лúтерел] *adj* буквáльний, тóчний

literate [лúтерит] *adj* письмéнний, освíчений

literature [лúтеречер] *n* літератýра

litter [лі́тер] *n* відхо́ди, безла́ддя, ви́водок, носи́лки *v* смі́тити, підстила́ти
little [литл] *adj* мале́нький, коро́ткий, незначни́й; *adv* небага́то, ма́ло; *n* невели́ка кі́лькість, де́що, дрібни́ця
live [лив] *v* жи́ти, існува́ти, ме́шкати
live [лайв] *adj* живи́й, дія́льний, життє́вий
lively [ла́йвли] *adj* живи́й, весе́лий, яскра́вий, енергі́йний
liver [ли́вер] *n* печі́нка
living [ли́вин] *n* життя́, прожива́ння
loaded [ло́удид] *adj* наванта́жений, обтя́жений
loaf [ло́уф] *n* буха́нка, хлібина, байдикува́ння
local [ло́укл] *adj* місце́вий
locate [лоуке́йт] *v* примі́щувати, пошука́ти, показа́ти, ви́значити
location [лоуке́йшн] *n* ви́значення, поло́ження, помі́щення, посе́лення
lock [лок] *n* замо́к, за́сув, за́щіпка, кля́мка, загві́здок, га́тка, шлю́за; *v* замика́ти, стиска́ти, ута́ювати
log [лог] *n* коло́да, дереви́на
logical [ло́джикл] *adj* логі́чний, послідо́вний
lonely [ло́унли] *adj* само́тній, відлю́дний
lonesome [ло́унсем] *adj* само́тній

long [лон] *adj* довгий, довгастий, видовжений, протяжний; *adv* довго, віддавна, давно; *v* прагнути, зітхати

longing [лонгин] *n* туга, прагнення

look [лук] *v* дивитися, оглядати, стежити, шукати, здаватися; *n* погляд, вникання, вигляд, зовнішність

lookout [лукаут] *n* пильність, спостерігач, дозорці

loose [лус] *adj* вільний, незв'язаний, просторий, нещільний, неточний, розпущений, неохайний; *v* звільняти, визволяти, розв'язувати, розпускати; *adv* вільно, просторо

loosen [лусн] *v* ослаблятися, розв'язувати, розхитувати, відпускати

lose [луз] *v* губити, втрачати, програвати, позбавляти, загинути, пропустити

loss [лос] *n* втрата, програш, шкода

lost [лост] *adj* втрачений, загублений, програний

loud [лауд] *adj* голосний, гучний, звучний, крикливий

loudly [лаудли] *adv* голосно, гучно, кричуще

love [лав] *n* любов, кохання *v* любити, кохати, хотіти, бажати

lovely [лавли] *adj* гарний, прекрасний, милий, розкішний

lover [лавер] *n* коханий, коханець

loving [ла́вин] *adj* лю́блячий, ні́жний, ві́дданий

low [ло́у] *adj* низьки́й, невели́кий, мілки́й, слабки́й, ти́хий; *adv* ни́зько, злиде́нно, сла́бо, ти́хо

lower [ло́уер] *v* хму́ритися, диви́тися серди́то

loyal [по́ел] *adj* ві́рний, лоя́льний

lucid [лу́сид] *adj* я́сний, прозо́рий, зрозумі́лий

luck [лак] *n* ща́стя, до́ля, тала́н, уда́ча

lucky [ла́ки] *adj* щасли́вий, вда́лий, уда́чливий

luggage [ла́гидж] *n* бага́ж

luminous [лу́минес] *adj* світни́й, сві́тлий, я́сний, зрозумі́лий

lunch [ланч] *n* легка́ пере́куска; *v* переку́шувати

lung [лан] *n* леге́ня

lurk [лиерк] *v* хова́тися, кри́тися, прита́їтися

lust [ласт] *n* хти́вість, при́страсть

lustre [ла́стер] *n* блиск, сла́ва, по́лиск

luxurious [лагжу́еріес] *adj* розкі́шний

lying [ла́їн] *n* брехня́, непра́вда; *adj* брехли́вий, неправди́вий, облу́дний, обма́нний

lying [ла́їн] *adj* лежа́чий

lyrical [лі́рикл] *adj* емоці́йний, лірі́чний

M

machine [мешін] *n* машина, механізм

mad [мед] *adj* божевільний, скажений, шалений, несамовитий, розлючений

madden [медн] *v* дратувати, зводити з розуму

made [мейд] *adj* зроблений, фабричний

madness [мéднис] *n* божевілля, безумство, шаленість, несамовитість

magazine [мéгезин] *n* журнал, магазин

magic [мéджик] *n* магія, чари, чаклунство; *adj* магічний, чародійний

magnificent [мегніфисент] *adj* розкішний, пишний, чудовий

magnify [мéгнифай] *v* збільшувати

magnitude [мéгнитуд] *n* величина, розмір, важливість, значущість

maid [мейд] *n* служниця, покоївка, дівчина, слýжка

maiden [мейдн] *n* дівчина; *adj* неодружена, дівочий

mail [мейл] *n* пошта

main [мейн] *adj* головний, основний

mainly [мéйнли] *adv* здебільшого, переважно

maintain [мейнтéйн] *v* утримувати, відстоювати, обстоювати

maize [мейз] *n* кукурудза

majestic [меджéстик] *adj* величний

major [мейджер] *adj* більший, важливіший

majority [меджорити] *n* більшість, повноліття

make [мейк] *v* робити, творити, становити, складати, ставати, приготовити, спонукувати

male [мейл] *n* самець, чоловік

malice [меліс] *n* злоба

malicious [мелишес] *adj* злобливий, злий

maltreat [мелтріт] *v* зневажати, не шанувати, поневіряти

man [мен] *n* людина, чоловік, людство

manage [менидж] *v* управляти, завідувати, керувати, впоратися

management [менйджмент] *n* управління, керівництво, діловодство

manhood [менхуд] *n* зрілість, змужнілість

manifest [меніфест] *adj* явний, очевидний; *v* робити очевидним, виявляти

manipulate [меніп'юлейт] *v* поводитися, керувати, маніпулювати

mankind [менкайнд] *n* людство, чоловіки

manner [менер] *n* спосіб, манера, рід, сорт

manual [мен'юел] *adj* ручний

manufacture [мен'юфекчир] *v* виробляти, фабрикувати, продукувати, вигадувати; *n* виробництво, продукція, фабрикація, вироби

manuscript [мен'юскрипт] *n* рукопис

many [мені] *adj* багато, численні

map [меп] *n* карта, мапа
March [марч] *n* березень
march [марч] *v* марширувати; *n* марш, похід, розвиток
margin [марджин] *n* край, берег, грань, поле, проміжок
marital [мерітл] *adj* подружній, шлюбний, чоловіків
mark [марк] *n* знак, слід, позначка, мітка, оцінка, штамп, границя, норма; *v* відзначати, штемпелювати, мітити
marked [маркт] *adj* відзначений, помітний, виразний
market [маркит] *n* базар, торгівля, ринок, торг, збут; *v* купувати, продавати, збувати
marketing [маркетин] *n* маркетинг
marriage [меридж] *n* одруження, заміжжя
married [мерид] *adj* одружений, жонатий
marry [мері] *v* одружуватися, женитися
martial [маршел] *adj* воєнний, войовничий
marvel [марвел] *n* чудо, диво; *v* дивуватися, захоплюватися
marvelous [марвелес] *adj* дивовижний, чудовий
masculine [меск'юлин] *adj* чоловічий, мужній
mask [меск] *n* маска, личина, машкара; *v* маскувати, приховувати, прикидатися

mass [мес] *n* маса, велика кількість, безліч
master [мастер] *n* господар, хазяїн, майстер, учитель; *v* оволодівати, опановувати, подолати, справитися, перебороювати, керувати
masterpiece [мастерпіс] *n* шедевр, архітвір
match [меч] *n* сірник, рівня, пара, дібрана, змагання, гра *v* підходити, відповідати, одружуватися
materialize [метіеріелайз] *v* здійснюватися, матеріалізуватися
maternity [метиєрнити] *n* материнство
matter [метер] *n* справа, питання, предмет, зміст, речовина, матеріял; *v* значити
mature [мечуер] *v* досягати, дозрівати, наставати *adj* стиглий, дозрілий, готовий
maturity [мечуерти] *n* зрілість, стиглість
May [мей] *n* травень
may [мей] *v* могти, мати можливість
maybe [мейбі] *adv* можливо, мабуть
meadow [медоу] *n* луг
meal [міл] *n* їжа
mean [мін] *v* означати, чинити; *adj* посередній, поганий, слабкий, підлий, нечесний, скупий, занедбаний
meaning [мінінг] *n* значення; *adj* багатозначний, значущий

meanness [мінис] *n* підлість, убогість, скупість, нікчемність
measure [межер] *n* міра, критерій, захід, крок, розмір; *v* міряти, оцінювати, визначати
measurement [межермент] *n* розмір, вимірювання
meat [міт] *n* м'ясо
meddle [медл] *v* втручатися, вмішуватися, устрявати
medial [мідіел] *adj* середній, серединний
medicaid [медикейд] *n* медикейд
medical [медикл] *adj* лікарський, медичний
medicine [медсин] *n* медицина, ліки
meditate [медитейт] *v* міркувати, роздумувати, замишляти, розважати
medium [мідіем] *n* середина, посередництво, засіб, оточення, умови; *adj* середній, проміжний
meek [мік] *adj* лагідний, покірний, смиренний
meet [міт] *v* зустрічатися, здибатися, збиратися, сходитися, знайомитися, задовольняти, стикатися, сплачувати, збиратися
meeting [мітин] *n* збори, засідання, мітинг
melon [мелон] *n* диня
melt [мелт] *v* топитися, розплавляти, танути, розпускатися, м'якшати, зникати

member [мембер] *n* член

memorial [меморіел] *n* пам'ятник, замітка; *adj* пам'ятний, меморіальний

memorize [мемерайз] *v* вивчити, запам'ятовувати

memory [мемери] *n* пам'ять, спомин, спогад

menace [менес] *n* загроза, небезпека; *v* загрожувати

mend [менд] *n* штопання, лагодження, латання, поліпшення; *v* штопати, латати, ремонтувати, поліпшувати

mental [ментл] *adj* розумовий, мислений, психічний

mention [меншн] *v* згадувати

merchant [миерчент] *n* купець, торговець; *adj* торговий

merciful [миерсифул] *adj* милосердний, співчутливий, м'який

merciless [миерсилис] *adj* безжалісний, немилосердний

merge [миердж] *v* зливатися, поглинати, лучитися, сполучатися, втілюватися

merit [мерит] *n* заслуга, достоїнства, цінність, важливість

merry [мери] *adj* веселий, радісний

mess [мес] *n* безлад, гидота, неприємності, страва, замішка; *v* бруднити, смітити, нівечити, псувати

message [месидж] *n* повідомлення, послання, відомість, доручення
messy [меси] *adj* безладний, неохайний, брудний
method [месед] *n* метода, спосіб, система
methodical [месодикл] *adj* систематичний, методичний
midday [мидей] *n* полудень, південь
middle [мидл] *n* середина *adj* середній
midnight [миднайт] *n* північ
midway [мидуей] *adv* на півдорозі
midwife [мидуайф] *n* повитуха
might [майт] *n* могутність, міць, сила, потужність
mighty [майти] *adj* могутній, всесильний
migrate [майґрейт] *v* переселятися, мигрувати
mild [майлд] *adj* лагідний, м'який, тихий, теплий, легкий, слабкий
military [милитери] *adj* військовий, воєнний
milk [милк] *n* молоко; *v* доїти
milliard [мил'ярд] *n* мільярд
million [міл'єн] *n* мільйон
mind [майнд] *n* розум, глузд, ум, думка, погляд, нагадування, бажання; *v* пам'ятати, займатися, уважати, берегтися, повинуватися, заперечувати
mindful [майндфул] *adj* уважний, дбайливий

mingle [мингл] *v* змішуватися, бувати, обертатися

minor [майнер] *adj* менший, незначний, другорядний

minority [майнорити] *n* меншість, неповноліття

minute [минит] *n* хвилина, мить, момент

miracle [миракл] *n* чудо, дивна річ

miraculous [мирек'юлес] *adj* чудесний, дивний, надприродний

mirror [мирер] *n* дзеркало; *v* віддзеркалювати, відображати

misbehave [мисбихейв] *v* погано поводитися

miscellaneous [мисилейніес] *adj* мішаний, різноманітний, всесторонній

mischief [мисчиф] *n* зло, лихо, шкода, збиток

mischievous [мисчивес] *adj* злий, зловмисний, пустотливий, неслухняний, шкідливий, згубний

miserable [мизеребл] *adj* бідолашний, жалюгідний, поганий, убогий

misery [мизери] *n* злидні, нужда, убогість, терпіння

misfortune [мисфорчен] *n* невдача, нещастя, горе, лихо

miss [мис] *v* схибити, промахнутися, пропустити, не помітити, не почути; *n* приціл, промах, відсутність, втрата missing [мисин] *adj* відсутній

mistake [містейк] *n* помилка, непорозуміння; *v* помилятися

mistrust [містраст] *v* не довіряти; *n* недовір'я, підозра

mix [мікс] *v* змішуватися, сполучити, спілкуватися, дружити; *n* змішування, суміш, плутанина, безладдя

mixed [мікст] *adj* змішаний, різнорідний

mobile [моубайл] *adj* рухомий, рухливий, жвавий

mock [мок] *v* висміювати, насміхатися, глумитися, кепкувати; *adj* несправжній, удаваний, фальшивий, підроблений

mode [моуд] *n* спосіб, метода, вид, форма

moderate [модерит] *adj* помірний, стриманий, середній, приступний, спокійний, урівноважений

moderate [модерейт] *v* стримувати, приборкувати, вгамовувати, стихати

modern [модерн] *adj* сучасний, новий

modest [модист] *adj* скромний, помірний, стриманий

modify [модифай] *v* видозмінювати, перетворюватися

moist [мойст] *adj* вогкий, вологий, дощовий

moisten [мойсн] *v* змочуватися, відволожуватися

moment [момент] *n* мить, хвилина, момент

momentary [мóментери] *adj* хвили́нний, момента́льний, короткоча́сний
Monday [мáнди] *n* понеді́лок
money [мáни] *n* гро́ші, валю́та
monkey [мáнки] *n* ма́впа
monotonous [менóтенес] *adj* одномані́тний, нудни́й
monster [мóнстер] *n* потво́ра, страхо́вище, дивогля́д
monstrous [мóнстрес] *adj* потво́рний, жахли́вий, величе́зний
month [манс] *n* мі́сяць
monthly [мáнсли] *adj* щомі́сячний
monument [мóн'юмент] *n* па́м'ятник, монуме́нт
monumental [мон'юме́нтл] *adj* незвича́йний, дивови́жний, монумента́льний
mood [муд] *n* на́стрій
moon [мун] *n* мі́сяць
mop [моп] *n* ми́йка, па́тли, грима́са; *v* чи́стити, змива́ти, витира́ти
moral [мóрел] *adj* мора́льний, ети́чний, доброче́сний, повча́льний; *n* мора́ль, повча́ння
moreover [мо́ро́увер] *adv* крім то́го, притóму, на́дто
morning [мо́рнин] *n* ра́нок
morose [меро́ус] *adj* пону́рий, похму́рий
mortal [мо́ртел] *adj* сме́ртний, смерте́льний

mortality [мортéлити] *n* смéртність
mostly [мóустли] *adv* здебíльшого, перевáжно
mother [мáзер] *n* мáти
mother-in-law [мáзеринло] *n* тéща, свекрýха
motherland [мáзерленд] *n* батькíвщина, вітчúзна
motion [мóушн] *n* рух, хід
motivate [мóутивейт] *v* мотивувáти
motive [мóутив] *n* мотúв, прúвід, спонýка; *adj* рушíйний
mount [мáунт] *v* підніматися, сходити, підвищуватися, лізти, оправляти, вставляти
mountain [мáунтин] *n* горá, кýпа, бéзліч
mountainous [мáунтинес] *adj* горúстий, величéзний
mourn [морн] *v* оплáкувати, лементувáти, сумувáти
mournful [мóрнфул] *adj* жалíбний, сумнúй
mourning [мóрнин] *n* жалóба, голосíння, плач
mouse [мáус] *n* мúша
moustache [местáшь] *n* вýса
mousy [мáуси] *adj* мишáчий, тúхий, боязкúй
mouth [мáус] *n* устá, рот, гúрло, шúйка, óтвір, вхід

move [мув] v рухатися, пересуватися, ворушитися, зворушувати, хвилювати, переселятися, посунути

movement [мувмент] n рух, переміщення, пересування, перехід, переїзд, переселення, темп, швидкість

movies [мувиз] n кіно

much [мач] adj багато; adv дуже, майже, приблизно

mud [мад] n грязь, болото, твань

muddy [маді] adj болотний, брудний, каламутний, нечистий

mug [маг] n глек, кухоль

multiple [малтипл] adj багаторазовий, численний, складний

multiply [малтиплай] v збільшуватися, множити

multitude [малтитюд] n безліч, велика кількість, натовп

munch [манч] v жувати, хрупати, цямкати

murder [миердер] n убивство; v убивати

museum [м'юзіем] n музей

mushroom [машрум] n гриб

music [м'юзик] n музика

must [маст] v виражає повинність, необхідність

mustard [мастерд] n гірчиця

mutate [м'ютейт] v видозмінюватися

mute [м'ют] adj німий, безмовний

mutiny [м'ютини] *n* заколот, повстання, бунт

mutual [м'ючуел] *adj* взаємний, обопільний

mystery [містери] *n* таємниця, містерія

N

nail [нейл] *n* цвях, ніготь, кіготь; *v* прибивати

naked [нейкид] *adj* голий, незахищений, явний, очевидний

name [нейм] *n* ім'я, назва, найменування, слава, шана; *v* називати, призначати

nameless [неймлис] *adj* безіменний, невимовний

namely [неймли] *adv* а саме, тобто

nap [неп] *v* дрімати; *n* дрімота, короткий сон

napkin [непкин] *n* серветка, підгузок

narrate [нерейт] *v* розказувати, оповідати

narration [нерейшн] *n* розповідь

narrative [неретив] *n* оповідання, повість; *adj* розповідний

narrow [нероу] *adj* вузький, тісний, скрутний, обмежений, докладний, точний

nasal [нейзл] *adj* носовий

nasty [насті] *adj* огидний, бридкий, мерзенний, нестерпний, непривітний, прикрий

nation [нейшн] *n* нація, народ

national [нешенл] *adj* національний, народний

nationality [нешенéлиті] *n* національність, громадянство

native [нейтив] *n* уродженець, тубілець; *adj* рідний, природний, тубільний

natural [нéчрел] *adj* природний, натуральний, справжній, звичайний, нормальний, властивий, невимушений

naturally [нéчрели] *adv* природно, звичайно, зроду, невимушено, легко

nature [нéйчир] *n* природа, натура, рід, гатунок, характер

nausea [нóше] *n* млість, нудотність, відраза

naval [нейвл] *adj* морський

navigate [нéвигейт] *v* плавати, літати, керувати

near [нієр] *adv* близько, коло, біля, недалеко, віддалік, поряд, скоро, незабаром

nearby [нієрбай] *adj* близький, недалекий, сусідський; *adv* поблизу, віддалік

nearly [нієрли] *adv* майже, приблизно

neat [ніт] *adj* чистий, охайний, чіткий, точний, старанний

neatly [нітли] *adv* охайно, акуратно, чітко, вправно

necessarily [несисе́рили] *adv* обов'язко́во, немину́че, необхі́дно

necessary [не́сисери] *adj* потрі́бний, немину́чий, коне́чний

necessity [нисе́сити] *n* необхі́дність, потре́ба, бі́дність, нужда́

neck [нек] *n* ши́я, ко́мір, переши́йок

necklace [не́клейс] *n* намі́сто

need [нід] *n* потре́ба, неста́ток, бі́дність, нужда́; *v* потребува́ти

needle [нідл] *n* го́лка, крючо́к, стрі́лка, шпиль

needy [ні́ди] *adj* бі́дний, нужде́нний

negate [ниге́йт] *v* запере́чувати, відкида́ти

negation [ниге́йшн] *n* запере́чення, протистоя́ння, протиле́жність

negative [не́гетив] *adj* від'є́мний, запере́чний, негати́вний

neglect [негле́кт] *v* не́хтувати, легкова́жити; *n* не́хтування, знева́га

negligent [не́глиджент] *adj* недба́лий, знева́жливий, неоха́йний, байду́жий

negotiate [неґо́ушейт] *v* перегово́рювати, домовля́тися

neighbor [не́йбер] *n* сусі́д; *adj* сусі́дній, сумі́жний; *v* межува́ти, ме́шкати, прожива́ти

neighborhood [не́йберхуд] *n* сусі́дство, сусі́ди, близькість

neither [найзер] *adj* ні той, ні інший, жоден

nephew [нев'ю] *n* племінник, небіж

nerve [нієрв] *n* нерв, сила, бадьорість, жилка

nervous [нієрвес] *adj* нервовий, знервований, подразливий, схвильований, тривожний

nest [нест] *n* гніздо, кубло, виводок

net [нет] *n* сіть, тенета; *adj* чистий

neutral [н'ютрел] *adj* невтральний, серéдній, проміжний

neutralize [н'ютрелайз] *v* невтралізувати, врівноважувати

never [невер] *adv* ніколи

nevertheless [неверзилéс] *adv* проте

new [н'ю] *adj* новий, інший, свіжий, недавній, сучасний; *adv* недавно, заново

newborn [н'юборн] *adj* новонароджений

news [н'юс] *n* новина, вісті, звістка

newspaper [н'юспéйпер] *n* часопис, газета

next [некст] *adj* наступний, найближчий, сусідній, майбутній; *adv* потім, знову; *prep* поруч, біля

nice [найс] *adj* гарний, милий, хороший, приємний

niece [ніс] *n* племінниця

night [найт] *n* ніч, вечір, темрява, пітьма

nightfall [найтфол] *n* присмерк

nightingale [найтингейл] *n* соловей

nightmare [найтмеир] *n* кошмар, примара, страхіття

nine [найн] *num* дев'ять

nineteen [найнтін] *num* дев'ятнадцять

no [ноу] *adj* ніякий, не; *adv* не, ніскільки; *n* заперечення, відмова

nobility [ноубіліти] *n* дворянство, шляхта

noble [ноубл] *adj* шляхетний, знатний, вельможний

nobody [ноубеди] *pron* ніхто

nod [нод] *v* кивати, потакати, дрімати, куняти

noise [нойз] *n* крик, вереск, галас, гамір; *v* розголошувати

noisy [нойзи] *adj* крикливий, верескливий, галасливий, гамірливий

nominate [номінейт] *v* іменувати, висувати, призначати

none [нан] *pron* ніхто, жоден; *adv* ніскільки, анітрохи

nonsense [нонсенс] *n* дурниця, нісенітниця, безглуздя

noodle [нудл] *n* локшина

noon [нун] *n* полудень, південь

norm [норм] *n* норма, зразок, стандарт

normal [нормел] *adj* нормальний, звичайний, правильний

north [норс] *n* північ

nose [ноуз] *n* ніс, нюх, чуття; *v* нюхати, чути, простежити, просуватися

nostril [нострил] *n* ніздря
not [нот] *adv* не
note [ноут] *n* запис, нотатка, замітка, виноска, розписка, увага, видатність; *v* помічати, записувати
noted [ноутид] *adj* відомий
nothing [насин] *n* ніщо
notice [ноутис] *n* оповістка, сповіщення, попередження, об'ява *v* помічати, відзначати, попереджати
notify [ноутифай] *v* повідомляти, сповіщати, оголошувати
notion [ноушн] *n* ідея, поняття, уявлення, погляд, думка
notorious [ноуторіес] *adj* горезвісний, явний, загальновідомий
nourish [наришь] *v* живити, годувати, плекати
novel [новл] *n* повість, роман
novelty [новелти] *n* новина, новаторство
November [ноувембер] *n* листопад
now [нау] *adv* тепер, вже, щойно *conj* коли, якщо, раз
nowhere [ноууеир] *adv* нікуди, ніде
nude [нуд] *adj* голий, непокритий
nuisance [н'юснс] *n* прикра, лихо, біда, прикрість, клопіт, досада
null [нал] *adj* недійсний, нечинний
nullify [налифай] *v* скасувати, розривати, анулювати

numb [нам] *adj* отéрплий, заціпенíлий, заклякий, задубíлий
number [нáмбер] *n* числó, кíлькість, числó, сýма, цúфра, вúпуск, ряд, сéрія; *v* почúслити, порахувáти, нумерувáти
numbness [нáмнис] *n* затéрплість, задубíлість, нечутлúвість
numeral [н'ю́мерел] *adj* числовúй, цифровúй
numerate [ну́мерейт] *v* рахувáти, лічúти, нумерувáти
numerous [ну́мерес] *adj* числéнний
nurse [ниєрс] *n* доглядáльниця, ня́ня, годувáльниця; *v* ня́ньчити, лікувáти, годувáти
nut [нат] *n* горíх

O

oat [оут] *n* овéс
oath [óус] *n* прися́га, кля́тва
obedience [ибідíенс] *n* слухня́ність, покóра
obedient [ибідíент] *adj* слухня́ний, покíрний
obey [ибéй] *v* слýхатися, корúтися, підкоря́тися
object [óбджект] *n* предмéт, річ, метá

object [ібджéкт] *v* заперéчувати, протúвитися

objection [ібджéкшн] *n* запéречення, зáкид, протéст

obligation [облигéйшн] *n* обов'язок

oblige [иблáйдж] *v* зобов'язувати, робúти пóслугу

oblique [иблúк] *adj* похúлий, косúй, посерéдній, кружнúй

oblivion [иблúвіен] *n* забуття, непáм'ять

obscene [обсíн] *adj* непристóйний, безсорóмний, плюгáвий, огúдний

obscure [ибск'юер] *adj* неясний, невідóмий, прихóваний, тьмянúй, хмýрий, відлюдний *v* прихóвувати, затéмнювати, затьмáрювати

obscurity [ибск'юрити] *n* неясність, нерозумíлість, прихóвання, відлюддя, невідóмість, тéмрява

observation [обзиервéйшн] *n* спостерéження, нáгляд, зауваження

observe [ибзиéрв] *v* спостерігáти, стéжити, помічáти, дотрúмувати

obstacle [óбстекл] *n* перепóна, завáда, перешкóда

obstruct [ибстрáкт] *v* перешкоджáти, забивáти, заступáти

obstruction [ибстрáкшн] *n* перепóна, перешкóда, завáда, обстрýкція

obtain [ібтéйн] *v* одéржувати, здобувáти, існувáти

obvious [óбвіес] *adj* очевúдний, я́сний, я́вний

occasion [икéйжн] *n* нагóда, можлúвість, прúвід, причúна, підстáва, окáзія

occasional [икéйжнл] *adj* випадкóвий, принагíдний

occupation [ок'юпéйшн] *n* заня́ття, фах, прáця

occupy [óк'юпай] *v* займáти, заволодівáти, окупувáти

occur [икиéр] *v* трапля́тися, відбувáтися, попадáтися

ocean [óушн] *n* океáн

October [октóубер] *n* жóвтень

odd [од] *adj* непарúстий, рíзний, випадкóвий, дúвний

odor [óудер] *n* зáпах, аромáт, слáва

offend [ифéнд] *v* ображáти, вражáти, порушáти, завинúти

offer [óфер] *v* пропонувáти, принóсити, трапля́тися, стáвити *n* пропозúція, зая́ва, освíдчення

offering [óферин] *n* жéртва, поже́ртвування

offspring [óфспринг] *n* пáросток, нащáдок

often [офн] *adv* чáсто, багáто разíв

oil [ойл] *n* олíя, нáфта, мастúло

ointment [óйнтмент] *n* мазь, притирáння, помáда

old [оулд] *adj* стари́й, да́вній, поно́шений, застарі́лий, досві́дчений

omission [оуми́шн] *n* про́пуск, упу́щення, недо́гляд, недоба́чення

omit [оуми́т] *v* випуска́ти, включа́ти, нехтува́ти, злегкова́жити

on [он] *prep* на, над, бі́ля, ко́ло, до, по, пі́сля, про́тягом

once [уа́нс] *adv* раз

one [уа́н] *num* оди́н; *adj* одна́ковий

oneness [уа́нніс] *n* є́дність, тото́жність, незмі́нність, зго́да

oneself [уансе́лф] *pron* себе́, собі́

onion [а́н'єн] *n* цибу́ля

only [оу́нли] *adj* є́диний, одино́кий; *adv* ті́льки, лише́, щойно *conj* але́, ті́льки, якби́, коли́б

onward [о́нуерд] *adv* вперед́, да́лі

open [о́упен] *adj* відкри́тий, відчи́нений, досту́пний, незайня́тий, ві́льний, щи́рий; *v* відкрива́ти, відчиня́тися, розши́рювати

opening [о́упенин] *n* о́твір, щі́лина, відкрива́ння, прохі́д, поча́ток, вступ

operate [о́перейт] *v* ді́яти, працюва́ти, керува́ти

opinion [ипи́ніен] *n* ду́мка, по́гляд

opponent [ипо́унент] *n* проти́вник, супе́рник; *adj* протиле́жний, супроти́вний

opportunity [оперт'юнити] *n* нагода, можливість

oppose [ипоуз] *v* противитися, опиратися, перешкоджати, заважати

opposite [опезит] *adj* протилежний, супротивний, відмінний, неоднаковий; *adv* напроти

opposition [опезишн] *n* опір, протилежність, протистояння

oppress [ипрес] *v* гнобити, гнітити, неволити

oppression [ипрешн] *n* гноблення, гніт, тиранія

oppressive [ипресив] *adj* гнітючий, жорстокий, обтяжливий, тяжкий

optimistic [оптимйстик] *adj* життєрадісний, оптимістичний

option [опшн] *n* альтернатива, вільний вибір

optional [опшенл] *adj* довільний, необов'язковий

or [ор] *conj* або, чи

oral [орел] *adj* усний, ротовий

orange [ориндж] *n* апельсин *adj* помаранчовий, оранжевий, апельсиновий

orchard [орчерд] *n* сад

order [ордер] *n* порядок, наказ, послідовність, замовлення; *v* наказувати, розпоряджатися, замовляти

ordinary [о́рднри] *adj* звича́йний, зага́льний, буде́нний, типови́й

origin [о́риджин] *n* похо́дження, поча́ток, джерело́

original [ириджинел] *adj* перві́сний, самобу́тній, оригіна́льний, спра́вжній, нови́й, сві́жий

orphan [орфн] *n* сирота́ *v* осироти́ти

orthodox [о́рседокс] *adj* правосла́вний, загальноприйня́тий, ортодокса́льний

other [а́зер] *adj* і́нший, котри́йсь, дру́гий; *adv* іна́кше

otherwise [а́зеруайз] *adv* іна́кше, по-і́ншому

ought [от] *v* виража́є пови́нність

out [а́ут] *adv* назо́вні, геть; *adj* зо́внішній, кра́йній, незвича́йний

outburst [а́утбиерст] *n* спа́лах, ви́бух

outcast [а́уткаст] *n* поки́дько, вигна́нець

outdated [аутдейтид] *adj* застарі́лий

outfit [а́утфит] *n* устаткува́ння, виря́дження, обла́днання; *v* споряджа́ти, виряджа́ти

outlet [а́утлет] *n* ви́хід, ви́тік, ги́рло

outline [а́утлайн] *n* о́брис, на́рис, схе́ма, конспе́кт

outlook [а́утлук] *n* вид, крає́вид, сподіва́ння

output [а́утпут] *n* видо́буток, ви́пуск, проду́кція

outrage [áутрейдж] *n* образа, зневага, моральна кривда; *v* ображати, зневажати, порушувати

outrageous [аутрейджіес] *adj* образливий, обурливий, негідний, підлий

outside [аутсайд] *n* частина, поверхня, зовнішність; *adv* зовні, надворі; *prep* поза, за межі

outskirts [áутскиертс] *n* передмістя, околиці, край

outstanding [аутстéндин] *adj* видатний, знаменитий

outstretched [аутстрéчт] *adj* простягнений, розпростертий

outward [áутуерд] *adj* зовнішній, навколишній, поверхневий

outwards [áутуердз] *adv* назовні

over [óувер] *prep* над, вище, через, більше, щодо, про

overall [óуверол] *adj* всеосяжний, загальний; *adv* скрізь, всюди

overcast [óуверкаст] *v* затьмарювати, затягати; *adj* хмарний, похмурий

overcoat [óуверкоут] *n* плащ, пальто

overcome [óуверкам] *v* подолати, перемогти, побороти

overcrowded [оуверкрáудид] *adj* переповнений

overdue [оуверд'ю] *adj* запізнений

overhead [óуверхед] *adj* вéрхній, надзéмний
overnight [óувернайт] *adv* напередóдні, ввéчері, всю ніч
owe [óу] *v* заборгувáтися, завдячувáти
own [óун] *adj* свій влáсний, рíдний; *v* мáти, посідáти, признавáтися
owner [óунер] *n* влáсник, госпóдар

P

pace [пейс] *n* крок, ходá, швúдкість; *v* крокувáти, ступáти
pacific [песúфік] *adj* спокíйний, мúрний
pacify [пéсифай] *v* заспокóювати, усмиряти, умиротворяти
pack [пек] *n* пакýнок, клýнок, в'юк, бéоліч, грýпа, заготíвля; *v* пакувáтися, запóвнювати, набивáтися, скýпчуватися
package [пéкідж] *n* пакýнок, пáка, клýнок, посúлка; *v* пакувáти
pad [пед] *n* подýшка, набúвка, сідéлко
page [пейдж] *n* сторíнка
pail [пейл] *n* відрó
pain [пейн] *n* біль, страждáння, гóре, зусúлля, старáння
painful [пéйнфул] *adj* болючий, бóлізний

paint [пейнт] *v* малюва́ти, фарбува́ти, зобража́ти

painter [пе́йнтер] *n* живопи́сець, худо́жник, мисте́ць, маля́р

painting [пе́йнтин] *n* карти́на, жи́вопис, малюва́ння

pair [пеир] *n* па́ра, подру́жжя, нарече́ні

palace [пе́лис] *n* пала́ц, пала́та

pale [пейл] *adj* блідий, тьмя́ний

palm [пам] *n* доло́ня, па́льма

palpable [пе́лпебл] *adj* відчу́тний, помі́тний, очеви́дний

pan [пен] *n* сковорода́, кастру́ля, лото́к

pancake [пе́нкейк] *n* млине́ць

paper [пе́йпер] *n* папі́р, газе́та, докуме́нт

paradise [пе́редайс] *n* рай

paraphrase [пе́рефрейз] *v* перепові́дати, парафразува́ти

parasite [пе́расайт] *n* парази́т, дармої́д, чужої́д

parcel [парсл] *n* клу́нок, поси́лка, паку́нок, ку́пка

pardon [пардн] *n* проба́чення, проще́ння; *v* проща́ти, вибача́ти

parent [пе́ирент] *n* ба́тько, ма́ти, ро́дич

park [парк] *n* парк, запові́дник

parking [па́ркин] *n* стоя́нка

parrot [пе́рет] *n* папу́га

parsley [па́рсли] *n* петру́шка

part [парт] *n* частина, участь, сторона; *v* розставатися, розділятися, відокремлюватися; *adv* почасти, частково

partial [паршел] *adj* частковий, неповний, окремий, небезсторонній

participant [партисипейшн] *n* учасник

participate [партисипейт] *v* брати участь

particular [пертік'юлер] *adj* особливий, винятковий, специфічний, старанний

partly [партли] *adv* частково, почасти

party [парти] *n* партія, група, вечірка

pass [пас] *v* минати, проходити, випереджати, відбуватися, траплятися, діставатися, виносити, зникати, умерти; *n* прохід, перепустка, протока, перевал

passage [песидж] *n* перехід, проходження, коридор, хід

passenger [песинджер] *n* пасажир, сідок

passer-by [пасербай] *n* перехожий

passing [пасин] *adj* минущий, миттєвий, випадковий *n* проходження, перебіг

passion [пешн] *n* пристрасть, запал, приступ

passionate [пешенит] *adj* пристрасний, палкий, гарячий

passive [песив] *adj* бездіяльний, пасивний, інертний

past [паст] *adj* минулий; *adv* мимо; *prep* мимо, повз, за, після, понад

path [пас] *n* дорога, стежка, шлях

pathetic [песéтик] *adj* зворýшливий, патетúчний, жáлісний

patience [пéйшенс] *n* терпелúвість, витривáлість

patient [пéйшент] *adj* терпелúвий, витривáлий; *n* хвóрий

pattern [пéтерн] *n* зразóк, узóр, крій

pause [поз] *n* перéрва, пáвза, перепочúнок; *v* спинятися, перепочивáти

pavement [пéйвмент] *n* проклáдена дорóга, тротуáр

paw [по] *n* лáпа

pay [пей] *v* платúти, винагорóджувати, відшкодóвувати, окупúтися

payment [пéймент] *n* сплáта, відплáта

pea [пі] *n* горóх

peace [піс] *n* мир, спóкій, тúша

peaceful [пíсфул] *adj* мúрний, спокíйний

peach [піч] *n* пéрсик

pear [пéир] *n* грýша

peasant [пéзент] *n* селянúн; *adj* селянський, сільськúй

peculiar [пик'юліер] *adj* особлúвий, влáсний, особúстий, незвичáйний, дúвний, виняткóвий

peculiarity [пик'юлиéрити] *n* особлúвість, влáстивість, дúвність

pedestrian [пидéстріен] *n* пішохíд; *adj* пíший

peel [піл] *v* лупúти, обдирáти, лýщити

pen [пен] *n* перо
penal [пінл] *adj* кримінальний, карний
penalize [пінелайз] *v* карати, штрафувати
pencil [пенсл] *n* олівець
penetrate [пенитрейт] *v* проникати, пробивати, просочувати, вникати, вдертися
penetration [пенитрейшн] *n* проникнення, вдертя, вторгнення, прорив
people [піпл] *n* народ, нація, люди, населення, жителі, мешканці
pepper [пепер] *n* перець; *v* перчити
perceive [персів] *v* відчувати, усвідомлювати, спостерігати, помічати, зауважувати, збагати
perception [персепшн] *n* сприймання, уявлення, відчування, розуміння
perfect [пиерфикт] *adj* досконалий, цілковитий, бездоганний, точний, цілісний, закінчений, знаменитий; *v* вдосконалювати, поліпшувати
perform [перформ] *v* робити, здійснювати, сповнювати
performance [перформенс] *n* виконання, здійснення, гра
perhaps [перхепс] *adv* можливо, може бути
period [піеріед] *n* епоха, доба, період, цикл, крапка
periodic [пієріодик] *adj* періодичний, циклічний

perish [пе́ришь] *v* ги́нути, пропа́сти, зотлі́ти, спали́ти

permanent [пие́рменент] *adj* постійний, довгоча́сний

permissible [перми́себл] *adj* дозво́лений, припусти́мий

permission [перми́шн] *n* до́звіл, зго́да, домо́вленість

permit [пие́рмит] *n* пере́пустка, до́звіл

permit [перми́т] *v* дозволя́ти, допуска́ти

persecute [пие́рсик'ют] *v* пересліду́вати, гноби́ти, чіпля́тися, напастува́ти, докуча́ти

persecution [пие́рсик'юшн] *n* переслі́дування, гоні́ння, гно́блення

persist [перси́ст] *v* упира́тися, наполяга́ти, ви́тримати, ви́стояти, зберіга́ти

persistence [перси́стенс] *n* наполе́гливість, упе́ртість, трива́лість, постійність

persistent [перси́стент] *adj* наполе́гливий, стійки́й, постійний, тривки́й

person [пие́рсен] *n* осо́ба, персо́на

personality [пиерсене́лити] *n* особи́стість, індивідуа́льність

perspiration [пиерспере́йшн] *n* піт, потіння

persuade [персуе́йд] *v* умовля́ти, переко́нувати, підговори́ти

persuasion [персуе́йжн] *n* переко́нування, переко́нливість, віросповіда́ння

pertain [пиертéйн] *v* належати, стосуватися, підходити
pertinent [пióртинент] *adj* доречний, придатний, влучний, слушний
perverse [первиéрс] *adj* вередливий, злий, дволичний, злостивий, упертий, помилковий
pervert [первиéрт] *v* перекручувати, зводити, псувати
pet [пет] *n* улюблене звірятко, улюбленець, пестунчик
petition [петíшн] *n* прохання, клопотання, благання, молитва; *v* благати, просити, молити, випрошувати
petty [пéти] *adj* незначний, неважливий, дрібний
pharmacy [фáрмеси] *n* фармацевтика, аптека
phase [фейз] *n* стадія, різновидність, аспект, період
phenomenal [финóминл] *adj* незвичайний, виключний, рідкісний
phrase [фрейз] *n* вислів, фраза, речення
physical [фíзикл] *adj* фізичний, тілесний
physician [физíшн] *n* лікар
pick [пик] *v* вибирати, зривати, знімати, протикати, обгризати, обскубувати, дерти, красти; *n* вибір, кайло, мотика
pickled [пиклд] *adj* солоний, маринований

picture [пікчир] *n* картина, малюнок, зображення, портрет; *v* малювати, зображати, уявляти

picturesque [пикчереск] *adj* мальовничий, образний, яскравий

pie [пай] *n* солодкий пиріг, тортик

piece [піс] *n* кусок, крихта, уламок, обривок, річ, латка, зразок, монета

pig [пиг] *n* свиня

pigeon [піджин] *n* голуб

pile [пайл] *n* купа, стіс, нагромадження, стоян; *v* складати, нагромаджувати

pillow [пілоу] *n* подушка, підкладка

pin [пин] *n* шпилька, брошка, кілок, штифт; *v* пришпилювати, прикріпляти

pinch [пинч] *v* щипати, мулити, зморщувати, марніти; *n* щипок, защемлення, пучка

pineapple [пайнепл] *n* ананас

pink [пинк] *adj* рожевий

pit [пит] *n* яма, западина, пастка, віспина

pitch [пич] *v* кидати, жбурляти, метати, подавати

pitiful [пітифул] *adj* жалісливий, бідолашний

pity [піти] *n* жалість, милосердя, співчуття; *v* жаліти

place [плейс] *n* місце, житло, сидіння, уривок; *v* ставити, розміщувати, класти

plain [плейн] *adj* зрозумілий, ясний, очевидний, прямий, звичайний, рівний, гладкий, простий, щирий

plane [плейн] *n* площина, рівень, літак; *adj* плоский, площинний

plant [плант] *n* рослина, саджанець, устаткування; *v* садити

plate [плейт] *n* тарілка, гравюра, панцир

play [плей] *n* гра, забава, вистава, поведінка, дія, воля; *v* гратися, розважатися, виконувати, діяти, переливатися

plea [плі] *n* просьба, привід

plead [плід] *v* виправдуватися, захищати, просити, благати

pleasant [плезнт] *adj* приємний, милий, приятельський

please [пліз] *v* подобатися, догоджати, примилятися

pleasure [пле́жер] *n* задоволення, втіха, розвага, бажання

plenty [пленті] *n* достаток, надмір, безліч

plug [плаг] *n* затичка, стопор; *v* втикати, уткнути, закупорювати

plum [плам] *n* слива

plural [плю́ерел] *adj* множинний, численний

pocket [по́кит] *n* кишеня, вибоїна, луза

poem [по́уим] *n* поема, вірш

poetry [по́уитри] *n* поезія, вірші, поетичність

point [пойнт] *n* крапка, питання, суть, предмет, точка, місце; *v* гострити, наводити, вказувати, спрямовувати

pointed [пойнтид] *adj* проникливий, гострий, наведений

poison [пойзн] *n* отрута; *v* отруювати

poisonous [пойзнес] *adj* отруйний

police [полі́с] *n* поліція; *v* охороняти, патрулювати

polish [полішь] *v* полірувати, чистити; *n* лиск, політура, витонченість, показність

polished [полішьт] *adj* блискучий, вишуканий, витончений

polite [пелайт] *adj* ввічливий, витончений, пристойний

politeness [пелайтнис] *n* ввічливість, чемність, вихованість

pollute [пелют] *v* забруднювати, паскудити

pollution [полюшн] *n* забруднення, нечистота

pond [понд] *n* став, водоймище

poor [пу́ер] *adj* бідний, неза́можний, нещасний, убогий, непоказний

popular [по́п'юлер] *adj* народний, загальнопоширений, популярний

popularity [поп'юле́рити] *n* приступність, зрозумілість

population [поп'юлéйшн] *n* насéлення, засéлення, жи́телі

pork [порк] *n* свини́на

porridge [пóридж] *n* кáша, вівся́нка

port [порт] *n* порт, гáвань

portable [пóртебл] *adj* склáдáний, розбíрний

porter [пóртер] *n* воротáр, посильник

portion [поршн] *n* чáстка, части́на, надíл, придáне, спáдок, дóля

portrait [пóртрит] *n* портрéт, зобрáження, óпис

portray [портрéй] *v* зобрáжати, опи́сувати, змальóвувати

pose [пóуз] *v* позувáти, стáвити; *n* пóза, удавáння

position [пези́шн] *n* полóження, мíсце, розташувáння, станóвище

positive [пóзитив] *adj* пéвний, тóчний, рішу́чий, наявний, су́щий, незапéречний, додáтний, спасéнний

possess [позéс] *v* володíти, мати, опу́тувати, посідáти

possessed [позéст] *adj* божевíльний, одержи́мий

possession [позéшн] *n* володíння, майнó, влáсність

possibility [посеби́лити] *n* можли́вість, імовíрність

possible [пóсибл] *adj* можли́вий

postpone [поустпо́ун] *v* відкладати, відстрочувати

posture [по́счир] *n* поза, положення, стан

pot [пот] *n* горщо́к, глек, ку́бок

potato [пете́йтоу] *n* карто́пля

potency [по́утенси] *n* си́ла, міць, спромо́жність

potent [по́утент] *adj* си́льний, міцни́й, могу́тній, спромо́жний

pour [пор] *v* ли́тися, впада́ти, пуска́ти

poverty [по́верти] *n* бі́дність, убо́гість

power [па́уер] *n* си́ла, міць, поту́жність, могу́тність, держа́ва

powerful [па́уерфул] *adj* си́льний, могу́тній, сильноді́ючий

practical [пре́ктикл] *adj* практи́чний, доці́льний

practice [пре́ктис] *n* впра́ва, пра́ктика, дія, тренува́ння, зви́чка

praise [прейз] *n* хвала́, велича́ння; *v* хвали́ти, прославля́ти, звели́чувати

pray [прей] *v* моли́тися, проси́ти, блага́ти

prayer [пре́ер] *n* моли́тва, проха́ння, блага́ння

preach [пріч] *v* проповідувати, повча́ти, спону́кувати

precede [прісі́д] *v* передува́ти, перева́жати, промо́щувати

preceding [прісі́дин] *adj* попере́дній

precious [прешес] *adj* дорогоцінний, коштовний, дорогий, витончений

precise [присайс] *adj* точний, акуратний, чіткий

precision [присижн] *n* точність, чіткість, влучність

predecessor [предисесер] *n* попередник, предок

predict [придикт] *v* віщувати, пророкувати, передрікати, завбачати

prediction [придикшн] *n* провіщення, передречення, пророцтво, завбачення

preface [префис] *n* передмова, вступ

prefer [прифер] *v* воліти, підвищувати, призначувати, подавати

preference [преференс] *n* перевага, першенство

pregnancy [прегненси] *n* вагітність, черевастість

prejudice [преджудис] *n* упередження, шкідливість

preliminary [прилиминери] *adj* попередній, вступний, підготовний

premature [прімечуер] *adj* передчасний, поспішний, непродуманий

preparation [преперейшн] *n* готування, препарат

prepare [препеир] *v* готуватися, прокласти, уторувати

prerequisite [пріреквизитив] *adj* необхідний

prescribe [прискрайб] *v* приписувати, прописувати

presence [прéзенс] *n* присутність, наявність, постáва

present [прéзнт] *n* подарýнок; *adj* присýтній, наявний

present [призэнт] *v* дарувáти, засвíдчувати, ставлятися

preservation [презиервéйшн] *n* зберігáння, запобігáння, консервувáння, переховування

preserve [презіéрв] *v* берегтú, охороняти, переховувати, заготовляти

press [прес] *v* тúснути, пресувáти, видáвлювати; *n* тиск, пóспіх, надáвлювання, друкáрня, нáтовп

pressure [прéшер] *n* тиск, стúснення, настíйність, напрýга

presume [приз'юм] *v* припускáти, гадáти, насмíлюватися

presumption [призáмпшн] *n* припýщення, здóгад, дóмисел, правдоподíбність

pretence [притéнс] *n* удавáння, прикидáння, обмáн

pretend [притéнд] *v* удавáти, прикидáтися, насмíлюватися, рискувáти

pretty [прúти] *adj* гарнéнький, прекрáсний, приємний

prevail [превéйл] *v* панувáти, існувáти, перебóрювати, умовляти

prevalent [пре́велент] *adj* поши́рений, перева́жний

prevent [привéнт] *v* перешкоджа́ти, запобіга́ти, не допуска́ти

previous [прі́віес] *adj* попере́дній

previously [прі́віесли] *adv* заздалегі́дь, ранíше

prey [прей] *n* здо́бич, жир, тварина, же́ртва

price [прайс] *n* ціна́

priceless [пра́йслис] *adj* неоціне́нний, кошто́вний, дорогоці́нний

pride [прайд] *n* го́рдість, горди́ня, пиха́

priest [пріст] *n* свяще́ник

primary [пра́ймери] *adj* перви́нний, основни́й, найважливі́ший

prime [прайм] *adj* головни́й, основни́й, найважливі́ший *n* ро́зквіт, цвіт, поча́ток, весна́

primitive [при́мітив] *adj* приміти́вний, перви́нний, первобу́тній, основни́й, про́стий

principal [при́нсепл] *adj* головни́й, основни́й

principle [при́нсепл] *n* при́нцип, тве́рдження, причи́на, осно́ва, но́рма

prison [призн] *n* в'язни́ця, тюрма́

privacy [пра́йвеси] *n* відокре́млення, само́тність, зати́шшя, таємни́ця

private [прáйвит] *adj* особи́стий, привáтний, самóтній, таємний, прихóваний, зати́шний

prize [прайз] *n* нагорóда, прéмія, трофéй; *adj* нагорóджений, премійóваний; *v* оці́нювати

probably [прóбебли] *adv* мáбуть, можли́во

problem [прóблем] *n* пита́ння, завда́ння, проблéма; *adj* трудни́й, важки́й, примхли́вий

proceed [преси́д] *n* прибýток, ви́торг; *v* продóвжувати, розвивáтися, вихóдити, міня́ти, порýшувати

process [прóсес] *n* процéс, рух, течія́, спóсіб, стáдія

proclaim [преклéйм] *v* проголóшувати, оповіща́ти

produce [пред'ю́с] *v* продукувáти, виробля́ти, пред'явля́ти, постачáти; *n* продýкт, результáт, нáслідок

productive [предáктив] *adj* продукти́вний, родю́чий, плі́дний

profane [префéйн] *adj* богохýльний, нечисти́вий, погáний, мирськи́й

proficiency [префі́шенси] *n* умі́ння, впрáвність, досві́дченість

proficient [префі́шент] *adj* впрáвний, умі́лий, досві́дчений; *n* знавéць, спеціялі́ст

protest [про́утест] *n* запере́чення, супере́чка, о́пір

protést [претéст] *v* запере́чувати, протестува́ти

proud [прауд] *adj* го́рдий, зарозумі́лий, пиха́тий, чудо́вий, вели́чний, пи́шний

proudly [пра́удли] *adv* го́рдо, вели́чно

prove [прув] *v* дово́дити, засві́дчувати, виявля́тися, випробо́вувати, стве́рджувати

proverb [про́верб] *n* прислі́в'я, при́казка

provide [преваи́нд] *v* постача́ти, заготовля́ти, забезпе́чувати, утри́мувати, запобіга́ти

providence [про́виденс] *n* провиді́ння, бережли́вість, переба́чливість

provident [про́видент] *adj* передба́чливий, оба́чний, обере́жний, оща́дливий

prudence [пру́денс] *n* розсу́дливість, розва́жливість, передба́чливість, обере́жність

prudent [пру́дент] *adj* розсу́дливий, передба́чливий, обере́жний

psychology [сайко́лоджи] *n* психоло́гія

public [па́блик] *adj* грома́дський, держа́вний, наро́дний, відкри́тий, прилю́дний; *n* грома́дськість, пу́бліка, наро́д

publication [публике́йшн] *n* вида́ння, опублікува́ння, оголо́шення

publish [па́блишь] *v* видава́ти, публікува́ти, оголо́шувати

pull [пул] *v* тягну́ти, висми́кувати, сі́пати, рва́ти, веслува́ти, притяга́ти

pulse [палс] *n* пульс, биття́, почуття́, на́стрій

pump [памп] *n* насо́с, по́мпа; *v* помпува́ти, нагніта́ти

pumpkin [па́мпкин] *n* гарбу́з

punish [па́нишь] *v* кара́ти

punishment [па́нишьмент] *n* ка́ра, покара́ння

pupil [п'юпл] *n* у́чень, вихова́нець

puppet [па́пет] *n* ля́лька, маріоне́тка

purchase [пие́рчес] *v* купува́ти, придба́ти; *n* купі́вля, придба́ння

pure [п'ю́ер] *adj* чи́стий, вира́зний, непоро́чний, спра́вжній, я́вний, про́стий, абстра́ктний

purify [п'ю́ерифай] *v* очища́тися

purple [пие́рпл] *adj* пурпу́рний, багро́вий

purpose [пие́рпес] *n* на́мір, мета́, ціль, призна́чення, у́спіх

purse [пиерс] *n* гамане́ць, гро́ші, скарб

pursue [перс'ю́] *v* пересліду́вати, іти́, продо́вжувати, гна́тися, дратува́ти

push [пушь] *v* пха́тися, напира́ти, просува́тися, тисну́тися, штовха́тися, штурха́ти, ква́пити, сприя́ти

put [пут] *v* кла́сти, ста́вити, дава́ти, приво́дити, поя́снювати, оці́нювати

profile [про́уфайл] *n* о́брис, ко́нтур, про́філь

profit [про́фит] *n* прибу́ток, ко́ристь

progress [про́угрес] *n* по́ступ, прогре́с, дося́гнення, у́спіхи, ро́звиток, просува́ння

progress [прегре́с] *v* прогресува́ти, розвива́тися, удоскона́люватися

progressive [прегре́сив] *adj* поступо́вий, прогреси́вний, поступа́льний

prohibit [прехі́бит] *v* забороня́ти, заважа́ти

prolong [прело́н] *v* продо́вжувати, протяга́ти

prominent [про́минент] *adj* видатни́й, визначни́й, відо́мий, опу́клий

promise [про́мис] *n* обіця́нка, очі́кування; *v* обіця́ти, запевня́ти

promote [премо́ут] *v* підви́щувати, допомога́ти, підтри́мувати, заохо́чувати

promotion [премо́ушн] *n* підви́щення, сприя́ння, заохо́чення

pronounce [прена́унс] *v* вимовля́ти, оголо́шувати, заявля́ти, висло́влюватися

proof [пруф] *n* дове́дення, до́каз, гра́нка; *adj* неподатли́вий, витрива́лий, несхи́льний, непрони́кний

proper [про́пер] *adj* власти́вий, відпові́дний, нале́жний, пра́вильний, присто́йний

property [про́перти] *n* вла́сність, господа́рство, майно́, я́кість, озна́ка, прикме́та

prophesy [про́фиси] *v* пророкува́ти, віщува́ти

prophet [про́фит] *n* проро́к, прові́сник

proposal [препо́узл] *n* пропози́ція, вне́сення

propose [препо́уз] *v* пропонува́ти, гада́ти, представля́ти, осві́дчуватися

prosecute [про́сик'ют] *v* пору́шувати, прово́дити, вико́нувати, продо́вжувати, обвинува́чувати

prosecution [просик'ю́шн] *n* оска́рження, обвинува́чення, ве́дення, вико́нування

prosper [про́спер] *v* ма́ти у́спіхи, процвіта́ти, сприя́ти

prosperity [просп́ерити] *n* добро́бут, процвіта́ння

prosperous [про́сперес] *adj* успі́шний, замо́жний

prostrate [простре́йт] *v* підкоря́ти, висна́жувати; *adj* розпросте́ртий, знемо́жений, знеси́лений

protect [прете́кт] *v* захища́ти, охороня́ти, оберіга́ти, забезпе́чувати

protection [прете́кшн] *n* за́хист, охоро́на, покриття́, опі́ка, підтри́мка

protective [прете́ктив] *adj* захисни́й, охоро́нний

putrid [п'ютрид] *adj* трухлий, гнилий, зіпсований

puzzle [пазл] *n* загадка, морока, питання

Q

quake [куейк] *v* дрижати, тремтіти, труситися *n* дрож, дрижання, тремтіння

qualification [куолификейшн] *n* визначення, придатність

qualified [куолифайд] *adj* підхожий, придатний, компетентний

qualify [куолифай] *v* кваліфікувати, готуватися, визначувати

quality [куолити] *n* якість, властивість, особливість, прикмета, становище

quantitative [куонтитетив] *adj* кількісний

quantity [куонтити] *n* кількість, розмір, величина

quarrel [куорел] *n* сварка, лайка, чвари, спір *v* сваритися, сперечатися

quarrelsome [куорелсем] *adj* сварливий, причепливий

quarter [куортер] *n* чверть, четверть, пощада, помилування

queen [куін] *n* королева, матка

queer [куіер] *adj* дивний, чудний, чудернацький

question [куéсчен] *n* пита́ння, спра́ва, пробле́ма, допи́тування, обгово́рювання, су́мнів *v* пита́ти, допи́тувати, дослі́джувати, сумніва́тися

quick [куи́к] *adj* швидки́й, жва́вий, мото́рний, би́стрий, нетерпели́вий, поспі́шливий, го́стрий *adv* шви́дко, ско́ро, нега́йно

quiet [куа́ет] *adj* споко́йний, ти́хий, нечу́тний, скро́мний, ми́рний *n* ти́ша, спо́кій, мир

quit [куи́т] *v* залиша́ти, ки́дати, припиня́ти

quite [куа́йт] *adv* зо́всім, цілко́м, по́вністю, ду́же

quiz [куи́з] *v* опи́тувати, глузува́ти, насміха́тися *n* о́пит, насмі́шка, жарт

quote [куо́ут] *v* цитува́ти, посила́тися, бра́ти в лапки́

R

rabbit [ре́бит] *n* кріль, кро́лик
race [рейс] *n* змага́ння, го́нки, бороть́ба́, бистрина́, пото́мство, рід, похо́дження; *v* змага́тися, мча́ти, гна́ти
racial [ре́йшел] *adj* ра́совий

radiant [рейдіент] *adj* променистий, випромінюючий, сяючий

radical [редикел] *adj* корінний, основний, радикальний, повний

rage [рейдж] *n* лють, гнів, несамовитість, пристрасть; *v* лютувати, казитися, шаленіти

ragged [регид] *adj* драний, кострубатий, кошлатий, неохайний

raid [рейд] *n* наскок, облава, наліт

railroad [рейлроуд] *n* залізниця

rain [рейн] *n* дощ

rainbow [рейнбоу] *n* веселка, райдуга

raincoat [рейнкоут] *n* дощовик

raise [рейз] *n* підвищення, підняття, збільшення; *v* піднімати, зчиняти, добувати, вирощувати, видавати, полохати, рости

random [рендем] *adj* підібраний, випадковий, безладний

range [рейндж] *n* ряд, пасмо, напрям, межа, простір, галузь, царина, обсяг, віддаль; *v* мандрувати, шикуватися, тягтися

rank [ренк] *n* ряд, лава, звання, чин, розряд; *adj* розкішний, буйний, зарослий, вонючий

ransom [ренсем] *n* викуп

rape [рейп] *n* гвалтування, викрадання; *v* гвалтувати, викрадати

rapid [ре́пид] *adj* швидки́й, ско́рий
rare [ре́йр] *adj* рідкісний, незвича́йний, вийняткόвий, негусти́й
rash [решь] *adj* нава́льний, швидки́й, необере́жний, необа́чний
raspberry [ра́збери] *n* мали́на
rate [рейт] *n* но́рма, ста́вка, ціна́, пропо́рція, шви́дкість, хід, сорт; *v* оці́нювати, обчисля́ти, вважа́ти, розгляда́ти
rather [ра́зер] *adv* кра́ще, перева́жно, ра́дше, вірні́ше, злегка́
rating [ре́йтін] *n* ре́йтинг
rational [ре́шенл] *adj* розва́жливий, доці́льний, помірко́ваний, пра́вильний
rattle [ретл] *v* тріскоті́ти, деренча́ти, ру́хатися, ляща́ти; *n* тріск, деренча́ння, цокоті́ння, пихті́ння, калата́ло
raw [ро] *adj* сири́й, недова́рений
ray [рей] *n* про́мінь, про́блиск
razor [ре́йзер] *n* бри́тва
reach [річ] *v* простяга́ти, ді ста ва́тися, прибува́ти; *n* простяга́ння, доса́жність, охо́плення, кругозі́р, протя́жність
read [рід] *v* чита́ти, поясню́вати, пока́зувати, вивча́ти, мі́ряти, говори́ти
reader [рі́дер] *n* чита́ч, коре́ктор, хрестома́тія
readiness [ре́динис] *n* готόвність, ме́ткість, жва́вість, зго́да

reading [рідин] *n* читáння, знання́, розумíння

ready [рéди] *adj* готóвий, згóдний, схи́льний, охóчий

real [ріел] *adj* дíйсний, безперéчний, реáльний, нерухóмий

realize [ріелайз] *v* збагáти, здíйснювати, реалізувáти, нагромáджувати

really [ріели] *adv* дíйсно, спрáвді

reason [різн] *n* причи́на, при́від, рóзум ви́правдання, розсу́дливість; *v* міркувáти, перекóнувати, умовля́ти

reasonable [різнебл] *adj* розсу́дливий, помірко́ваний, недорогий, можли́вий

rebel [рибéл] *v* повставáти, протидíяти

rebellion [ребéліен] *n* бунт, зáколот, повстáння, óпір

rebellious [ребéліес] *adj* бунтáрський, заколóтний, упéртий, неслухня́ний

recall [рикóл] *n* відкли́кання, скасувáння; *v* відклика́ти, виводити, скасóвувати, згáдувати, воскрешáти

receipt [риси́т] *n* розпи́ска, квитáнція

receive [риси́в] *v* одéржувати, прийма́ти, діставáти, місти́ти

recent [ри́сент] *adj* недáвній, остáнній, свíжий

recently [ри́сентли] *adj* недáвно, щóйно

reception [рисéпшн] *n* прийма́ння, одéржання, вечíрка, зу́стріч

recess [рисéс] *n* перéрва, нíша, тайнúк

reciprocal [рисúпрекел] *adj* обопíльний, відповíдний

recitation [реситéйшн] *n* деклямáція, публíчне читáння

recite [рисáйт] *v* деклямувáти, розповідáти

reckless [рéклис] *adj* нерозсýдливий, необáчний, зневáжливий

recognition [рекегнúшн] *n* визнáння, схвáлення, розпізнавáння

recognize [рéкегнайз] *v* пізнавáти, усвідóмлювати

recommend [рекоменд] *v* рáдити, доручáти, рекомендувáти, представляти

reconstruction [рикенстрáкшн] *n* перебудóва

record [рéкорд] *n* зáпис, звіт, протокóл

record [рикóрд] *v* запúсувати, протоколювáти

recover [рикáвер] *v* знайтú, видýжувати, регенерувáти, зуживáти

recovery [рикáвери] *n* вúдужання, віднóвлення, відшкодувáння

recreation [рекрiéйшн] *n* розвáга

recuperate [рик'юперéйт] *v* видýжувати

red [ред] *adj* червóний, багрóвий, кривáвий, рудúй

redeem [ридíм] *v* звільняти, викупляти, викóнувати, рятувáти

redeemer [ридíмер] *n* рятівнúк, визволúтель, спасúтель

reduce [рид'юс] v зменшувати, скорочувати, схуднути, перетворювати

reduced [рид'юст] adj зменшений, знижений, скорочений

redundant [ридáндент] adj зáйвий, надмíрний, багатослíвний

refer [рифиéр] v відсилáти, удавáтися, передавáти, стосувáтися

reference [рéфренс] n дóвідка, посилáння, вúноска, згáдування, нáтяк, рекомендáція

reflect [рифлéкт] v відбивáти, відображáти

reflection [рифлéкшн] n відбиття́, дýмка, вíдблиск, óбраз, розмірко́вування

reflex [рíфлекс] n рефлéкс, вíдрух, відбиття́, вíдблиск; adj рефлектóрний, мимовíльний, відбúтий

refrain [рифрéйн] v утрúмуватися; n прúспів, повтóрення

refresh [рифрéшь] v освіжáти, підновля́ти, оживля́ти

refrigerate [рифрúджерейт] v охолóджувати, заморóжувати

refugee [рéф'юджі] n бíженець, утікáч

refuse [риф'юз] v відмовля́тися, заперéчувати

regard [ригáрд] v вважáти, стосувáтися; n пóгляд, привíт, віднóшення, увáга, прихúльність

regardless [ригáрдлис] *adj* необáчний, нерозвáжливий

region [рíджен] *n* країна, смýга, сфéра

regional [рíдженл] *adj* обласнúй, місцéвий, райóнний

register [рéджистер] *n* перéлік, зáслінка; *v* запúсуватися, реєструвáтися

regret [ригрéт] *v* жалкувáти, шкодувáти, розкáюватися; *n* жаль, гóре, каяття́, вúбачення

regular [рéг'юлер] *adj* прáвильний, спрáвний, нормáльний, тóчний, постíйний, черговúй, регуля́рний

regulate [рéг'юлейт] *v* упорядкóвувати, регулювáти, пристосóвувати

rehearsal [рихиéрсел] *n* репетúція

reign [рейн] *n* царювáння, пануáння; *v* царювáти, володíти, пануáти

reincarnation [ріинкарнéйшн] *n* перевтíлення

reinforce [ріинфóрс] *v* підкріпля́ти, посúлювати

reinforcement [ріинфóрсмент] *n* підкрíплення, змíцнення, підмóга

reject [риджéкт] *v* відкидáти, відмовля́ти, забракóвувати, виверґáти

rejection [риджéкшн] *n* відмóва, відхúлення, відкидáння, бракувáння

rejoice [риджóйс] *v* рáдувати, веселúтися, святкувáти

relate [рилéйт] *v* розповідáти, стосувáтися

related [рилейтид] *adj* споріднений, приналежний

relationship [рилейшншип] *n* спорідненість, відношення, зв'язок, стосунки

relative [рéлетив] *n* родич; *adj* відносний, порівняльний, взаємний, залежний

relax [рилекс] *v* відпочивати, ослаблятися, відідхнути

release [рилис] *v* випускати, звільняти, закінчувати, дарувати, випускати; *n* звільнення, розписка, відкриття

relevant [реливент] *adj* доречний

reliable [рилаєбл] *adj* певний, надійний, достовірний

relief [рилиф] *n* полегшення, заспокоєння, допомога, зміна

relieve [релив] *v* зменшувати, полегшувати, виручати, зміняти

religious [рилиджес] *adj* релігійний, віруючий

relish [рéлишь] *n* присмак, запах, домішка, приправа, задоволення, уподобання

reluctance [рилактенс] *n* неохота, небажання, відраза

reluctant [рилактент] *adj* неохочий, некваплúвий

rely [рилай] *v* покладатися, довіряти

remain [римейн] *v* залишатися, зоставатися

remark [римарк] *v* помічати, висловлюватися; *n* помітка, зауваження
remarkable [римаркебл] *adj* видатний, славетний, незвичайний
remedy [ремиди] *n* ліки, засіб; *v* виліковувати, виправляти, зараджувати
remember [ремембер] *v* пригадувати, пам'ятати, дарувати, відписувати
remembrance [ремембренс] *n* пам'ять, згадка, сувенір
remind [римайнд] *v* нагадувати
reminiscence [реминиснс] *n* спогад, мемуари
remit [римит] *v* пересилати, прощати, зменшуватися
remorse [римoрс] *n* каяття, жаль
remote [римоут] *adj* далекий, самотній, відлюдний
remove [римув] *v* переміщувати, усувати, виносити, знімати, звільняти
renounce [ринаунс] *v* відмовлятися, зрікатися, відкидати
renown [ринаун] *n* слава, популярність
renowned [ринаунд] *adj* славетний, відомий, популярний
rent [рент] *n* квартирна плата, роздертя, щілина; *v* наймати, здавати в оренду
repair [рипеир] *v* лагодити, поправляти; *n* лагодження, ремонт
repeat [рипіт] *v* повторювати, переказувати

repeated [ripítid] *adj* повторний
repent [ripént] *v* розкаюватися, шкодувати
repentance [ripéntens] *n* каяття, жаль
repetition [репитішн] *n* повторення
reply [риплáй] *v* відповідати
report [рипóрт] *n* звіт, поголос, чутка; *v* звітувати, доповідати, рапортувати
represent [ризпризéнт] *v* зображати, представляти, символізувати
representative [ризпризéнтетив] *n* представник, уповноважений, приклад; *adj* представницький, характеристичний, показовий
reproach [рипрóуч] *n* докір, ганьба, сором; *v* дорікати, лаяти
reproduce [ріпред'юс] *v* породжувати, відтворювати, розмножуватися
reproductive [ріпредáктив] *adj* відтворювальний, плодовитий
repulse [рипáлс] *v* відкидати, відпихати, відражати; *n* відсіч, відбиття, відмова
reputation [реп'ютéйшн] *n* поважність, повага, авторитет, репутація, слава
request [рикуéст] *n* прохання, вимога, запит; *v* прохати, запитувати
require [рикуáєр] *v* наказувати, зобов'язувати, потребувати, залежати
requirement [рикуáєрмент] *n* вимога, потреба

rescue [реск'ю] v рятувáти, визволя́ти, вируча́ти; n рятувáння, ви́зволення
research [рисиéрч] v дослíджувати
resemblance [ризéмбленс] n схóжість
resemble [ризéмбл] v скидáтися
resent [ризéнт] v обу́рюватися, обража́тися
resentful [ризéнтфул] adj обрáжений, злопáм'ятний, урáзливий
resentment [ризéнтмент] n обу́рення, скри́вдження, обрáза
reservation [резервéйшн] n застерéження, прихóвування, замóвчування, обмéження
reserve [ризиéрв] v зберігáти, заощáджувати, прибеpiгáти; n запáс, резéрва, застерéження, стри́маність
reserved [ризéрвд] adj стри́маний, помiркóваний, запасни́й
reside [рисáйд] v проживáти, мéшкати, належáти
resign [ризáйн] v відмовля́тися, складáти, залишáти
resigned [ризáйнд] adj покíрний
resist [ризи́ст] v проти́витися, протидíяти, устоя́ти, стри́муватися
resistance [ризи́стенс] n óпір, протидíя, опíрність
resistant [ризи́стент] adj стійки́й, витривáлий, загартóваний, несхи́льний
resource [рисóрс] n зáсоби, ресу́рси, можли́вість, мéткість, спри́тність

resourceful [рисорсфул] *adj* винахідливий, меткий

respect [риспект] *n* повага, відношення, пошана, привіт, поклін; *v* поважати, шанувати

respectful [риспектфул] *adj* шанобливий, ввічливий, чемний

respiration [респерейшн] *n* дихання

responsibility [респонсебілити] *n* відповідальність, обов'язок

responsible [респонсбл] *adj* відповідальний, достовірний

rest [рест] *n* відпочинок, сон, спокій; *v* відпочивати, затримуватися, спиратися, покладати, клопотати, надіятися

restaurant [рестерен] *n* харчівня, ресторан

restless [рестлис] *adj* неспокійний, нетерплячий, невгамовний

restore [ристор] *v* відновлювати, повертати

restrain [ристрейн] *v* стримувати, вгамовувати, обмежувати

restraint [ристрейнт] *n* стриманість, самовладання, обмеження, приборкання

result [ризалт] *n* наслідок, результат, підсумок, ефект; *v* випливати, виникати, закінчуватися

resurrection [резерекшн] *n* воскрешення, відновлення

retain [ритейн] *v* утримувати, зберігати

retard [ритáрд] *v* сповíльнювати, гальмувáти, припиняти

retention [ритéншн] *n* стрúмування, збéрéження, здíбність

reticent [рéтиснт] *adj* потайнúй, стрúманий

retire [ритáєр] *v* ітú, опускáти, звільнятися, відступáти

return [ритиéрн] *v* поверта́ти, відпла́чувати; *n* пове́рнення, відда́ча, відшкодува́ння, прибу́ток

reveal [ривíл] *v* виявляти, викривáти

revelation [ревелéйшн] *n* виявлення, відкриття, одкровéння

revenge [ривéндж] *n* пóмста; *v* мстúтися

reverse [ривéрс] *n* протилéжне, невдáча; *adj* зворóтний, протилéжний, супротúвний; *v* перевертáти, переставляти

review [рив'ю́] *v* переглядáти, перевіряти, робúти óгляд; *n* óгляд, перевіряння, рецéнзія

revise [ривáйз] *v* виправляти, переглядáти, міняти

revive [ривáйв] *v* пожвáвлюватися, оживáти, відсвíжувати

revolve [ривóлв] *v* обертáтися, обмірковувати, передýмувати

reward [риуóрд] *n* нагорóда, відплáта; *v* нагорóджувати, віддячувати

rib [риб] *n* ребро́
ribbon [ри́бн] *n* стрі́чка
rice [райс] *n* рис
rich [рич] *adj* бага́тий, розкі́шний, ці́нний, родю́чий, яскра́вий, живи́й, м'яки́й
riddle [ридл] *n* за́га́дка
ride [райд] *v* ї́хати, гна́ти, керува́ти
rifle [райфл] *n* рушни́ця, гвер
right [райт] *adj* пра́вий, ві́рний, справедли́вий, нале́жний; *adv* пра́вильно, справедли́во, про́сто, то́чно, якра́з
ring [рин] *n* кільце́, круг, ба́нда
ring [рин] *v* дзвені́ти, звуча́ти, луна́ти
rinse [ринс] *v* полоска́ти, промива́ти; *n* полоска́ння
riot [ра́єт] *n* бунт, за́колот, розгу́л
ripe [райп] *adj* зрі́лий, сти́глий, спі́лий, змужні́лий
ripen [ра́йпен] *v* зрі́ти, спі́ти, достига́ти
rise [райз] *v* підніма́тися, встава́ти, схо́дити, зроста́ти; *n* злі́т, підне́сення, зроста́ння, полі́пшення, ви́хід
river [ри́вер] *n* ріка́
road [ро́уд] *n* доро́га, шлях, ву́лиця
roar [рор] *v* реві́ти, рича́ти, горла́ти
roast [ро́уст] *v* пекти́ся, сма́житися, випа́лювати; *adj* пече́ний, жа́рений, сма́жений

rob [роб] v грабувáти, обкрадáти
robbery [рóбери] n грабíж, крадíж
rock [рок] n скéля, кáмінь, опóра
rocky [рóки] adj скелястий, кам'янистий, твердий
room [рум] n кімнáта, примíщення, мíсце, можлúвість
root [рут] n кóрінь, джерелó; v вкорíнюватися, прикóвувати, рúти
rope [рóуп] n мóтуз, шнур, канáт
rose [рóуз] n троянда
rot [рот] v гнúти, псувáтися, мóкнути
rotten [ротн] adj гнилúй, зіпсóваний, тýхлий, огúдний
rough [раф] adj нерíвний, шорсткúй, коструб́а́тий, шершáвий, неввíчливий, різкúй, тяжкúй, важкúй, терпкúй
roughly [рáфли] adv грýбо, невáжливо, бурхлúво, рíзко, мáйже
round [рáунд] adj крýглий, кульовúй, сутýлий, коловúй
rouse [рáуз] v будúти, спонýкувати
row [рóу] n ряд v веслувáти, греб́тú
royal [рóел] adj королíвський, розкíшний
rub [раб] v потирáти, чúстити
rubber [рáбер] n гýма, калóша
rug [раг] n килúм
rule [рул] n прáвило, нóрма, ряджéння; v прáвити, установлювати, лініювáти
rumor [рýмер] n чýтка, пóголос

run [ран] *n* біг, хід, продо́вження, пора́; *v* бі́гати, тіка́ти, промча́ти, текти́, си́патися

rural [ру́рел] *adj* сільськи́й

rush [рашь] *n* очере́т, тро́стина, комі́ш; *v* мча́ти, порива́тися, руша́ти, ді́яти, хли́нути; *adj* поспі́шний, нава́льний, квапли́вий, терміно́вий

Russian [рашн] *adj* росі́йський

rust [раст] *n* іржа́; *v* іржа́віти

rusty [ра́сті] *adj* іржа́вий

ruthless [ру́слис] *adj* безжа́лісний, немилосе́рдний, жорсто́кий

rye [рай] *n* жи́то

S

sack [сек] *n* мішо́к, ла́нтух, розграбува́ння

sacred [сейкрид] *adj* святи́й, свяще́нний, посвя́чений

sacrifice [се́крифайс] *n* же́ртва, посвя́та; *v* же́ртвувати

sacrilege [се́крилидж] *n* святота́тство, блюзні́рство

sad [сед] *adj* сумни́й, засму́чений, сумови́тий, тмя́ний

sadness [се́днес] *n* сум, журба́

safe [сейф] *adj* безпе́чний, пе́вний, обере́жний, непошко́джений, ці́лий

safety [се́йфти] *n* безпе́ка, обере́жність, оба́чність

sage [сейдж] *adj* му́дрий, розу́мний

sail [сейл] *v* пла́вати, мча́ти, управля́ти

sailing [се́йлин] *n* пла́вання, відплиття́, кораблеволоді́ння

sailor [се́йлер] *n* моря́к, матро́с

saint [сейнт] *n* святе́нник, святе́ць;

sake [сейк] *n* зара́ди

salad [се́лед] *n* сала́та, вінегре́та

salary [се́лери] *n* платня́, пла́та

sale [сейл] *n* про́даж

salt [солт] *n* сіль *v* соли́ти *adj* соло́ний

same [сейм] *pron* той же са́мий, одна́ковий; *adj* вищезга́даний, одномані́тний; *adv* так са́мо, поді́бно, без зміни

sample [семпл] *n* зразо́к, про́ба, моде́ль; *v* про́бувати, підбира́ти, ку́шати

sanctuary [се́нкчуери] *n* святи́лище, прито́лук

sand [сенд] *n* пісо́к

sane [сейн] *adj* розсу́дливий

sanitation [сенитейшн] *n* оздоро́влення

sash [сешь] *n* по́яс, стрі́чка

satire [се́таер] *n* сати́ра, глузува́ння

satirize [се́терайз] *v* висмі́ювати

satisfaction [сетисфе́кшн] *n* задово́лення

satisfactory [сетисфектери] *adj* задовільний, достатній
satisfy [сетисфай] *v* задовольняти, відповідати, заспокоювати
Saturday [сетерди] *n* субота
sauce [сос] *n* соус, приправа, підлива
saucepan [соспен] *n* каструля, ринка
saucer [сосер] *n* тарілочка, підставка
sausage [сосидж] *n* ковбаса
savage [сейвидж] *adj* дикий, лютий, безпощадний
save [сейв] *v* рятувати, берегти, залишати, економити, обороняти
saving [сейвин] *adj* ощадливий, економний, рятівний, спасенний
say [сей] *v* говорити, казати
saying [сеїн] *n* приказка, прислів'я
scar [скар] *n* шрам, рубець
scarce [скарс] *adj* рідкісний, недостатній
scare [скеир] *v* лякати, відстрашувати, полохати; *n* переляк
scared [скеирд] *adj* переляканий
scarf [скарф] *n* шаль, пов'язка
scatter [скетер] *v* розкидати, розганяти
scene [сін] *n* дія, видовище, пейзаж, декорація
scent [сент] *n* запах, нюх, слід; *v* нюхати, слідкувати
schedule [сле́джл] *n* перелік, розклад, графік, план

scholar [ско́лер] *n* вче́ний, знаве́ць

school [скул] *n* шко́ла; *adj* шкільни́й, навча́льний

schoolboy [ску́лбой] *n* школя́р

science [са́енс] *n* нау́ка, умі́ння, впра́вність

scientific [саенти́фик] *adj* науко́вий, умі́лий, впра́вний

scientist [са́ентист] *n* вчений, природозна́вець

scissors [сі́зерз] *n* но́жиці

scorn [скорн] *v* знева́жати, погорджувати; *n* прези́рство, знева́га, не́хтування

scornful [ско́рнфул] *adj* знева́жливий, гордли́вий

scramble [скембл] *v* продира́тися, лі́зти, ки́дати, розха́пувати; *n* видира́ння, шарпани́на, бороть́ба

scrap [скреп] *n* кусо́чок, ви́різка, ре́штки

scrape [скрейп] *v* скребти́, скобли́ти, чо́вгати, подря́пати

scratch [скреч] *n* подря́пина, ро́зчерк, помі́тка, насі́чка; *v* дря́патися, скребти́ся, роздря́пувати, чу́хатися, черка́ти

scream [скрім] *n* крик, вере́ск, зойк; *v* вереща́ти, репетува́ти

screen [скрін] *n* засло́на, прикриття́, занаві́са, екра́н; *v* прикрива́ти, захища́ти, заслоня́ти, просі́ювати

script [скрипт] *n* по́черк, сцена́рій

scrutiny [скру́тини] *n* перевіря́ння, пере́лік

sea [сі] n море

seal [сіл] n печать, пльомба, клеймо, ущільнення v запечатувати, ізолювати, стуляти

search [сиерч] v розшукувати, досліджувати; n шукання, трус, дослідження

season [сізн] n час, період; v витримувати, загартовувати

seat [сіт] n сидіння, місце, посадка, садиба; v сідати, вміщувати

seclusion [сиклюжн] n відокремлення, самотність

second [сéкенд] n секунда, момент, мить

secondary [сéкендри] adj другорядний, побічний, повторний, середній

secrecy [сíкриси] n таємниця, секрет, скритність

secret [сíкрит] adj таємний, секретний, прихований, скритний

secretly [сíкритли] adv непомітно, приховано

section [секшн] n розтин, переріз, профіль, частина, параграф

secure [сик'юер] adj безпечний, спокійний, упевнений, міцний; v забезпечувати, охороняти, закріпляти, одержувати

security [сик'юрити] n безпека, охорона, захист, упевненість, застава seduce [сид'юс] v спокушувати, зваблювати

see [сі] v бачити, дивитися, спостерігати, оглядати, розуміти, судити, уявляти, уважати

seed [сід] n сім'я, плід, початок, зерно

seek [сік] v шукати

seem [сім] v здаватися, уявляти

seep [сіп] v текти, просочуватися, крапати, стікати

seize [сіз] v хапати, заволодівати, збагнути, вхопитися

seldom [сéлдем] adv рідко

select [силéкт] v вибирати adj вибраний, добірний, перебірливий

selection [силéкшн] n вибір, селекція

self [селф] n власна особа, сам

selfish [сéлфишь] adj себелюбний, егоїстичний

sell [сел] v продаватися, торгувати, зраджувати

send [сенд] v посилати, подавати, кидати

senior [сíнiер] adj старший

sensation [сенсéйшн] n відчуття, враження, сенсація

sense [сенс] n почуття, значення; v відчувати, розуміти

sensible [сéнсибл] adj розсудливий, розумний, відчутний, помітний, точний

sensitive [сенситив] *adj* чутливий, сприйнятливий, образливий

sentence [сентенс] *n* вирок, речення; *v* засуджувати

sentiment [сентимент] *n* почуття, настрій, сантиментальність

separate [сеперейт] *v* відокремлюватися, розійтися, сортувати; *adj* окремий, сепаратний, відлучений

separation [сеперейшн] *n* відокремлення, поділ

September [септембер] *n* вересень

sequence [сікуенс] *n* ряд, послідовність порядку

serf [сиерф] *n* кріпак, раб

serial [сіеріел] *adj* послідовний, серійний

serious [сіеріес] *adj* серйозний, поважний, статечний, нежартівливий, загрозливий

servant [сиервент] *n* слуга, прислуга

serve [сиерв] *v* служити, обслуговувати, подавати, годитися

service [сиервис] *n* служба, обов'язок, повинність, послуга, забезпечення

set [сет] *v* ставити, класти, поміщати, встановлювати, вправляти, садити; *n* набір, ряд, система, група, нахил, обрис, крій

setting [сетин] *n* оточення, оправа

settle [сетл] *v* вирішувати, установляти, ладнати, влаштовувати, заселяти; *n* лава, ослін

settlement [сетлмент] *n* поселення, розрахунок, вирішення, установлення

seven [севн] *num* сім

seventeen [севнтін] *num* сімнадцять

several [севрел] *adj* кожний, окремий, поодинокий, кілька

severe [сивіер] *adj* суворий, строгий, холодний, сильний, важкий

sex [секс] *n* стать

shade [шейд] *n* тінь, холодок, захисток, напівтемрява, відтінок; *v* затіняти, закривати, тьмарити

shadow [шедоу] *n* тінь, сутінки, примара, натяк; *v* затіняти, затуляти, закривати

shadowy [шедоуі] *adj* тіністий, туманний, невиразний

shake [шейк] *v* трястися, струшуватися; *n* струшування, поштовх, удар, трясіння, бовтанка

shaky [шейкі] *adj* тремтячий, нестійкий, ненадійний, тріснутий

shallow [шелоу] *adj* мілкий

shame [шейм] *n* сором, ганьба, стид

shameful [шеймфул] *adj* ганебний

shameless [шеймлис] *adj* безсоромний, безстидний

shape [шейп] *n* фо́рма, о́брис, ви́гляд, мана́, по́стать; *v* надава́ти, формува́ти, моделюва́ти, витіскувати, накре́слювати, уявля́ти

share [шейр] *n* части́на, пай, співу́часть, заслу́га; *v* діли́тися, паюва́ти, поділя́ти

sharp [шарп] *adj* го́стрий, чітки́й, крути́й, різки́й, швидки́й, вразли́вий, здібний; *adv* то́чно, пунктуа́льно, на́гло

sharpen [ша́рпен] *v* гостри́ти

shatter [ше́тер] *v* розби́тися, трощи́ти, ні́вечити, перекре́слювати, зруйнува́ти, ни́щити

shave [шейв] *v* голи́тися, струга́ти, скребти́, зріза́ти; *n* голі́ння, струг

shawl [шол] *n* шаль, плато́к

she [ші] *pron* вона́

shed [шед] *v* втрача́ти, губи́ти, міня́ти, скида́ти, випромі́нювати

sheep [шіп] *n* вівця́, бара́н

sheet [шіт] *n* простира́ло, сму́га, верства́

shelf [шелф] *n* поли́ця

shell [шел] *n* шкаралу́па, лушпи́на, скори́на, стручо́к

shelter [ше́лтер] *n* приту́лок, за́хисток, бомбосхо́вище, покро́в

shield [шілд] *v* захища́ти, ступа́ти

shift [шифт] *v* переміщуватися, міня́тися; *n* переміщення, перестано́ва, змі́на

shine [шайн] *v* чи́стити, світи́тися, ясні́ти, промені́ти; *n* ся́яння, сві́тло, блиск, ся́йво

shining [ша́йнин] *adj* яскра́вий, ся́ючий, блиску́чий

shiny [ша́йни] *adj* со́нячний, блиску́чий

ship [шип] *n* корабе́ль, судно́, літа́к; *v* вантажити, перево́зити

shirt [шиерт] *n* соро́чка

shiver [ши́вер] *v* дрижа́ти, тремті́ти, здрига́тися; *n* дрож, тре́пет, здрига́ння

shock [шок] *n* струс, по́штовх, потрясі́ння, уда́р; *v* потряса́ти, сколихну́ти, здрига́тися, зазнава́ти, обу́рюватися

shoe [шу] *n* череви́к

shoot [шут] *v* стріля́ти, пора́нити, полюва́ти

shooting [шу́тин] *n* стріляни́на, полюва́ння, росто́к

shop [шоп] *n* крамни́ця, майсте́рня; *v* купува́ти

shopping [шо́пин] *n* поку́пка

shopwindow [шо́пуиндоу] *n* вітри́на

shore [шор] *n* бе́рег

short [шорт] *adj* коро́ткий, недо́вгий, короткоча́сний; *adv* рі́зко, нара́з, на́гло, ра́птом, передча́сно

shortage [шо́ртидж] *n* недоста́ча

shortly [шо́ртли] *adv* незаба́ром, ко́ротко, сти́сло, рі́зко

shorts [шортс] *n* шо́рти
shoulder [шо́улдер] *n* плече́, лопа́тка
shout [шаут] *v* крича́ти; *n* крик, ве́реск, гука́ння
show [шоу] *n* по́каз, ви́ставка, ви́димість; *v* пока́зуватися, виявля́тися, проявля́ти, ви́вести
shower [ша́уер] *n* зли́ва, душ
shrewd [шруд] *adj* прони́кливий, кмітли́вий, розу́мний
shrink [шринк] *v* скоро́чуватися, осіда́тися, змо́рщуватися
shrub [шраб] *n* кущ, чагарни́к
shrug [шраг] *v* знизу́вати плечи́ма
shrunken [шра́нкен] *adj* змо́рщений, зсо́хлий
shut [шат] *v* закрива́ти, запира́ти, зачиня́ти
shy [шай] *adj* соромли́вий, полохли́вий, боязки́й, обере́жний
sick [сик] *adj* хво́рий, сто́млений, знеси́лений, знеохо́чений
sickness [си́книс] *n* хворо́ба, нудо́та
side [сайд] *n* бік, сторона́; *adj* бічни́й, побі́чний
sidewalk [са́йдуок] *n* хідни́к, тротуа́р
sigh [сай] *v* зітха́ти; *n* зітха́ння
sight [сайт] *n* зір, вид; *v* поба́чити, спостеріга́ти, наміря́тися

sign [сайн] *n* знак, си́мвол, прикме́та, виві́ска; *v* підпи́суватися, найма́ти, зна́чити, підтве́рджувати

signature [сі́гничер] *n* пі́дпис

significance [сигні́фікенс] *n* зна́чення, багатозна́чність, сенс, зміст, важли́вість

signify [сі́гніфай] *v* зна́чити, виявля́ти

silence [са́йленс] *n* ти́ша, мовча́ння, забуття́

silent [са́йлент] *adj* безшу́мний, ти́хий, споко́йний, безмо́вний, німи́й

silver [сі́лвер] *n* срі́бло; *adj* срі́бний

similar [сі́милер] *adj* схо́жий, поді́бний, одномрі́дний

simple [сімпл] *adj* про́стий, приміти́вний, нескладни́й, щи́рий, простакува́тий

simplicity [сімплі́сити] *n* простота́, наї́вність

simplification [симпліфікейшн] *n* спро́щення

simplify [сі́мплифай] *v* спро́щувати

simply [сі́мпли] *adv* про́сто, ле́гко

simultaneous [симелтейніес] *adj* одноча́сний

sin [син] *n* гріх; *v* гріши́ти

since [синс] *prep* з, пі́сля; *adv* відтоді́

sincere [синсіер] *adj* щи́рий

sincerity [синсе́рити] *n* щи́рість

sinful [сі́нфул] *adj* грі́шний, гріхо́вний

sing [синг] *v* співа́ти, дзвені́ти, скрекота́ти

singer [сі́нгер] *n* співа́к

single [сингл] *adj* єдиний, один, одиночний, неодружений, окремий, щирий; *v* добирати

singular [синг'юлер] *adj* незвичайний, винятковий, дивний, особливий, єдиний

sink [синк] *v* опускатися, падати, тонути, занурюватися; *n* стік, злив, раковина

sinner [синер] *n* грішник

sister [систер] *n* сестра

sister-in-law [систеринло] *n* зовиця, братова, своячениця

sit [сит] *v* сидіти, перебувати, лежати

site [сайт] *n* місцеположення

situated [сіт'юейтид] *adj* розміщений, розташований

situation [сит'юейшн] *n* місце, стан, ситуація, обставина

six [сикс] *пит* шість

sixteen [сикстін] *пит* шістнадцять

size [сайз] *n* розмір, обсяг, величина, номер, шліхта

skate [скейт] *n* ковзан

sketch [скеч] *n* начерк, нарис, ескіз; *v* накреслювати

ski [скі] *n* лещета, лижва

skillful [скилфул] *adj* умілий, майстерний, зручний

skill [скил] *n* вправність, зручність, спритність

skin [скин] n шкіра, бурдюк, оболонка, лушпина
skip [скип] v стрибати, скакати
skirt [скиєрт] n спідниця, поділ
sky [скай] n небо
skyscraper [скайскрейпер] n хмарося́г
slack [слек] adj слабкий, дряблий, млявий, повільний, ненапружений, недбайливий
slam [слем] v грюкати, захлопувати
slap [слеп] v ляпати, ляскати, плескати, вдарити; adv прямо, раптом
slash [слешь] v рубати, різати, шмагати, скорочувати
slaughter [слотер] n різанина, кровопроліття
slave [слейв] n раб, невільник
sled [следж] n сани
sleep [слип] v спати, засинати; n сон, спання
sleepless [сліплис] adj безсонний
sleepy [сліпи] adj сонний, сонливий
sleeve [слив] n рукав
slender [слендер] adj стрункий, слабкий, незначний
slice [слайс] n скибка, кусочок, шматочок
slide [слайд] v ковзати, вислизнути, засовувати
slight [слайт] adj легкий, незначний, слабкий, крихкий, худорлявий

slim [слим] *adj* стрункий, слабкий, тендітний, худорлявий

slip [слип] *v* ковзати, прослизнути, зникнути

slippery [слипери] *adj* слизький, вивертки́й, ненадійний, сумнівний

slow [слоу] *adj* повільний, спізнений, млявий, неохочий, недбалий

slush [слашь] *n* сльота, грязь

sly [слай] *adj* хитрий, лицемірний, лукавий, потайний

small [смол] *adj* малий, незначний, слабкий, недовгий

smart [смарт] *adj* різкий, пекучий, лютий, проворний, проноюливий, чепурний

smash [смешь] *v* ламатися, розтрощити, знищити

smell [смел] *v* нюхати, пахнути; *n* запах, нюх

smile [смайл] *v* усміхатися; *n* усмішка

smoke [смоук] *n* дим, кіптява, куріння, випар; *v* димі́ти, чадити, курити

smoky [смоуки] *adj* димний, курний, закопчений

smooth [смуз] *adj* гладенький, рівний, м'який, хороший, спокійний; *v* приглажувати, вирівнювати, мастити

snack [снек] *n* перекуска, закуска, пайка

snap [снеп] *v* тріскати, клацати, лопати, вкусити

snapshot [снепшот] *n* світлина, фотознімка

sneakers [снікерз] *n* кросовки

sneeze [сніз] *v* чхати; *n* чхання

sniff [сниф] *v* сопіти, нюхати

snow [сноу] *n* сніг

so [соу] *adv* так, теж, тому

soak [соук] *v* змочувати, мокати, просякати

soap [соуп] *n* мило

sob [соб] *v* ридати, схлипувати; *n* ридання

sober [соубер] *adj* тверезий, поміркований, розсудливий, спокійний

sociable [соушебл] *adj* товариський, дружній

social [соушл] *adj* суспільний, громадський, соціяльний

society [сесаєти] *n* суспільство, громада, об'єднання

soft [софт] *adj* м'який, чутливий, лагідний, ніжний

soften [софтн] *v* пом'якшувати

soil [сойл] *n* земля, бруд, грязь, пляма

solace [солес] *n* утіха, полегшення, утішання

soldier [соулджер] *n* воїн

solemn [солем] *adj* урочистий, поважний, похмурий, серйозний

solicit [селисит] *v* прохати, випрошувати, клопотатися, звертатися

solid [солид] *adj* твердий, суцільний, масивний, міцний, вагомий

solitary [сólітери] *adj* самотній, окремий, поодинокий

solve [солв] *v* розв'язувати, пояснювати, розкривати

some [сам] *adv* дехто, деякі, одні, інші

somebody [самбеди] *pron* хтось

somehow [самхау] *adv* якось, чомусь

something [самсин] *n* щось

sometime [самтайм] *adv* колись, раніше; *adj* колишній

sometimes [самтаймз] *adv* іноді, інколи

somewhere [самуеир] *adv* десь, кудись

son [сан] *n* син

song [сонг] *n* пісня, спів

son-in-law [санинло] *n* зять

sonorous [сенорес] *adj* звучний, дзвінкий, сонорний

soon [сун] *adv* незабаром, швидко, рано, охоче

soothe [суз] *v* кóювати, утишати, вгамувати

sophisticated [сефистикейтид] *adj* ускладнений, витончений, вигадливий

sore [сор] *adj* болючий, хворий; *n* біль, рана

sorrow [со́роу] *n* го́ре, сму́ток, журба́, печа́ль

sorry [со́ри] *adj* засму́чений, жалюгі́дний, мізе́рний, бідола́шний

sort [сорт] *n* рід, вид, різнови́д, тип; *v* сортува́ти, уклада́ти

soul [со́ул] *n* душа́, люди́на

sound [са́унд] *n* звук, го́лос, ві́дгук, шум; *v* звуча́ти, дзвені́ти, вимовля́ти, луна́ти, видава́тися; *adj* здоро́вий, кріпки́й, розсу́дливий, логі́чний, пе́вний, тверди́й

soup [суп] *n* ю́шка

sour [са́уер] *adj* ки́слий, незгі́дливий, терпки́й

source [сорс] *n* джерело́, поча́ток, першопричи́на

south [са́ус] *n* пі́вдень

sovereign [со́врин] *adj* суверенний, повновла́дний, верхо́вний

space [спейс] *n* про́стір, ко́смос, промі́жок, мі́сце

spacious [спе́йшес] *adj* просто́рий, містки́й, широ́кий

spare [спе́ир] *v* щади́ти, берегти́, жалі́ти, поми́лувати; *adj* запасни́й, ві́льний, за́йвий

sparrow [спе́роу] *n* горобе́ць

speak [спік] *v* говори́ти, розмовля́ти

speaker [спі́кер] *n* промо́вець

speaking [спі́кин] *n* розмо́ва

special [спéшел] *adj* спеціáльний, особлúвий, вийняткóвий

specific [спесúфик] *adj* особлúвий, характéрний, пéвний

specify [спéсифай] *v* установлювати, вкáзувати, уточнювати

specimen [спéсимен] *n* зразóк, взірéць

spectacular [спектéк'юлер] *adj* покáзний, значнúй, захóплюючий, видóвищний

spectator [спектéйтер] *n* глядáч, очевúдець, спостерігáч

speculate [спéк'юлейт] *v* роздýмувати, розмірковувати

speculation [спек'юлéйшн] *n* роздýмування, припýщення, теóрія

speech [спіч] *n* мóва, вúступ

speechless [спíчлис] *adj* безмóвний, німúй

speed [спід] *n* швúдкість, прýдкість; *v* поспішáти, прискóрювати

spell [спел] *v* утвóрювати, складáти; *n* чáри, урóки

spend [спенд] *v* витрачáти, провóдити, виснáжуватися

spent [спент] *adj* вúснажений, стóмлений

sphere [сфíер] *n* сфéра, планéта

spicy [спáйси] *adj* пряний, ароматúчний, жвáвий, палкúй

spill [спил] *v* розливáтися

spin [спин] *v* прясти, сукáти, мчáти, снувáти, вертíтися

spirit [спíрит] *n* дух, душá, вдáча, харáктер, нáстрій, жúвість

spiritual [спирúчуел] *adj* одухотвóрений, духóвний, релігíйний, церкóвний

spit [спит] *v* плювáти, мрячúти

spite [спайт] *n* злість, досáда, бажáння

spiteful [спáйтфул] *adj* злóбний, дошкýльний, уїдлúвий

splash [сплешь] *v* брúзкати, хлю́патися, шльóпати

splendid [сплéндид] *adj* розкíшний, блискýчий, чудóвий, велúчний, прекрáсний

splendor [сплéндер] *n* рóзкіш, пишнóта, блиск

split [сплит] *v* розкóлюватися, розрубáти, роздирáти; *n* розкóлювання, трíщина

spoil [спойл] *v* псувáтися, нúщити, марнувáти, грабувáти

spoiled [спойлт] *adj* зіпсóваний, розбéщений

spoken [спóукен] *adj* ýсний

sponge [спандж] *n* гýбка

spontaneous [спонтéйніес] *adj* мимовíльний, спонтáнний, стихíйний, безпосерéдній

spoon [спун] *n* лóжка

sport [спорт] *n* спорт, розвáга, гра

spot [спот] *n* пля́ма, ця́тка, мíсце; *adj* наявний

spouse [спáуз] *n* чоловíк, дружи́на
spread [спред] *v* розстилáти, простягáтися, поши́рюватися; *n* розши́рення, розголóшування, покривáло, скáтерть, рóзмах, прóстір
spring [сприн] *adj* весня́ний, пружи́нний; *v* стрибáти, підскáкувати, кидáтися; *n* веснá, стрибóк, пружи́на, джерелó, причи́на
sprinkle [спринкл] *v* кропи́ти, бри́зкати, посипáти
sprout [спрáут] *v* рости́, кільчи́тися; *n* пáросток, кíльчик
spy [спай] *n* шпигýн; *v* шпигувáти, підглядáти
square [скуéр] *n* квадрáт, плóща; *adj* квадрáтний, прямокýтний, прáвильний, узгíднений
squash [скуóш] *v* роздáвлювати, розчáвлювати, жýжлити
squeak [скуíк] *v* пищáти, рипíти, скрипíти; *n* писк, рип
squeeze [скуíз] *v* дави́ти, вичáвлювати, сти́скувати, гноби́ти; *n* стискáння, здáвлювання, тіснотá, обняття́
squirrel [скуíрел] *n* бíлка
stab [стеб] *v* встромля́ти, рáнити, колóти, шкóдити
stable [стейбл] *adj* стійки́й, стáлий, непохи́тний, тривáлий

staff [стаф] n працівники, штат
stage [стейдж] n етап, стадія, сцена
stagnant [стегнент] adj стоячий, в'ялий, нерухливий, млявий
stain [стейн] v плямити, красити; n краситель, пляма
stair [стеїр] n східець
stale [стейл] adj черствий, затхлий
stamp [стемп] n печатка, штамп, клеймо, рід, тупіт; v штампувати, тиснути, таврувати, топтати
stand [стенд] v ставати, перешкоджати, триматися, перебувати, ставити, терпіти; n підставка, штатив, стойка
standard [стендерд] n зразок, норма, мірило, рівень; adj зразковий, типовий, стандартний
standing [стендинг] n стояння, повага, шана, тривання
star [стар] n зоря, світило; adj зоряний, видатний, провідний
star [стар] v грати головну роль в фільмі
stare [стеїр] v встромляти
start [старт] v починати, рушати, засновувати; n початок, вирушання, поштовх
starvation [старвейшн] n голод, зморення
starve [старв] v голодувати
state [стейт] n стан, положення, гідність; v заявляти, формулювати; adj державний

statement [стéйтмент] *n* заява, виклад, твердження, висловлення

station [стéйшн] *n* місце, пункт, зупинка

stay [стей] *v* лишатися, бути, жити; *n* перебування, стримання, спинення

steady [стéди] *adj* постійний, незмінний, стійкий, твердий, рівний

steal [стіл] *v* красти, підкрадатися, домагатися

stealing [стíлин] *n* крадіжка

steep [стіп] *adj* стрімкий; *n* круча, занурення, просочення

step [степ] *n* крок, захід, щабель, поріг; *v* крокувати, іти пішки

stepchild [стéпчайлд] *n* пасунок, падчерка

stepfather [стéпфазер] *n* вітчим

stepmother [стéпмазер] *n* мачуха

stern [стиерн] *adj* суворий, невблаганний

stick [стик] *v* палиця, прут, ціпок, щогла, жердина

sticky [стíки] *adj* липкий, клейкий

stiff [стиф] *adj* тугий, важкий, негнучкий, застиглий, вимушений

still [стил] *adj* нерухомий, спокійний, безшумний *adv* досі, всетаки, проте

stimulate [стим'юлейт] *v* спонукувати, заохочувати

stimulation [стим'юлéйшн] *n* спонукання, заохочування, стимулювання

sting [стин] *v* жалити, кусати, колоти

stingy [стинги] *adj* скупи́й, скна́рий, убо́гий

stink [стинк] *v* смерді́ти

stinking [сти́нкин] *adj* смердю́чий

stir [стиер] *v* ворушитися, розмішувати, бо́втати, руха́ти

stirring [сти́ерин] *adj* хвилю́ючий, дія́льний, зворушли́вий

stock [сток] *n* запа́с, худо́ба, сировина́, рід, поро́да

stocking [сто́кин] *n* панчо́ха

stomach [ста́мек] *n* шлу́нок, живі́т

stone [сто́ун] *n* ка́мінь, кі́сточка, зе́рнятко; *adj* кам'яни́й

stony [сто́уни] *adj* кам'янистий, тверди́й, нерухо́мий, холо́дний

stool [стул] *n* стіле́ць, табуре́тка, осли́нчик

stop [стоп] *v* зупиня́тися, закі́нчуватися, залиша́тися; *n* припи́нення, зупи́нка, край, кіне́ць, пере́рва

storage [сто́ридж] *n* схов, склад

store [стор] *n* крамни́ця, магази́н, запа́с, склад; *v* постача́ти, запаса́ти

storm [сторм] *n* бу́ря, ви́бух, замі́шання; *v* бушува́ти, лютува́ти, шалі́ти

stormy [сто́рми] *adj* бу́ряний, штормо́вий, лю́тий, шале́ний

story [сто́ри] *n* оповіда́ння, по́вість, сюже́т, ка́зка

storyteller [сто́рителер] *n* казка́р, оповіда́ч

stout [стаут] *adj* огрядний, міцний, відважний, рішучий

stove [стоув] *n* піч, груба, теплиця, сушарня

straight [стрейт] *adj* прямий, правильний, чесний; *adv* прямо, правильно, чесно, відверто

straighten [стрейтн] *v* випрямлятися, випростовуватися

strain [стрейн] *v* натягати, зловживати, силувати; *n* перевтома, натягання, напруження

strained [стрейнд] *adj* натягнений, напружений, неприродний

strange [стрейндж] *adj* чужий, невідомий, дивний, незвичайний

stranger [стрейнджер] *n* чужоземець, незнайомець

strangle [стренгл] *v* душити, задихатися

strawberry [стробери] *n* суниці, полуниці

stray [стрей] *v* блудити, блукати, тинятися, бродити; *adj* бездомний, випадковий, заблудлий, безладний

stream [стрім] *n* потік, річка, течія, струмінь; *v* текти, литися, розливатися

street [стріт] *n* вулиця

strength [стренс] *n* сила, міцність, опір

strengthen [стренсен] *v* зміцнювати, підсилюватися

stress [стрес] *n* тиск, зусилля, напруження, тягар, значення *v* підкреслювати

stretch [стреч] *v* розтягуватися, подовжувати, тягтися, напружувати, розпрямляти; *n* витягання, подовження, напруження, протяжність

strident [страйднт] *adj* різкий, скрипучий

strike [страйк] *v* ударяти, бити, попасти, запалюватися, навіщати

striking [страйкин] *adj* вражаючий, видатний, ударний

strip [стрип] *v* здирати, знімати, зривати, оголювати, грабувати

strive [страйв] *v* старатися, намагатися, боротися

stroke [строук] *n* удар, змах, хід, бій

stroll [строл] *v* прогулюватися, блукати, мандрувати

strong [строн] *adj* сильний, здоровий, рішучий

struggle [страгл] *v* боротися, битися, змагатися; *n* боротьба, змагання, зусилля

stubborn [стаберн] *adj* упертий, наполегливий, непіддатливий

student [ст'юдент] *n* студент, учень

study [стади] *n* вивчення, наука; *v* вивчати, досліджувати

stuff [стаф] *n* матеріял, речовина, тканина; *v* набивати, втискати, об'їдатися stuffy [стафи] *adj* непові́тренний, ду́шний, нудни́й

stumble [стамбл] *v* спотика́тися, помиля́тися, вага́тися

stun [стан] *v* оглуша́ти, бенте́жити, вража́ти

stupendous [ст'юпе́ндес] *adj* дивови́жний, чудо́вий, безмі́рний

stupid [ст'ю́пид] *adj* дурни́й, нему́дрий, тупи́й, нецікавий

style [стайл] *n* стиль, мане́ра, шик, смак, фасо́н

subdue [сабдю́] *v* підкоря́ти, перебо́рювати, заспоко́ювати, перемага́ти, гаси́ти

subject [са́бжект] *n* те́ма, предме́т, сюже́т

submerge [себмие́рдж] *v* зато́плювати, зану́рюватися, порина́ти

submissive [сабми́сив] *adj* покі́рний, смире́нний

submit [сабмі́т] *v* підкоря́тися, подава́ти

subordinate [себо́рдинейт] *adj* зале́жний, підле́глий, другоря́дний

substitute [са́бститут] *n* засту́пник, замі́на; *v* замі́няти, підставля́ти

substitution [са́бститушн] *n* замі́на, засту́пництво

subtract [себтре́кт] *v* відніма́ти

suburb [са́биерб] *n* при́город, передмі́стя

succeed [саксід] *v* мати успіх, встигати, слідувати, переймати

success [саксéс] *n* успіх, удача

successful [саксéсфул] *adj* успішний, вдалий, удачливий

succession [саксéсшн] *n* послідовність, наступність, спадкоємність

successive [саксéсив] *adj* наступний, послідовний

such [сач] *adj* такий, той, який

suck [сак] *v* ссати, смоктати

sudden [садн] *adj* несподіваний, раптовий, навальний, наглий

suffer [сáфер] *v* терпіти, страждати, зносити

sufficient [сафішент] *adj* достатній

suffocate [сáфекейт] *v* душити, задихатися

sugar [шýгер] *n* цукор

suggest [саджéст] *v* пропонувати, підказувати, натякати

suggestion [седжéсчен] *n* натяк, порада, вказівка

suicide [с'юисайд] *n* самовбивство, самогубець

suit [с'ют] *n* костюм, одяг, убрання, прохання; *v* годитися, підходити

suitable [с'ютебл] *adj* підхожий, придатний, належний

sulky [сáлки] *adj* похмурий, сердитий, надутий

sullen [са́лен] *adj* похму́рий, серди́тий, приглу́шений
sum [сам] *n* су́ма, кі́лькість, пі́дсумок
summer [са́мер] *n* лі́то, ро́зквіт
summit [са́мит] *n* верх, верши́на
sun [сан] *n* со́нце
Sunday [са́нди] *n* неді́ля
sunny [са́ни] *adj* со́няшний, ра́дісний, промени́стий
superb [супіе́рб] *adj* розкі́шний, велични́й, прекра́сний, бага́тий
superior [супіе́риер] *adj* ста́рший, ви́щий, кра́щий, незвича́йний
superiority [супіеріо́рити] *n* перева́га, ви́щість, старши́нство
superstition [с'юперсти́шн] *n* забобо́н
supervise [супервайз] *v* нагляда́ти, заві́дувати
supervision [суперві́жн] *n* на́гляд, заві́дування
supper [са́пер] *n* вече́ря
supplement [са́плимент] *n* дода́ток
supplicate [са́пликейт] *v* блага́ти, проси́ти
supply [сеплай́] *v* постача́ти, доставля́ти, поповня́ти
support [сепо́рт] *n* підтри́мка, опо́ра; *v* підтри́мувати, сприя́ти, допомага́ти
suppose [сепо́уз] *v* припуска́ти, гада́ти, ду́мати

sure [шуер] *adj* вірний, надійний, безпечний, певний

surely [шуерли] *adv* безсумнівно, вірно, неминуче, звичайно

surface [сиєрфес] *n* поверхня, зовнішність

surgeon [сиєрджен] *n* хірург

surname [сиєрнейм] *n* прізвище

surprise [серпрайз] *n* здивування, несподіванка; *adj* несподіваний, неочікуваний, нежданий; *v* дивувати, наскочити, захопити

surrender [серендер] *v* здаватися, піддаватися

surround [сераунд] *v* оточувати, обступати

surroundings [сераундинз] *n* оточення, середовище, околиці

survey [сиєрвей] *n* огляд, обслідування, промірювання; *v* обслідувати, оглядати

survive [сервайв] *v* витримати, пережити, уціліти

suspect [сеспект] *v* підозрівати, сумніватися, не довіряти

suspicion [сеспишн] *n* підозріння, підозра, відтінок

sustain [сестейн] *v* підтримувати, живити, зносити, підпірати

swallow [суолоу] *v* ковтати, поглинати, стерпіти

swallow [суолоу] *n* ластівка

swampy [суо́мпи] *adj* болоти́стий, багни́стий, дрягови́нний

swan [суо́н] *n* ле́бідь

swear [суе́ир] *v* кля́стися, ла́ятися, руча́тися; *n* кля́тва, прися́га, богоху́льство, ла́йка

sweat [суе́т] *n* піт; *v* поті́ти, сирі́ти, запітніва́ти

sweep [суіп] *v* мести́, зно́сити, торка́ти, нести́ся; *n* виміта́ння, чи́стка, змах, охо́плення

sweeping [суі́пин] *adj* широ́кий, нава́льний, швидки́й

sweet [суі́т] *adj* соло́дкий, лю́бий, приє́мний

swift [суифт] *adj* швидки́й, ско́рий; *adv* шви́дко, по́хапцем

swim [суйм] *v* пла́вати

swimming [суи́мин] *n* пла́вання; *adj* пливу́чий, плава́льний, зали́тий

swing [суи́н] *v* гойда́тися, хита́тися, верті́тися, ві́шати; *n* гойда́ння, колива́ння, ро́змах

switch [суи́ч] *n* вимика́ч, прут, по́мах; *v* перемика́ти, направля́ти, шмага́ти

swollen [суо́лен] *adj* опу́хлий

sympathize [си́мпесайз] *v* співчува́ти, симпатизува́ти

sympathy [си́мпеси] *n* співчуття́, жа́лість, симпа́тія

system [систем] *n* систе́ма, світ

T

table [тейбл] *n* стіл, ро́зклад
tablecloth [тейблклоз] *n* ска́терка, скатерти́на
tag [тег] *n* ярличо́к, кіне́ць, цита́та
tail [тейл] *n* хвіст, коса́
tailor [те́йлер] *n* краве́ць
take [тейк] *v* бра́ти, взя́ти, захо́плювати, лови́ти, сприйма́ти, дістава́ти, здобува́ти
tale [тейл] *n* оповіда́ння, по́вість, ви́гадка
talented [те́лентид] *adj* талано́витий, обдаро́ваний
talk [ток] *v* говори́ти, розмовля́ти, ра́дитися, обгово́рювати; *n* розмо́ва, бе́сіда, бала́чка, чу́тка
tall [тол] *adj* висо́кий
tame [тейм] *adj* сві́йський, приру́чений; *v* прируча́ти, осво́ювати, смиря́ти
tangle [тенгл] *v* заплу́татися, ускла́днюватися
tap [теп] *n* кран, сорт
tape recorder [тейп рико́рдер] *n* магнітофо́н
target [та́ргит] *n* ціль, міше́нь, завда́ння
tarnish [та́рнишь] *v* тьмяні́ти
task [таск] *n* завда́ння, зада́ча

taste [тейст] *n* смак, нáхил, уподóбання
tatter [тéтер] *n* лахмíття, клáпті; *v* шматувáти
tattered [тéтерд] *adj* обíрваний, обдéртий
tea [ті] *n* чай
teach [тіч] *v* вчи́ти
teaching [тíчин] *n* навчáння, вчéння
team [тім] *n* зáпряг, дружи́на
teapot [тíпот] *n* чайни́к
tear [тíер] *n* сльозá
tear [тéйр] *v* рвáтися, зривáти, порáнити *n* прóріз, дíрка
tease [тіз] *v* дражни́ти, надокучáти, випрóшувати
tedious [тíдіес] *adj* стóмливий, нудни́й
teenager [тінéйджер] *n* пíдліток, юнáк, дíвчина
tell [тел] *v* говори́ти, казáти, розповідáти, пізнавáти
temper [тéмпер] *n* вдáча, харáктер, нáстрій; *v* стри́мувати, пом'я́кшувати, гартувáти
temporary [тéмперери] *adj* тимчасóвий
temptation [темптéйшн] *n* спокýса, звáба
tempting [тéмптин] *adj* принáдний, привáбливий, спокýсливий
ten [тен] *num* дéсять
tenant [тéнент] *n* наймáч, мéшканець, пожилéць

tend [тенд] *v* прямувати, вести, простувати, прагнути, турбуватися

tendency [тенденси] *n* прагнення, нахил, тенденція

tender [тендер] *adj* ніжний, тендітний, добрий, чутливий *v* пропонувати, надавати

tense [тенс] *adj* натягнутий, напружений

tension [теншен] *n* напруженість, натягнутість

tent [тент] *n* намет, палатка

term [тиерм] *n* період, строк, умови

terminal [тиерминл] *n* кінець; *adj* кінцевий, заключний, граничний

terminate [тиерминейт] *v* кінчатися, завершуватися, відмовитися, припинити

termination [тиерминейшн] *n* кінець, межа

terrible [теребл] *adj* жахливий, страшенний

terrify [терифай] *v* жахати, страхати, лякати

terror [терер] *n* терор, жах, ляк, страхіття

test [тест] *n* випробування, мірило; *v* випробувати, перевіряти

testify [рестифай] *v* свідчити, заявляти, висловлювати

testimony [тестімени] *n* свідчення, твердження, упевнення

textbook [текстбук] *n* підручник, посібник

than [зен] *conj* ніж, від, за, як

thank [сенк] v дякувати
thankful [сенкфул] adj вдячний
that [зет] pron той, та, те, який, хто; conj що, щоб
theater [сіетер] n театр
theft [сефт] n злодійство, крадіжка
then [зен] adv тоді
there [зеїр] adv там
thereabouts [зеїребаутс] adv поблизу, приблизно
therefore [зеїрфор] adv тому, отже
these [зіз] pron ці
thick [сик] adj товстий, грубий, густий, заповнений
thicket [сикит] n гущавина, хаща, кущі
thickness [сикнис] n товщина, грубість, густота, шар
thief [сіф] n злодій
thin [син] adj тонкий, худий, рідкий, слабкий
thing [син] n річ, предмет, створіння
think [синк] v думати, обмірковувати, вважати, розуміти
thinker [синкер] n мислитель
thinking [синкин] adj мислячий, розумний
thirst [сиєрст] n спрага, жадоба, жага
thirsty [сиєрсти] adj спраглий
thirteen [сиертін] num тринадцять
this [зис] pron цей, ця, це
thorn [сорн] n колючка, шип

thorny [сорни] *adj* колю́чий, терни́стий, дражли́вий

thorough [сороу] *adj* по́вний, стара́нний, докла́дний, сумлі́нний, то́чний

those [зоуз] *pron* ті

though [зоу] *conj* хоч, хоча́

thought [сот] *n* ду́мка, ми́слення, мірква́ння

thoughtful [со́тфул] *adj* за́мислений, глибо́кий, ува́жний, чу́лий

thousand [са́узенд] *num* ти́сяча

thread [сред] *n* ни́тка

threat [срет] *n* погро́за

threaten [сретн] *v* погро́жувати

three [срі] *num* три

threshold [срешхоулд] *n* порі́г, перед-двер'я, поча́ток

thrill [срил] *n* тре́пет *v* розхвилюва́тися, тремті́ти, дрижа́ти

throat [сроут] *n* го́рло

throng [срон] *v* то́впитися, юрми́тися

through [сру] *prep* че́рез, крізь, по, про́тягом

throughout [сруа́ут] *prep* че́рез, по всьо́му, про́тягом *adv* всю́ди, скрізь

throw [сроу] *v* ки́дати, посила́ти, змі́нювати

thrust [сраст] *v* попиха́ти, штовха́ти, коло́ти, встро́млювати, пробива́тися thumb [сам] *n* великий палець руки; *v* заялозити, перегортати

thunder [сандер] *n* грім, гуркіт

thunderous [сандерес] *adj* громовий, оглушливий, грозовий

thunderstorm [сандерсторм] *n* гроза, громовиця

Thursday [сіерзди] *n* четвер

thus [зас] *adv* так, отже, тому

tickle [тикл] *v* лоскотати, зрадіти

tide [тайд] *n* морський приплив і відплив, течія, потік, напрям

tidy [тайди] *adj* охайний, чистий, зразковий, дбайливий

tie [тай] *v* зав'язуватися, шнурувати, скріпляти; *n* зв'язок, в'язь, краватка

tiger [тайгер] *n* тигр

tight [тайт] *adj* щільний, стиснутий, тісний, тугий; *adv* тісно, туго, міцно

tighten [тайтн] *v* стягуватися, тіснити

till [тил] *prep* до; *conj* доти, поки

tilt [тилт] *v* нахилятися

timber [тімбер] *n* лісоматеріал, колода, брус

time [тайм] *n* час, пора, строк, реченець; *v* розраховувати, установлювати час

timid [тімид] *adj* полохливий, боязкий, соромливий

timidity [тимидити] *n* полохливість, боязкість, соромливість, несміливість

timing [таймин] *n* визначáння, розрахýнок чáсý

tingle [тингл] *v* дрижáти, горíти, пашíти

tiny [тáйни] *adj* манюсíнький, крихíтний

tip [тип] *n* кíнчик, легкúй поштóвх, дóтик

tiptoe [тíптоу] *v* підкрадáтися

tire [таєр] *v* томúтися

tired [таєрд] *adj* втóмлений, змýчений, вúснажений

tissue [тíс'ю] *n* тканúна, пáсмо, сувíй

title [тайтл] *n* заголóвок, нáзва, тúтул

to [ту] *prep* до, у, в, на, для

today [тедéй] *n* сучáсність; *adv* сьогóдні

toe [тóу] *n* пáлець на нозí

together [тугéзер] *adv* разóм, спíльно, одночáсно

tolerance [тóлеренс] *n* терпúмість, стéрпність

tolerate [тóлерейт] *v* знóсити, терпíти, дозволяти

tomb [тум] *n* могúла

tomorrow [темóроу] *adv* зáвтра

tone [тóун] *n* тон, стиль, інтонáція

tongue [тан] *n* язúк, мóва

too [ту] *adv* нáдто, дýже, такóж

tooth [тус] *n* зуб

top [топ] *n* верх, вершúна, мáкíвка, шпиль; *v* вкривáти, перестрибнýти, перевúщувати

torture [то́рчир] *n* катува́ння, торту́ри, му́ка; *v* му́чити, катува́ти, нівечити

toss [тос] *v* мета́ти, ки́дати, жбурля́ти, носи́тися, бра́ти

total [то́утл] *adj* по́вний, суку́пний, тота́льний

touch [тач] *v* торка́тися, стика́тися; *n* до́тик, спілкува́ння, ри́са, мазо́к, відчуття́

touched [тачт] *adj* схвильо́ваний, зворушений

touchy [та́чи] *adj* уразли́вий, легкозайми́стий

tough [таф] *adj* міцни́й, тверди́й, цупки́й, ду́жий, непохи́тний, упе́ртий

toward [теуо́рд] *prep* до, на, бю́ля, під

towel [та́уел] *n* рушни́к

tower [та́уер] *n* ве́жа, ба́шта, опо́ра

town [та́ун] *n* мі́сто

toy [той] *n* іграшка, ця́цька, за́бавка

trace [трейс] *n* слід, сте́жка; *v* слідкува́ти, просте́жувати, роздиви́тися, кре́слити

track [трек] *n* слід, сте́жка, ру́тіна, мета́; *v* слідкува́ти, просте́жувати, пройти́

trade [трейд] *n* заня́ття, фах, ремесло́, профе́сія, виробни́цтво

tradition [треди́шн] *n* стари́й зви́чай, тради́ція

traditional [треди́шнел] *adj* звичає́вий, традиці́йний

traffic [тре́фик] *n* рух, транспорт

tragic [тре́джик] *adj* трагедійний, сумний, жахливий

trail [трейл] *n* слід, стежка; *v* волочитися, тягнутися, стелитися, вистежувати

train [трейн] *n* поїзд, обоз, почот, ряд

trained [трейнд] *adj* вивчений, вишколений, тренований

training [тре́йнин] *n* привчання, заправляння, тренування

trait [трейт] *n* риса, прикмета, познака

traitor [тре́йтер] *n* зрадник

traitorous [тре́йтерес] *adj* зрадницький, віроломний

trample [тремпл] *v* топтати, давити, гупати, придушувати

tranquil [тре́нкуил] *adj* спокійний, тихий

tranquility [тренкуи́лити] *n* спокій, тиша

transcribe [тренскра́йб] *v* переписувати, аранжувати

transfer [тренсфие́р] *v* переносити, переводити, передавати

transform [тренсфо́рм] *v* змінювати, перетворювати

transformation [тренсферме́йшн] *n* перетворювання, зміна

transfusion [тренсф'ю́жен] *n* переливання, змішування

transit [тре́нзит] *n* проходження, проїзд

translate [tренслéйт] *v* перекладáтися, поя́снювати, здíйснювати
translation [tренслéйшн] *n* перéклад, перемíщення
translator [tренслéйтер] *n* переклада́ч
transmit [tренсмúт] *v* передавáти, посилáти, рознóсити
transparent [tренспéирент] *adj* прозóрий, я́сний, очевúдний, я́вний, щúрий
transport [tрéнспорт] *n* перевóзка, транспóрт; *v* перевóзити, спóвнювати
trap [треп] *n* пáстка, западня́
trash [трешь] *n* смiття́, макулятýра, пóгань
travel [тревл] *v* подорóжувати, рýхатися, перемíщатися; *n* поíздка, пóдорож, мандрíвка
tray [трей] *n* піднóс, тáця
treacherous [трéчерес] *adj* зрáдницький, віролóмний, непéвний
treachery [трéчери] *n* зрáда, віролóмство
tread [тред] *v* ступáти, ходúти, топтáти
treasure [трéжер] *n* скарб, цíнності
treat [тріт] *v* повóдитися, брáти, трактувáти, частувáти; *n* частувáння, пригощáння, почастýнок
treatment [трíтмент] *n* стáвлення, обхóдження, лікувáння
treaty [трíти] *n* дóговір, угóда
tree [трі] *n* дéрево

tremble [трембл] *v* тремтіти, трепетати, трястися; *n* дрож, дрижання, тремтіння
tremendous [теменедес] *adj* жахливий, страшний
trend [тренд] *n* напрям, стремління, тенденція
trial [траєл] *n* суд
tribe [трайб] *n* плем'я, рід
trick [трик] *n* хитрість, обдурювання, трюк, вихватка, манера, витворяння; *v* обманювати, обдурювати
tricky [трики] *adj* важкий, заплутаний, хитрий, спритний, пустотливий
trim [трим] *v* підстригати, підчищати, обтісувати, прикрашати, узгоджувати; *adj* чепурний, охайний, прибраний
trip [трип] *n* подорож, поїздка, спотикання; *v* спотикатися, падати, помилятися
triumph [траємф] *n* тріюмф, перемога, торжество; *v* перемогти, радіти
trivial [тривієл] *adj* незначний, щоденний, маловажний
trouble [трабл] *n* неспокій, хвилювання, клопіт, горе, неприємність; *v* турбуватися, тривожити, стомлювати, трудитися
trousers [траузерз] *n* штани
true [тру] *adj* вірний, правдивий, справжній, точний

truly [трули] *adv* справді, дійсно, правдиво, вірно, точно

trust [траст] *n* довір'я, відповідальність, надія, опора; *v* довірятися, покладатися

trustful [трастфул] *adj* довірливий

trusty [трасти] *adj* вірний, надійний

truth [трус] *n* правда, істина

truthful [трусфул] *adj* правдивий, правильний, вірний

try [трай] *v* випробовувати, старатися, стомлювати

T-shirt [ті шиорт] *n* майка

tuck [так] *v* засовувати, втикати, всадити, підгинати, ховати

tumble [тамбл] *v* падати, котитися, повалитися, спотикатися

tune [т'юн] *n* мелодія, наспів, згода; *v* настроювати, звучати

turbulent [тиєрб'юлент] *adj* бурхливий, буйний, неспокійний

turn [тиєрн] *v* крутитися, обертатися, перекинути; *n* поворот, закрут, зміна, черга, послуга, здібність

turtle [тиєртл] *n* черепаха

twelve [туєлв] *пит* дванадцять

twenty [туєнти] *пит* двадцять

twilight [туайлайт] *n* присмерк, сутінки, світанок

twin [туїн] *n* близнюк, двійник; *adj* близнючний, здвоєний, однаковий

twinkle [туйнкл] *v* мигтіти, блимати, кліпати; *n* миготіння, кліпання
twist [туйст] *v* крутитися, сукати, витися
two [ту] *num* два
type [тайп] *n* тип, рід, група
typical [тіпикел] *adj* типовий, своєрідний, характеристичний

U

ubiquitous [юбікуитес] *adj* повсюдний, всюдисущий
ugly [аґли] *adj* бридкий, поганий, гидкий, мерзотний
ultimate [алтимит] *adj* кінцевий, остаточний, основний, первісний, граничний
umbrella [амбреле] *n* парасоль
unable [анейбл] *adj* неспроможний, слабкий, немічний
unanimity [юненіміти] *n* одностайність
unanimous [юненімес] *adj* одноголосний, одностайний
unattended [анетендид] *adj* занедбаний, запущений, самотній
unbearable [анбеіребл] *adj* нестерпний, невиносний

unborn [анборн] *adj* майбутній, прийдешній

uncertain [ансиертн] *adj* непевний, ненадійний, мінливий

uncle [анкл] *n* дядько

unconcerned [анкенсиерид] *adj* байдужий, незацікавлений

unconditional [анкендишенд] *adj* безумовний, беззастережний

unconscious [анконшес] *adj* непритомний

undecided [андисайдид] *adj* нерішучий, невирішений

undefined [андифайнд] *adj* невиразний, неясний, неозначений

under [андер] *prep* під, нижче, за, згідно, під, до

undergo [андергоу] *v* зазнавати, переносити

underlie [андерлай] *v* лежати, становити основу

underline [андерлайн] *v* підкреслювати

underneath [андерніс] *prep* під; *adv* внизу, нижче

understand [андерстенд] *v* розуміти, умовлятися

understanding [андерстендин] *n* розуміння, розум, розсудливість, вибачливість, кмітливість

undertake [андертейк] *v* починати, братися, вживати, перебирати

undesirable [андизáєребл] *adj* небáжаний, непридáтний, непідхóжий, непотрíбний

undoubted [андáутид] *adj* безсумнíвний, безперéчний

undoubtedly [андáутидли] *adv* без сýмніву, напéвно, слýшно

undress [андрéс] *v* роздягáтися; *n* домáшній óдяг

uneasy [анíзи] *adj* незручний, неспокíйний, стривóжений

uneducated [анéд'юкейтид] *adj* неосвíчений, невчéний

unemployed [анимплóйд] *adj* незáйнятий, безробíтний

unemployment [анимплóймент] *n* безробíття

unexpected [аникспéктид] *adj* несподíваний, раптóвий, нáглий

unfair [анфéйр] *adj* несправедлúвий, нечéсний, односторóнній

unfaithful [анфéйсфул] *adj* віролóмний, невíрний, зрадлúвий

unfavorable [анфéйверебл] *adj* несприятливий, неласкáвий

unforgettable [анфергéтебл] *adj* незабýтній

unfortunate [анфóрчнит] *adj* нещáсний, жалюгíдний

unhappiness [анхéпинис] *n* недóля, нещáстя, гризóта, журбá

unhappy [анхéпи] *adj* нещáсний, знедóлений, сумовúтий, невдáлий

unhealthy [анхе́лси] *adj* неду́жий, слаби́й, хворобли́вий, шкідли́вий

unification [юнификейшн] *n* об'є́днання, уніфіка́ція

uniform [ю́ниформ] *adj* одномані́тний, однорі́дний, ста́лий, рі́вний

unify [ю́нифай] *v* об'є́днувати, уніфікува́ти

union [ю́ніен] *n* сою́з, одру́ження, пра́пор

unique [юні́к] *adj* уніка́льний, виняткови́й, незрівня́нний

unit [ю́нит] *n* одини́ця, части́на

unite [юна́йт] *v* сполуча́тися, єдна́тися

united [юна́йтид] *adj* з'є́днаний, сполу́чений, спі́льний

unity [ю́нити] *n* є́дність, згуртованість, зла́года, дружба́

universal [юнивие́рсел] *adj* всесві́тній, універса́льний, зага́льний

universe [ю́нивиерс] *n* світ, ко́смос

unknown [анно́ун] *adj* невідо́мий

unlawful [анло́фул] *adj* протизако́нний, заборо́нений, недозво́лений

unleavened [анле́внд] *adj* прі́сний

unless [анле́с] *conj* якщо́ не

unlike [анла́йк] *adj* проти́вний, неподі́бний, відмі́нний

unlikely [анла́йкли] *adj* неправдоподі́бний, малоймові́рний

unlimited [анли́митид] *adj* необме́жений, безкра́їй

unlucky [анла́ки] *adj* нещасли́вий, невда́лий, невда́тний, безтала́нний

unmistakable [анмисте́йкебл] *adj* безпоми́лко́вий, очеви́дний, я́сний

unnatural [анне́чрел] *adj* неприро́дний, ненатура́льний, ди́вний

unpardonable [анпа́рднебли] *adj* непрости́мий, непроба́чний

unperturbed [анпиертио́рбд] *adj* незвору́шний, спокі́йний

unpleasant [анплє́знт] *adj* неприє́мний, неми́лий, прикри́й

unreal [анрі́ел] *adj* несправжні́й, нереа́льний, уя́влюваний

unreasonable [анрі́знебл] *adj* нерозсу́дливий, нерозва́жливий, надмі́рний

unsettle [ансе́тл] *v* захита́ти, розла́днувати, ослабля́ти

unstable [ансте́йбл] *adj* нестійки́й, мінли́вий

untrue [антру́] *adj* неправди́вий, невірний, фальши́вий

unusual [ан'ю́жуел] *adj* незвича́йний, ди́вний, рідкі́сний, видатни́й

unwelcome [ануе́лкем] *adj* небажа́ний, непро́шений

up [ап] *adv* вгорі́, ви́ще; *prep* по, у, в, на

upbringing [а́пбрингин] *n* вихо́вування

upgrowth [апгро́ус] *n* зріст, ро́звиток, росли́на

upheaval [апхівл] *n* зрушення, набрякання, струс, кипіння, переворот

upheave [апхів] *v* розладнувати, заворушитися

uphill [апхил] *adj* тяжкий, крутий; *adv* на гору, стрімко, круто

upper [апер] *adj* верхній, горішній

uppermost [апермоуст] *adj* найвищий, найвидатніший; *adv* нагорі, насамперед

upright [апрайт] *adj* прямий, стоячий, вертикальний *adv* прямо, сторч, вертикально, відверто

uprising [апрайзин] *n* повстання, з'явлення, виникнення

uproar [апрор] *n* гомін, шум, галас, заворушення

upset [апсет] *v* перекидатися, нівечити, поплутати, розстроїти, схвилювати; *adj* перевернений, занепокоєний, знервований, розладнаний

upstairs [апстеїрз] *adv* нагорі

up-to-date [ап-ту-дейт] *adj* сучасний, найновіший, модний

upwards [апуердз] *adv* вгору, вверх, більше, вище

urban [иербен] *adj* міський

urge [иердж] *v* спонукувати, підганяти, переконувати, вимагати; *n* спонука, поштовх, стимул

urgent [ие́рджент] *adj* нега́йний, наполе́гливий, коне́чний, на́глий

usage [ю́сидж] *n* спо́сіб, мане́ра, обхо́дження, зви́чай

use [юз] *v* вжива́ти, застосо́вувати, звика́ти, ста́витися, спожива́ти

use [юс] *n* вжива́ння, застосува́ння, користува́ння

used [юст] *adj* зви́клий, ужи́ваний, но́шений

useful [ю́сфул] *adj* кори́сний, прида́тний

useless [ю́слис] *adj* непотрі́бний, некори́сний

usual [ю́жуел] *adj* звича́йний, зви́клий

usually [ю́жуели] *adv* звича́йно

utensil [юте́нсл] *n* по́суд, начи́ння, устаткува́ння, прила́ддя

utilitarian [ютилите́уріен] *adj* утиліта́рний, кори́сний

utility [юти́лити] *n* кори́сність, ви́гідність, догі́дливість

utilize [ю́тилайз] *v* використо́вувати, послуго́вуватися

utmost [а́тмоуст] *adj* найважли́віший, доконе́чний, кра́йній

utter [а́тер] *v* вимовля́ти, висло́влювати, зітха́ти, ви́крикнути; *adj* по́вний, безумо́вний, цілкови́тий

utterance [а́теренс] *n* ви́словлення, вимо́ва

V

vacancy [вéйкенси] *n* порожнéча, пустотá, прогáлина

vacant [вéйкент] *adj* незáйнятий, вакáнтний, непритóмний, байдýжий, пустúй

vacate [векéйт] *v* звільняти, залишáти, покидáти

vacation [векéйшн] *n* залúшення, відпýстка

vagabond [вéґебенд] *n* бродяга, волоцюга, лéдар, бурлáка

vagrant [вéйґрент] *adj* бродячий, блукáючий; *n* волоцюга, волокúта, бродяга

vague [вейґ] *adj* невирáзний, неясний, невúзначений, далéкий

vain [вейн] *adj* дарéмний, мáрний, безцільний, голослівний, пустúй, поверхóвий

valiant [вéліент] *adj* хорóбрий, відвáжний, мýжній, героїчний

valid [вéлид] *adj* важлúвий, дійсний, прáвильний, слýшний

validity [велúдити] *n* переконливість, закóнність, важлúвість

valley [вéли] *n* долúна, заглúблення, запáлість

valuable [вél'юебл] *adj* цíнний, корúсний, важлúвий

value [вéлю] *n* вáртість, цінá, важлúвість, знáчення; *v* цінувáти, дорожúти

valued [вéлюд] *adj* цíнний

vanish [вéнишь] *v* оникáти, щезáти, пропадáти, гúнути, ховáтися

vanity [вéнити] *n* мáрність, суетá

variable [вéуріебл] *adj* мінлúвий, непостíйний, рíзний, змíнний

variance [вéуріенс] *n* змíна, розбíжність, незгóда

variant [вéуріент] *adj* íнший, інáкший; *n* різновúд, відмíна, варіáнт

variation [веріéйши] *n* різновúд, змíна, коливáння, відхúлення

varied [вéурид] *adj* різноманíтний, рíзний, мінлúвий

variety [верáети] *n* різноманíтність, багатобíчність, різнорóдність

various [вéуріес] *adj* рíзний, різнорóдний

varnish [вáрнишь] *n* ляк, блиск

vary [вéури] *v* мінятися, різнúтися, розхóдитися

vast [васт] *adj* простóрий, ширóкий, незмíрний, величéзний

veal [віл] *n* телятина

vegetable [вéджитебл] *n* горóдина, óвочі; *v* рослúнний

vegetate [ве́джитейт] v рости́, животі́ти, ни́діти

vegetation [веджите́йшн] n росли́нність, животі́ння

veil [вейл] n покрива́ло, вуа́ль, серпа́нок, прикриття́

vein [вейн] n жила́, ве́на, на́стрій, схи́льність

venture [ве́нчир] n зва́га; v рискува́ти, зва́жуватися

verbal [вие́рбл] adj у́сний, слове́сний, буква́льний

verification [верифіке́йшн] n перевіря́ння, підтве́рдження, до́каз, спра́вдження

verify [ве́рифай] v перевіря́ти, підтве́рджувати, дово́дити, дока́зувати

verminous [вие́рминес] adj шкідли́вий, оги́дний, хи́жий, злочи́нний

versatile [вие́рсетайл] adj різносторо́нній, гнучки́й

verse [вие́рс] n вірш, пое́зія

vertical [вие́ртикел] adj прямови́сний, сто́рчовий

very [ве́ри] adv ду́же, си́льно, відмі́нно; adj спра́вжній, су́щий

vexed [вексt] adj роздрато́ваний, розсе́рджений, роздоса́дуваний, спі́рний

vibrate [вайбре́йт] v дрижа́ти, вібрува́ти, звуча́ти

vibration [вайбрейшн] *n* вібра́ція, тремті́ння, дрижа́ння, бриніння

vicious [ви́шес] *adj* злий, зло́бний, розпу́тний

victim [ви́ктим] *n* же́ртва

victimize [ви́ктимайз] *v* му́чити, обма́нювати, ошу́кувати, гноби́ти, тира́нити

victorious [викто́ріес] *adj* перемо́жний, звитя́жний

victory [ви́ктери] *n* перемо́га

view [в'ю] *n* вид, ви́гляд, кругозі́р, на́мір

vigor [ви́гер] *n* жва́вість, бадьо́рість, мото́рність, міць, си́ла, чи́нність

vigorous [ви́герес] *adj* жва́вий, мото́рний, міцни́й, си́льний

village [ви́лидж] *n* село́; *adj* сільськи́й

vindictive [винди́ктив] *adj* мстивий

vinegar [ви́нигер] *n* о́цет

violate [ва́єлейт] *v* пору́шувати, лама́ти, оскверня́ти, си́лувати, пору́шувати

violation [ваєле́йшн] *n* наси́льство, пору́шення, оскве́рнення

violence [ва́єленс] *n* брута́льна си́ла, нава́льність, запа́льність, нестя́мність, наси́льство

violent [ва́єлент] *adj* запальни́й, гаря́чий, си́льний, шале́ний, пори́вчастий, го́стрий, палки́й

violin [ваєлі́н] *n* скри́пка

virgin [виерджин] *n* діва, дівчина; *adj* непорочний, незаймана, чистий, непорушений

virginity [виерджинити] *n* невинність, непорочність, незайманість

virile [вирайл] *adj* змужнілий, зрілий, жвавий, сильний

virtue [виерт'ю) *n* чеснота, доброчесність, правота, мужність, достоїнство, невинність

virtuous [виерт'юес] *adj* доброчесний, цнотливий, невинний

visible [визебл] *adj* видимий, видний, очевидний

vision [вижн] *n* зір, передбачливість, зображення, явище, видіння

visit [визит] *v* відвідувати, вступати, оглядати; *n* відвідування, візита, гостювання

visitor [визитер] *n* відвідувач, гість

visual [виз'юел] *adj* зоровий, наочний, видимий

vital [вайтл] *adj* життєвий, суттєвий, істотний, нищівний, смертельний

vitality [вайтéлити] *n* життєвість, живучість, жвавість

vivid [вивид] *adj* яскравий, жвавий, гострий, сильний

vocal [воукел] *adj* голосовий, усний, словесний

vocalize [во́укелайз] *v* одзві́нчувати, вимовля́ти

vocation [воуке́йшн] *n* покли́кання, схи́льність, зами́лування, уподо́бання

vocational [воуке́йшенл] *adj* професі́йний, ремісни́чий

voice [войс] *n* го́лос, звук, ду́мка

voiceless [во́йслис] *adj* безголо́сий, німи́й, безмо́вний

void [войд] *adj* позба́влений, неді́йсний, неправомі́рний, пусти́й, ві́льний

volume [во́льюм] *n* том, кни́га, об'є́м, кі́лькість, є́мність, си́ла, повнота́

voluntary [во́лентери] *adj* доброві́льний, навми́сний

volunteer [волентіе́р] *n* доброво́лець; *adj* доброві́льний, охо́чий *v* пропо́нувати, заявля́тися

vote [во́ут] *n* голосува́ння, рі́шення

vouch [ва́уч] *v* ручи́тися, підтве́рджувати

vow [ва́у] *n* кля́тва, обі́тниця, прире́чення

voyage [во́йдж] *v* подорожува́ти, пла́вати

vulgar [ва́лгер] *adj* брута́льний, про́стий, гру́бий, плебе́йський, звича́йний

vulnerability [валнереби́лити] *n* ура́зливість, підда́тливість, сла́бкість

vulnerable [ва́лнеребл] *adj* ура́зливий, підда́тливий

W

wage [уейдж] *n* заробітна плата; *v* боротися, звойовувати

wail [уейл] *n* завивання, зойк, голосіння, плач; *v* вити, голосити, квилити, скавучати

waist [уейст] *n* стан, талія, перехват, пояс

wait [уейт] *v* чекати, ждати, прислужувати

waiter [уейтер] *n* кельнер, офіціянт

waive [уейв] *v* відмовлятися, зрікатися, занехати

wake [уейк] *v* будитися, викликати, спонукувати, воскресати, порушувати, лунати, оживляти; *n* неспання, пробудження

waken [уейкен] *v* прокидатися, будити

walk [уок] *v* ходити, іти, крокувати, з'являтися; *n* ходьба, проходжання, доріжка

wall [уол] *n* стіна, споруда, вал, насип

wallet [уолит] *n* сумка, гаманець

wander [уондер] *v* блукати, мандрувати, заблудити, збочити

wanderer [уондерер] *n* мандрівник, блукач, приблуда

want [уонт] *v* хотіти, бажати, бракувати, вимагати

war [уóр] *n* війна́, боротьба́
wardrobe [уóрдроуб] *n* гардеро́ба, ша́фа
warm [уóрм] *adj* те́плий, підігрі́тий, палки́й, серде́чний, розпа́лений, оживлений, схвильо́ваний, доку́чливий; *v* грі́тися, пожва́влюватися, обра́дувати
warmth [уóрмс] *n* тепло́, серде́чність, щи́рість, запа́л
warn [уóрн] *v* остеріга́ти, попереджа́ти, нага́дувати
warning [уóрнин] *n* осторо́га, перестере́ження, озна́ка
warranty [уóренти] *n* запору́ка, гара́нтія, повнова́ження
warrior [уóріер] *n* во́їн, бое́ць
wary [уе́ири] *adj* обере́жний, розва́жливий, оба́чний
wash [уо́шь] *v* ми́тися, плюскоті́ти, зро́щувати; *n* миття́, пра́ння, білизна́, прибі́й
waste [уе́йст] *v* марнува́ти, зіпсува́ти, ни́щити; *adj* за́йвий, марни́й, непотрі́бний *n* розтрача́ння, убу́ток
watch [уо́ч] *v* нагляда́ти, спостеріга́ти, вартува́ти, пильнува́ти, уважа́ти; *n* до́гляд, пильнува́ння, дежу́рство
watchful [уо́чфул] *adj* обере́жний, чутки́й, ува́жний

water [уо́тер] *n* вода́, водо́ймище, се́ча; *v* мочи́ти, зволо́жувати, розбавля́ти

waterfall [уо́терфол] *n* водоспа́д

watermelon [уо́термелен] *n* каву́н

waterproof [уо́терпруф] *adj* водонепрони́кний, непромока́льний

watery [уо́тери] *adj* водяни́й, мо́крий, водяни́стий, рідки́й, слізли́вий

wave [уе́йв] *n* хви́ля, мах, хвиля́стість, зави́вка; *v* хвилюва́тися, гойда́тися, ви́тися, майорі́ти, маха́ти

wavy [уе́йви] *adj* хвиля́стий, витки́й, кучеря́вий, бурхли́вий

wax [уе́кс] *n* віск

way [уе́й] *n* спо́сіб, вико́нування, шлях, путь, ві́ддаль, зви́чай, по́гляд

wayward [уе́йуерд] *adj* самові́льний, перекі́рливий, примхли́вий, неслухня́ний

we [уі] *pron* ми

weak [уік] *adj* слабки́й, безси́лий, не́мічний, кво́лий

weaken [уі́кен] *v* ослабля́ти, сла́бшати, висна́жувати, підрива́ти, тра́тити

weakly [уі́кли] *adj* слабки́й, не́мічний, безві́льний, хитки́й, нерішу́чий; *adv* сла́бо

weakness [уі́книс] *n* сла́бкість, кво́лість, безси́лля, слабохаракте́рність

wealth [уέлс] *n* достáток, багáтство, добробýт

wealthy [уέлси] *adj* багáтий, замóжний

weapon [уέпн] *n* збрóя

wear [уέир] *v* носи́ти, протирáти, промивáти, стóмлюватися

weary [уέири] *adj* стóмлений, знýджений

weather [уέзер] *n* погóда

wed [уέд] *v* жени́ти, вінчáти, одрýжуватися

wedding [уέдин] *n* весíлля, вінчáння, одрýження

Wednesday [уέнзди] *n* середá

week [уік] *n* ти́ждень

weekly [уíкли] *adj* тижнéвий; *adv* щоти́жня

weep [уіп] *v* плáкати, проливáти

weeping [уíпин] *adj* плакýчий

weigh [уέй] *v* вáжити, гнýтися

weight [уέйт] *n* вагá, тягáр, важли́вість, знáчення

weightless [уέйтлис] *adj* невагóмий

weighty [уέйти] *adj* вагóмий, важли́вий, обтя́жливий

weird [уíерд] *adj* таємни́чий, несамови́тий, ди́вний

welcome [уέлкем] *n* привітáння; *v* віта́ти, щи́ро приймáти; *adj* бáжаний, приéмний

welfare [уέлфеир] *n* добрóбут, достáтки

well [уел] *adv* добре, гарно, дуже, згідливо, міцно, докладно; *adj* здоровий, сприятливий, добрий

well-behaved [уел-бихейвд] *adj* гарно вихований

well-fed [уел-фед] *adj* відгодований, товстий

well-known [уел-ноун] *adj* відомий, славний, популярний

well-to-do [уел-те-ду] *adj* заможний, багатий

west [уест] *n* захід

wet [ует] *adj* мокрий, вологий, дощовий, вогкий, заплаканий; *v* мочити, воложити

what [уот] *adj* той, який

wheat [уіт] *n* пшениця

wheel [уіл] *n* колесо

when [уен] *adv* коли; *conj* якщо, коли, хоч; *pron* доки

where [уеир] *adv* де, куди, звідки

whether [уезер] *conj* чи

which [уич] *pron* котрий, хто, що

while [уайл] *n* час, хвилина; *conj* доки

whine [уайн] *v* квилити, скіглити, скавчати; *n* постогнування, скіглення, скавчання

whip [уіп] *v* шмагати, бити, хльостати

whirl [уерл] *v* кружляти, вертітися, вимахувати

whisper [уíспер] *n* шéпіт, шарудíння, шéлест, чýтка; *v* шепотíти, шелестíти, шарудíти

whistle [уíстл] *v* свистíти; *n* свист

white [уайт] *adj* бíлий, невúнний, блідúй

who [ху] *pron* хто, якúй

whole [хóул] *adj* цíлий, весь, пóвний, píднuй

wholly [хóули] *adv* цілкóм, пóвністю, зóвсім

whom [хум] *pron* когó, комý

whose [хуз] *pron* чий, чия́, чиє́, чиї́

why [уай] *adv* чомý, навíщо

wicked [уíкид] *adj* нечестúвий, злий, нікчéмний, погáний

wickedness [уíкиднис] *n* злíсність, нікчéмність, пíдлість

wide [уайд] *adj* широ́кий, велúкий, простóрий, безмíрний; *adv* далéко

widely [уáйдли] *adv* ширóко

widen [уáйдн] *v* розширя́тися

widow [уíдоу] *n* вдовá

widower [уíдоуер] *n* вдівéць

width [уідс] *n* ширинá, вíддаль

wife [уайф] *n* дружúна, жíнка

wig [уіг] *n* перýка

wild [уáйлд] *adj* дúкий, необрóблений, незасéлений, полохлúвий, бурхлúвий, безлáдний

wilderness [уáйлдернис] *n* пусти́ня, пýща

will [уйл] *n* во́ля, бажа́ння, хоті́ння, наста́влення, недоброзичли́вість; *v* хоті́ти
willful [уи́лфул] *adj* свавільний, норовли́вий, навми́сний
willing [уи́лин] *adj* охо́чий, добровільний, ра́дий
win [уин] *v* виграва́ти, перемага́ти, добува́ти, захопи́ти
wind [уинд] *n* ві́тер, за́пах
wind [уа́йнд] *v* обмо́туватися, ви́тися, збива́ти, накру́чувати, оку́тувати
winding [уа́йндин] *adj* звиви́стий, кру́чений
window [уи́ндоу] *n* вікно́
windy [уи́нди] *adj* вітряни́й
wine [уа́йн] *n* вино́
wing [уин] *n* крило́
wink [уинк] *v* морга́ти, клі́пати, блима́ти
winner [уи́нер] *n* перемо́жець
winter [уи́нтер] *n* зима́
wipe [уа́йп] *v* витира́ти, вини́щувати
wisdom [уи́здем] *n* му́дрість
wise [уа́йз] *adj* му́дрий, розсу́дливий, обі́знаний, розу́мний
wish [уишь] *v* бажа́ти, хоті́ти, пра́гнути, жада́ти; *n* бажа́ння, пра́гнення, охо́та, постано́ва
wistful [уи́стфул] *adj* заду́мливий, тужли́вий, сумни́й, жа́лісний
wit [уит] *n* ро́зум, дотє́пність

witch [уйч] *n* воро́жка, чаклу́нка, ві́дьма, зна́хар

with [уиз] *prep* з, за

withdraw [уиздро́] *v* відво́дити, ухопи́ти, відклика́ти

wither [уи́зер] *v* со́хнути, в'я́нути, бля́кнути

withhold [уизхо́улд] *v* стри́мати, здє́ржуватися, припиня́ти

without [уиза́ут] *prep* без, зо́вні, за

withstand [уизте́нд] *v* протистоя́ти, витри́мувати, опира́тися, перемага́ти

witness [уи́тнис] *n* сві́док; *v* засві́дчувати

witty [уи́ти] *adj* доте́пний

wizard [уи́зерд] *n* чарівни́к, маг

wobby [уо́би] *adj* хитки́й, дрижа́чий

woe [уо́у] *n* го́ре, ли́хо, скорбо́та, неща́стя, недо́ля, біда́

woeful [уо́уфул] *adj* жалюгі́дний, скорбо́тний, пригно́блений, болю́чий, пону́рий

wolf [улф] *n* вовк

woman [у́мен] *n* жі́нка

wonder [уа́ндер] *n* здивува́ння, по́див, дивови́жа, чу́до; *v* дивува́тися, ціка́витися

wonderful [уа́ндерфул] *adj* чудо́вий, ди́вний

wood [уд] *n* де́рево

woody [у́ди] *adj* дерев'яни́стий, ліси́стий

wool [ул] *n* вовна, шерсть, руно
woolen [улен] *adj* шерстяний
word [уцерд] *n* слово, повідомлення, наказ
work [уцерк] *n* робота, праця, труд, заняття, дія, вчинок; *v* працювати, трудитися, робити
worker [уцеркер] *n* робітник, працівник
world [уцерлд] *n* світ, галузь, царина, кругозір
worn [уцорн] *adj* ношений, уживаний, томливий
worry [уари] *v* хвилюватися, турбуватися, мучитися, терзатися; *n* турбота, клопіт, мука, тривога
worship [уоршип] *n* культ, шанування, поклоніння, богослужіння, відправа; *v* поклонятися, шанувати, боготворити
worth [уцерс] *adj* вартий, гідний, багатий; *n* вартість, важливість, майно
worthy [уорзи] *adj* гідний, вартий, відповідний, високошанований
wound [унд] *n* рана, урізання; *v* ранити, уразити
wrap [реп] *v* закутувати, обгортати, оповивати
wrath [рос] *n* лють, гнів
wrathful [росфул] *adj* обурений, сердитий, гнівний
wreck [рек] *n* аварія, знищення
wrestle [рестл] *v* боротися

wretched [речид] *adj* нещáсний, жалюгíдний, бідолáшний
wrinkle [ринкл] *n* змóршка, склáдка
wrist [рист] *n* зап'ясток
write [райт] *v* писáти
writer [рáйтер] *n* письмéнник, áвтор
writing [рáйтин] *n* писáння, твір, пóчерк
wrong [рон] *adj* непрáвильний, помилкóвий, непідхóжий, виворíтний

X

X-ray [éксрей] *n* рентгéн

Y

yawn [йон] *n* пóзіхи, позіхáння *v* позіхáти
year [йéр] *n* рік
yearly [íєрли] *adj* щорíчний; *adv* щорóку
yearn [йорн] *v* тужи́ти, прáгнути, жадáти, болíти
yearning [йéрнин] *n* вели́ка тýга, уболівáння
yell [єл] *v* кричáти, голоси́ти
yellow [éлоу] *adj* жóвтий

yes [ес] *adv* так, авжеж
yesterday [éстерди] *adv* учора, вчора
yet [ет] *adv* ще, вже, уже, крім того, досі, поки
yield [їлд] *v* давати, родити, постачати, погоджуватися, здавати
you [ю] *pron* ти, ви
young [йан] *adj* молодий, юний, недавній, вчасний
youngster [йангстер] *n* юнак, хлопець, дівчина, дитина
youth [юс] *n* юність, юнацтво, молодість
youthful [юсфул] *adj* молодий, юний

Z

zealous [зелес] *adj* запопадливий, завзятий, старанний
zero [зіероу] *n* ніщо, нуль *adj* нульовий
zone [зоун] *n* зона, пояс
zoo [зу] *n* зоопарк
zoology [зоуоледжи] *n* зоологія

More Ukrainian Dictionaries & Language Guides . . .

UKRAINIAN-ENGLISH/
ENGLISH-UKRAINIAN STANDARD
$24.95 pb
0-7818-0374-8

BEGINNER'S UKRAINIAN
$11.95 pb
0-7818-0326-8

(Prices subject to change)
TO PURCHASE HIPPOCRENE BOOKS contact your local bookstore, or write to: HIPPOCRENE BOOKS, 171 Madison Avenue, New York, NY 10016. Please enclose check or money order, adding $5.00 shipping (UPS) for the first book and .50 for each additional book.